并非衰落的末世百年
——清代中后期的『文士』人物画

黄欢 著

中国艺术博士论丛
Collected PH.D. Treatises of Chinese Art

文化艺术出版社
Culture and Art Publishing House

华嵒《金谷园图轴》 1732年 178.9×90.1cm

华嵒《游山图》 1741年 197.5×116cm

费丹旭 《忏绮图卷》
1839年 31×128.9cm

华嵒 《西园雅集图》（右图）
1732年 184.7×100.8cm

画院 《令图十二月轴 三月》（左图）
175×97cm

丁皋 《客吟僧衣相册》（右图） 25.7×20cm

改琦 《禅定小像》（左图） 1823年 35.9×50cm

姚元之题记 《汤金钊行乐图》 作者待考（右图）1826年 142.2×73.2cm

罗聘 《得子图》（左图）107.5×47.5cm

华嵒 《竹林七贤图》 1752年 134.7×92.8cm

孙祜、周鲲、丁观鹏《十八学士图》(局部) 1741年 38.1×114cm

苏六朋《唐十八学士图》 128.8×54cm

目录

总序 1

引言 1

第一章 清代中后期文士题材人物画概述 4

 第一节／研究之范畴和相关概念 5
 第二节／清代中后期文士题材人物画之概况 6
 第三节／清代中后期文士题材人物画之文化思想背景 10

第二章 清代中后期文士题材人物画的题材 22

 第一节／文士肖像 25
 第二节／文士生活 53
 第三节／历史典故 79

第三章 清代中后期文士题材人物画的艺术表现 120

 第一节／文士题材人物画的画面形式 121
 第二节／文士题材人物画的文士造型 145
 第三节／文士题材人物画的笔墨语言 181

第四章 结语——个性情愫的社会性回归 212

 第一节／绘画功能上的怡情性 213
 第二节／绘画表现上的隐逸性 218
 第三节／绘画审美上的趋同性 222

附录 226

后记 263

总序

20世纪以来，中国在内因外力的作用下出现了陈寅恪所谓的"三千年未有之大变局"。这个大变局表现在政治、经济、思想、文化、科技、艺术种种领域，而其本质则是怎样在农业文明向工业文明以至信息文明的转型中振兴中华。回顾百年以来中国美术的发展，有一个现象非常引人瞩目，那就是举凡中国书画领域的大师，他们不但在创作上开一代新风，而且几乎全是有思想、有学问的艺术家。尽管有人出版了著作，系统丰富，有人仅留下名论精言，吉光片羽，但一致之处是：人文修养的宏富和理论思考的自觉，唯其如此，才有效地保证了艺术探索的高瞻远瞩。远在世纪之交，这个现象就引起了美术史论家和美术教育家的注意。随着院校的改革，造就品学兼优、富于人文关怀和研究能力的复合型美术人才已成为美术大繁荣的迫切需要，人们把理论研究与创作实践并重的人才，称为学者型的艺术家。

进入新世纪之后，培养高层次的学者型艺术家日渐成为美术教育界的共识，一些高校陆续开办艺术实践类博士班，培养理论与实践并重的高级美术人才。中央美术学院相对起步较晚，因为培养一名艺术史论博士生，至少也要三年，在同样的时间内培养理论与实践并重的实践类博士，显然时间不够，而且规划训练两种思维并举的课程也没有前例可循，很多老师都这样想，我本人也不例外。没想到潘公凯院长在五年前突然找到我，告之本院学术委员会已决定培养实践类的博士，并且要我勉力承担协调管理工作。我只好仓促上阵，根据院领导确定的方针，在学术委员会的指导下，得到陈卫和、罗世平两位副主任的先后协助，组成了由理论和实践两类资深名师分工合作的导师组，设置了理论与实践并重、问题意识与研究能力兼顾的课程，采取了集中授课与分别指导相结合的教学方法，师生互动，上下齐心，至今已陆续培养出几届艺术实践类的博士。

首批出版博士论文的杜觉民、吕鹏、黄欢、曾三凯和陈忠康，便是先后获得博士学位的实力派年轻书画家。他们在进入中央美院实践类博士班之前，已经从事专业多年，由本科到硕士，打下坚实而广泛的基础，具备了较强的书画创作能力，取得了优异的成绩。入学之后，不但分别由李少文、张立辰、邱振中教授指导创作,在中国人物画、山水画和书法艺术上深造,而且按要求投入了理论课题的研究。依照教学安排,博士论文由不同导师分别指导,杜觉民归王宏建教授,曾三凯和陈忠康归邱振中教授,吕鹏和黄欢则由我负责,但开题论证则所有史论导师一律参与,同学们也转益多师,向其他史论教授请教。老师们在论文指导中,一方面引进了美术史论专业的程序和规范,告诫同学们严格分清两种文章:一般性的发表心得与研究新问题解决新问题的学术论文,帮助没有接受史论学术训练的实践类博士研究生适应学术研究,着力于后种能力的培养。

导师组中承担实践教学的各位资深教授,同样重视同学们人文素养和理论研究能力的提高,积极推动同学们提高理论修养,热情协助史论导师共同推敲同学们的论文选题。他们和史论教授一致认为,在国家还没有设立美术实践类博士点的情况下,参照史论类博士论文的一般要求把好论文关,是完成学业的必需。但同时以为,实践类的博士研究生论文的选题,应该结合本专业的创作与发展,研究理论问题,总结历史经验,特别在传统深厚的中国书画领域,尤应重视研究优良传统在不同条件下的演进、发展或丢失,以便心明眼亮地把握艺术规律,明确前进方向,发挥个人才智。几年来,同学们以顽强的毅力,刻苦钻研,认真读书,了解学术前沿,思考学术问题,详尽收集资料,探讨研究方法,深入研究撰写,完成初稿后,又在史论导师指导下多次修改,终于以优良的成绩通过了答辩。

近些年来,美术界和学术界在弘扬传统的思考中,一致感到,如何认识民族艺术的写意精神是一个需要深入研究的关键课题。王宏建教授对美学和中国美学史研究有素,在他的指导下,杜觉民选择了在中国绘画批评史上具有重要意义的"逸品"论题,在把握中国画传统批评分品等第特点的基础上,通过梳理"逸品"意识的形成与发展、逸品与神品的比较、两类逸品画家的个案分析,揭示出逸品既是批评标准,又是审美境界。把笼统称之为"逸"的内涵解析为二:一是超逸,二是放逸。集中论述了三个不同时代不同类型的逸品画家:超逸的倪瓒,放逸的徐渭,从放逸到超逸的朱耷。同时从审美境界的角度,追溯了"逸品"的思想文化渊源和"逸品"画家的精神取向,指出"逸品"的出现,反映了对"成教化,助人伦"之外的审美功能的高度重视,探究了"逸品"意识与庄子美学及其思维方式的关系。这篇论文,宏观而不空泛,具体又不拘泥,深思而求贯通,关注理论范畴而联系创作实践,逻辑清楚,要言不烦。不但在解读画论观念上有所突破,而且对深入而全面地认识传统,把握中国艺术精神和艺术思维方式,理解其对人类文化具有的普适意义具有重要价值。

对20世纪美术史的研究是新时期的热点,重要突破之一在重新认识传统派,开始是对传统派大家的个案研究,后来扩展到不同地域的传统派群体。吕鹏在李少文教授的鼓励下,选择了长期以来被视为保守派的"湖社画会"为研究课题。在充分了解已有成果的基础上,以文献学方法为主,辅以口述历史的方法,尽可能充分地占有资料,通过编列、比较、综合、考辨和梳理,在编列大事年表、成员名录的基础上,对"湖社画会"进行了史实和脉络的基础研究,重建了这一以北京为中心的传统社团的历史。又从画会成立的时间和地点、成员和机构、活动形式和教育职能;举办画展与市场润格及"湖社分会"与《湖社月刊》等方面进行分门别类考察,重新评价了该画会的主要贡献、历史地位,指出"湖社画会"秉承了金北楼的理念,从民族文化和民族审美的传统出发,精研古法,继续发展固有技法,挖掘工笔和没骨的潜力,保持传统的审美情趣,并且顺应时代要求,应对革新思潮的冲击,力争以大众可以接受的方式延续传统,发展自身,争取生存空间,为中国画走向现代提供了另一种途径。这篇论文,填补了学术空白,立论新颖,资料翔实,考索精心,梳理细腻,在反思近代美术史经验,认识中国画现代转型的多样性上具有特殊学术价值。

曾三凯的研究方向是山水画的创作与发展,论文也是关于20世纪美术史的。他在张立辰教授的支持和邱振中教授的指导下,力图把传统派大家的研究从一些方面推向深入,为此把潘天寿的山水画作为研究课题。在全面总结研究潘氏已有成果的基础上,他从思考近代山水画的演变入手,通过作品分析,从笔墨、结构、图式论述了潘氏山水画在语汇和形式上顺应时代的特点,又结合其诗词题跋、山水画论,探讨了潘氏的诗品、画品、书品与人品的内在联系，阐述了潘氏山水画作为民族文化心灵和历史情感寄托的精神价值。最后从山水画的现代转型角度论述了潘天寿对现代山水画的历史贡献及其以"传统出新"途径实现山水画现代转型的重要意义。在讨论潘天寿笔墨、结构、图式等问题中，能够揭示潘氏对金石篆刻与花鸟画技巧的自觉吸纳。在论述潘氏山水画理念时，又能在特定社会环境与文化氛围中，解读潘天寿山水画的雄强气象、朴健格调与时代精神民族诉求的关系，有助于理解潘天寿通过中西古今的比较而自辟蹊径的道路。这是一篇见解允当、言之有物、不乏新意的论文，对于结合当前创作而思考山水画现代之路的经验具有实际意义。

学界对清代中后期人物画的研究向来薄弱，以往成果集中于宫廷纪实画和名家仕女画，黄欢则选择了这一时期无人涉猎的文士题材的人物画作为研究课题。她从大量未被注意的作品出发，以分析和归纳的方法，辅以量化的分类统计，着重考察了雍、乾、嘉、道一百二十余年间文士题材人物画的变化，具体考析了作品的题材意蕴、造型范式、笔墨语言、章法构图，进而密切结合当时文士的生活境遇与思想感情，创作动机与实际功能进行解读，准确地揭示出这一时期文士题材人物画包括文士小像画"个性化和诗意化的倾向"以及"理想化、怡情化、隐逸化、抒情性"的特征，并联系文士阶层的生存状态对上述倾向与特点的成因进行了论述。论文学风朴实、资料丰富、举证有力，对所论述的问题，抓住了特点，剖析了原因，既填补了学术空白，提出了新的见解，有力地匡正了"人物画自清衰落"的陈见，又从系列作品的图像风格入手，针对绘画史写作中被忽视的部分，实事求是地考察特殊题材作品的审美样式、创作脉络和人文观照方式，拓宽了研究画史的视野，体现了学者型艺术家为在本体与他律的结合上深入挖掘传统而重建美术史的有效努力。

陈忠康的论文是关于经典书法版本的，他在邱振中教授指导下，通过《兰亭序》刻帖版本的研究，在前人成果的基础上，系统考察了经典作品在传播中的流变问题，从传播与接受角度系统地解读了书法经典在历史中的传承变异。既印证了清代碑学派对帖学流失经典精髓的批评，又引申出书法传承中不同版本资源的价值问题。论文的具体贡献还集中于两个方面：一、从纷繁的《兰亭序》版本流变中，拈出"唐临摹系统"和"定武系统"提纲挈领。二、以"鉴真"和"求意"两种不同的接受取向来概括《兰亭序》对书法艺术观念影响的多面性。作为书法史的课题，选题重大，研究对象相对集中，又纵贯书法通史，资料翔实，善于思考，分析细密，论证有据。此文以新的视角对书法传承中具有中国特色的传播方式及其信息流失问题的研究，不仅学术价值明显，而且对当代书法的学习与继承都具有理论价值和现实意义。

杜觉民、吕鹏、黄欢、曾三凯和陈忠康的博士论文，在论文答辩中受到了与会专家的一致肯定，专家们不但给予了较高评价，而且指出了一些不足和修改建议。现在，经过同学们的修改和完善，论文就要正式出版了。获知这个消息，我感到非常欣慰。尽管他们都还在成长，论文也不能说尽善尽美，但是有三点特色是非常突出的。一是在艺术论义中紧紧把握了本体和主体。不管讨论什么学术问题，都高度关注艺术把握世界的独特方式，都充分重视中国书画艺术的民族文化精神与呈现方式，都自觉地把握艺术研究的对象和方法的特殊性。既不忽视学科的交叉在学术发展中的重要意义，又不满足于对其他学科理论方法的照搬，更不简单地套用相关人文社会科学的现成结论，因此能在把握艺术思维与逻辑思维、艺术规律与社会文化环境的连接上，思考本学科本专业的问题上有所突破有所建树。

二是在史论的结合上探讨中国书画的现代转型。历史悠久的中国书画，20世纪以来就面临着前所未有的新问题——走向现代，从艺术人文理论上思考现代转型中民族艺术精神的建构，从晚近书画史总结中国书画走向现代的经验，既是学术问题，也是现实问题。尽管同学们的选题有的侧重理论探讨，有的侧重艺术史研究，但理论者不忘以史为鉴，治史者亦重视理论性。他们都能够不满足于概念的辨析、史实的考证、图像的解读和历史情境的重建，而是力求整体性的贯通，把理论的思考、历史的借鉴与现实的创作与发展有机地结合起来。这样的论文写作，一方面是适应了学术论文要求，培养了学者应有的素质；另一方面也有利于借鉴历史经验探讨创作方向。

　　三是遵守学术规范。同学们在导师的指导下，注意到近年来在学术繁荣的同时，也出现了学术不端和学术失范的现象，自觉地把研究写作视为在前人肩膀上继续攀登的精神生产，因而在这方面严格要求自己，力求尊重前人成果，大体形成文风朴实、深入浅出、言之有物、分析贴切、说理明晰的作风。

　　我衷心祝贺在中央美院获得博士学位的实践类同学博士论文集陆续出版，希望他们在学者型书画家的成长道路上，在中华民族伟大复兴的21世纪，不断有新的优秀的书画作品和有创造性见解的史论著作问世。

薛永年

2009年国庆前夕

引言——并非衰落的末世百年

绘画是一种文化现象的体现,也是一种社会现象的呈现。人物画相较于其他题材的绘画作品来说,能够更为直接地呈现出当时社会文化、思想、审美等诸多层面的历史面貌。清代中后期描绘士人形象的人物画从各种角度反映了清代文人士大夫群体的真实生活,代表了中国从封建社会向近代半封建半殖民地社会过渡时期社会主流的文化意识形态,集中体现了清代文士阶层的时代特征以及社会历史与文化艺术活动的紧密联带。全书以文士作为艺术描绘对象的主题出发,梳理清代自雍正至道光(1723–1850年)一百二十余年间存世的人物绘画作品的题材、意蕴、造型范式、笔墨语言、风格形式以及艺术品背后的动机功能和画家境遇等内容。从绘画史的角度出发,企图观察和呈现清代中后期反映社会主流的文士阶层题材人物画作品的社会审美取向及其投射的文化内涵和历史价值。

研究清代中后期有文士形象的人物画首先遇到的问题是,文士形象的描绘是否可以成为一个单独被研究的课题,其所蕴涵的内容具有怎样的学术价值?其次,在中国有关文人士大夫人物画史发展的过程中,至清代中后期一段是否具有单独研究的意义?这一时期的作品又具有哪些特点?要想回答这些问题,其核心是如何看待近代史中的士阶层和这一阶层形成的社会现象,以及当时绘画图像中呈现出来的真实面貌。对历史中社会现象和绘画史实的细读,有助于我们更为准确地把握现象背后的核心环节,还原出一个真实而清晰的文化脉络,从而重现研究内容的历史意义。

"文化和思想的传承与创新自始至终都是士的中心任务。"[1]"士"作为一种文化阶层,在两千五百余年的中国古代社会政治文化活动中就已经起着不可忽视的作用。在古代中国的宗法社会中,文士作为一个庞大的社会群体,其文化知识、政治才能和道德修养远远超越于同时代社会中的任何一个群体或者阶层,有着较强的社会责任感和社会政治能量,因而成为统治者笼络的对象,集中体现了中国文化的典型特征,同时在不同的历史朝代中呈现出不同的风貌。这已是中外学人公认的历史事实,因此文士作为人物画中的形象或者题材而被反复描绘,也就成为一种值得关注的艺术现象。当我们将描绘有关文士的绘画作为一个课题从人物画史中剥离出来后,就会发现中国的士或文士远非以往人们所认知的仅在表层上的内容,而是涉及了儒、道、释诸多精神内涵的"理想典型"和"社会的良心"[2]。在这些图本中,我们可以通过关注自身命运的士(作者自身)和被关注描写的士(绘画中的文士形象),真切地了解中国文士的思想发展脉络,把握历史的原本内容。

在多数历史研究的论断中,封建中国至清代一段的历史是落后的,或者将其看作是中国帝国时代的末世王朝而与近代中国的历史割裂来看,或者将其断为中国资本主义的萌芽将之一带而过。我们姑且不对这些结论作出任何评价,仅从这样一个社会背景来看,当时文士阶层的风貌特征都是值得特别关注的。那么,文士在这一时期所处的社会地位是什么?其对社会变迁起的作用何在?其所代表的文化思潮是怎样的?如此之多的问题或许可以从图本以及相关的文本中获得解答。

在清代的人物画题材中,文士形象的人物画作品以其数量上的绝对优势、涉及社会主流层面群体的广泛程度、贴近现实的艺术表现视角,成为人物画的主要题材类型之一和研究清代人物画不可忽视的内容。其中的作品以文人肖像和群像最为突出,如《西园雅集图》、《文会图》等,也包括流行的文士题材和才子佳话,如《吟诗图》、《携琴访友图》、《观梅图》等等。它们集中体现在清代中后期的人物画作品中,再现了典型的清代文士阶层的所作所为、所思所想,具有鲜明的时代特色。重整清代中后期文士题材的人物画,我们会惊奇地发现,以人物画至清代日渐衰落的观念一概而论这段历史是偏激的,这种观点缺乏客观性和全面性。如果从数量的角度来讲,仅就文中所述士人题材作品而言,存世和有录可查的就有数百余幅,更不用说全部的人物画作了。如果从题材来说,也毋庸置疑地涉猎了社会生活和历史中的各种内容,同时发展了具有时代特色的诸多领域。如果从技法来说,由于西学东渐,人物画技法融合了西画的表现技术,丰富了肖像画的表现形式。此外,在造型方面,清代的人物画呈现出了多种审美样式,而占据主要部分的柔媚婉约型艺术风格不仅影响了其他艺术门类的审美倾向,也成为中国艺术史上不可替代的部分。因此,无论从哪个方面来看，仅就清代中后期的士人题材人物画而言，我们都不得不承认，清代文人士大夫画家群体对中国人物画发展作出的巨大贡献。

　　笔者的基本观点是，清代中后期的人物画并没有随着末代封建社会的落后停滞不前，以文化史的角度来说，应该承认其进步的部分和成就，文士形象的人物画正鲜明地反映出近代社会结构中经济、政治、文化整个系统的新格局。把文士作为中国文化传统中可被单独讨论的范畴，以清代中后期绘画艺术图本中可考的内容为落脚点，挖掘文士所蕴涵的深层内容，从而探讨文士的时代社会属性及其与艺术表象之间的关联，正是笔者推证内容的主旨。由此阐发出了一系列的问题：随时代而产生的艺术作品发生了什么样质的变化？文士形象人物画中又有哪些值得进一步研究的内容？本书所探究的正是针对这些问题提出的个人思考，准确与否，还需进一步讨论。

注释

[1] 余英时《士与中国文化》引言，上海人民出版社2003年版，第1页。
[2] 同上，第5~8页。

第一章 清代中后期文士题材人物画概述

第一节　研究之范畴和相关概念

在对清代中后期文士题材人物画进行研究之始，我们先以一个较为明确的断代划分出本书所讨论问题的历史范畴。清代绘画史至雍、乾、嘉、道四朝（1723-1850年）一般被划分为中后期。因以清中后期出现的文士题材人物画作品为研究对象，故本书中涉及了主要活动于雍正至道光末年的文人和画家。由于是以艺术作品为标准的断代方式，因此，其中涵盖了少量生于康熙和卒于咸丰甚至同治年间的画家。在画家类型上包括了以人物画为主的文人画家，如黄慎（1687-1770年）、上官周（1665-？年）、罗聘（1733-1799年）、徐璋（1694-？年）、丁皋（嘉庆年间）、改琦（1773-1828年）、费丹旭（1801-1850年）等；还有兼画人物题材的山水花鸟画家，如金农（1687-1763年）、华嵒（1682-1762年后）、张崟（1761-1829年）等；另有一部分宫廷画院御用的画师，如焦秉贞（17-18世纪）、冷枚（1669-？年）等；此外特别囊括了作画以偶然为之的文人士大夫，如翁方纲（1728-1804年）、钱大昕（1733-1818年）。

此外，书中讨论的人物画范畴包括除了木版画、民间年画、宗教绘画、民俗人物风情画和报刊插图等以外的人物绘画作品。

最后，对本书的主要概念——文士，作一界定。"文士"一词，我们很难找到非常精准的定义。如果把"文士"[1]从字面上解释为读书能文之士，则这一词里包含了"文人"和"士夫"之意。文人[2]，《辞海》解为"读书能文的人"[3]；而《辞源》解为"有文德的人"[4]和"擅长文章的人"[5]。"士夫"一词，在本书中取"士大夫"之意[6]。因此，对"文士"的界定应该追溯到自周代始对于文士的深层理解上[7]，其内涵从社会等级到社会阶层，逐渐发展成为以文人兼为官僚的"士大夫"为主体的知识人阶层。他们虽不能摆脱封建体制的束缚，但已在思想上获得了前所未有的自由。依然隶属或依附于统治阶级的士阶层，同时承担了社会意识形态的文化职能，他们以制造关于自身阶级的理想为谋生手段，不惜因此而与政治权威发生一定冲突，同时在本质上又以统治政权的稳固为自己的精神寄托，正是这一矛盾统一体，创造了中国古代千余年传承下来的文士文化和其所呈现于世的文化产品。可以说，对文士阶层社会生活进行表现的人物画，正是直接反映了文士这一知识阶层在封建王朝的生存状态和士人思想所臆造的用以代表当时社会思想的假象。反过来，这些人物画作品也正是出于文士阶层自身，成为我们管窥清代文士社会活动及其思想的物证。

  封建社会自士阶层形成以降至清代都没有摆脱其自身双重性的命运。除一般的文士外，清代的文人画家无论是效力于宫廷的专业画师，还是市井间的文人画家，虽在艺术舞台上扮演着各自不同的社会角色；也无论其画风技法的差异，都共同依附于封建专制的社会制度。随着社会政治和经济的发展，文士阶层的文化活动及风尚也因之产生了许多变化，清代中后期文士画家选取的文士形象作品的各种题材中，无不反映出当时士人的生活境遇和思想的发展轨迹。笔者将在书中通过对作品题材内容和艺术形式的分析，结合当时的社会结构、文化变迁、作品功能、创作动机、文士境遇等内容，逐步深入展开对艺术背后人文价值的探讨。

第二节　清代中后期文士题材人物画之概况

  本书的分析从绘画作品图本出发，收集整理了清代雍正至道光末年存世和著录的文士题材及具有文士形象的作品700余件，此统计只是目前能够查证的部分，相信还有更多遗散民间和有待整理的作品尚未收录。另外许多作品为多幅册页形式，在此仅以相同题目的数幅作品计为一件（可参见附录《清代中后期文士题材人物画存世、著录作品年表》）。经过初步统计，其中有创作年代可查的作品约500余件，另有创作年代不详而推为清代中后期的作品200余件，其中乾隆年间数量最富，道光次之。

  在我们开始深入分析清代中后期文士题材的人物画之前，不妨先纵向地从画家的角度对论文所包含的这一时期人物画做一个简要的梳理。据统计,论文涉猎作品的作者有录可查的约120余人,其中活动于雍正、乾隆年间的50余人,主要活动于嘉庆、道光年间的近70人,另有生活于清代中后期的作者170余位,其中许多作者的生平有待进一步考证,也有部分作者无从查实。

文士题材的人物画作者多为两种身份的文士。一类是宫廷画师和在朝为官的士夫,其中有供职于中央机构的,包括内廷军机处及内阁的大学士、学士、中书,还有翰林院的侍讲学士、编修,也有供职于户部、礼部、刑部、兵部的尚书和郎中。而更多的是在地方机构一度任职的官员,包括大到省级的总督、巡抚、提督、学政,以及知府、同知、州判,小到各县的知县、教谕。而另一类则是在野的以绘画谋生的画家或布衣文人,当然他们中的许多人都有过一度为官的经历,或者不可否认的有过入朝为官的努力。因此,不论哪类都没有脱离文士这一社会层面。

清王朝进入中期之后,宫中的画画处至乾隆元年被正式更名为画院,宫廷恢复了画家供奉于画院的官衔,同时广纳画坛高手,并为奉职画家授以不同品第。画院对文士阶层画家的认可和对人物画尤其是肖像画的推崇,有力地推动了清代中期人物画达至创作高峰。技法上因加入了西洋画风的浸透,人物的造型语言发生了明显的变化。文士题材作品中集中体现在人物面部多以凹凸之法进行渲染,以明暗立体法写之,衣纹和衬景多以中国传统水墨法勾写。这样,具体而真实的人物形象就与写意感的环境描绘形成了鲜明的对比,从而得到主题突出而意境悠远的效果。例如,冷枚的《松荫读易图》、华冠(乾嘉时期)的《蒋士铨归舟安稳图》,其中代表性的画家有陈枚(1694-1745年)、丁观鹏(1736-1795年)、冷枚等。当然,宫廷画院所推崇的中西合璧之画风在清代中后期的画坛上并没有得到全面的认可。因这种写实的艺术形式并不为广大文士阶层所喜爱,所以没有在当时的社会上得到普遍的推广。这是因为,中国是以宗法制度和中央集权制来构成的封建国家,使儒学在人们的思想意识形态领域占据稳固的地位,以纲常伦理为核心的儒家文化体制,足以对外来文化具有本能的抵拒排斥和吸收消融能力。因此,中西画法在作品上的同时出现,逐渐被更为传统的改良式画风所取代,可以说,中期的西画浸透只是在语言的形式上作出了调整。嘉道时期的人物画风在清王朝中道渐衰的大社会背景之下，文士作品从整体上呈现出对传统的继承，这使我们不难看出，绘画语言的变化正从一个层面上反映了社会思潮的变化和社会文化本身结构的变化。这时正是社会经济时政的衰落时期，御用画家便自然而然地大兴复古拟古之风，随着宫廷画家的去势，宫廷画馆也逐渐消亡了。除此而外，宫廷画院也不乏沿袭水墨画为主的文人画风，证明了文人画风在当时已被宫廷画院所接纳的事实。

相对于宫廷画士而言，在朝为官的士大夫和在野的文人画家作品又呈现出来一种相近的艺术风貌，同时展现了许多新的审美取向。作为中国传统具有普遍性的绘画史经验，文人总是在"去位"后从事专门的作为一种被视为"小道"、"末技"的绘画实践，因此，绘画作品本身也始终具有一种文化象征意义。在清代，"士商合流"[8]的现象直接反映了绘画题材上作出的重新整合，并提供了新的社会基础。书画的收藏和进入市场的流通，诗社、雅集、文会的频繁组织，如清代后期的书画会主要有平远山房书画集会[9]、吾园书画集会[10]和小蓬莱书画集会[11]，使清代文士题材的创作成为当时社会现象的必然结果。集会中无数边缘的或不太边缘的文人在艺术想象的世界里遨游，促使人物画转向对主体内在性的表达。

如果我们从文士题材作品表现的内容上来看，在保留了传统人物画抒情色彩的同时，康熙以降显见出了许多方面的新特征：首先，在表现题材上以社会现实中的人物为描绘对象的作品明显增多，例如肖像画写真图多以画家的友人为对象，往往附以设定的环境用以烘托人物的气格，此类作品举不胜举，在清代中期十分时兴，如余颖(乾隆年间)的《陈月溪观潮图》(1733年)、徐璋的《李锴六十五岁独树图小像卷》(1750年)、张鉴等的《玫园行乐图》(1791年)，作品在其广泛性和生动性上从雍乾两朝至道光都有所涉及。这里需要特别提出来的是嘉道时期的费丹旭，他在清后期人物肖像画家中的地位是极为突出的，以大量真切可感的现实人物形象表现了一个创作型艺术家的过人天赋。另外，清代自中期至后期，人物画中经久不衰的是以传统文人高士取材的作品，如"相琴图"、"吟诗图"、"观梅图"、"簪花图"等内容品种名目繁多，反映了文人画家的避世心态，这在清代后期的画作中表现得更为突出。另外就是"雅集图"、"饯别图"的题材也为时所尚。

最后从艺术语言的特点上看，清中期以华嵒为代表的儒雅和以黄慎为代表的狂怪，以至后期以"改费"为代表的秀荏成为人物造型审美上的主脉。在表现技法上多以小写意之法对人物进行勾勒描绘，其中也不乏兼以宫廷画家之法的，而最具突破性的就是黄慎、苏六朋(1798-？年)为代表的以书法笔法入画的大写意作品。另外，在这一百余年的人物画进程中，文士题材的作品最鲜明的特征就是，以传统人物画的造型和艺术表现形式为根基，吸收了西洋绘画和书法的艺术手法，扩展了肖像画和高士图的内容，更从思想层面延展了历史题材、文会图等的社会现实意义。在西画开始浸润传统创作手法之时，画家们从自身的国情出发，在本土文化的基础上"化西"而不是"西化"地加以吸收，将其完全消解于传统的艺术观照之中。所以，我们也不可完全否认西方人物画技法和观念对中国传统人物画的积极作用。

文人画家在中国开始走向近代文化伊始的时期，为人物画的推进做出了自己的努力，他们在人物画探索的道路上虽然没有实质性的变革，但至少表现了在坚守传统中谋求创新的积极因素。人物画中的文士题材作品反映了群体在大的时代背景之下的生活境遇、思想观念和文化抉择。因此，清代中后期的文士人物画呈现出来的艺术面貌成为了中国传统人物画的余晖。

小结

纵观清代自雍正至道光一百二十余年间的文士题材人物画作，我们可以概括地说，这是以中国传统人文观照方式为主线的艺术创作道路，兼而有之的西学技法的融合在这一题材的领域中并没有给艺术形象整体的造型观以太多的影响，反而被中国文人强势的崇古观所浸没、消化和改变。从另一个角度来看，西画的凸凹法和空间表现方式不仅没有把文士人物画的传统程式取而代之，反倒扩展了这一时期人物造型的艺术表现力，推动了清末以至近代人物画的新发展。绘画之所以具有时代性，根源于其来自现实生活，人物画更是现实社会的反映，并从深度层面服务于现实社会。从清代中后期文士题材人物画中可以管窥到，不论对于本国的传统文化，还是外来的西方技法，画家们都是从现实社会的需要来加以继承和吸收的。一言概之，清代中后期文人画家对西方绘画的吸纳，不是不加分析地盲从，而是始终延续着一种冷静分析、精心筛选的态度，择善而从，经历了一个不断探索的过程，这是认识、选择、再认识、再选择的过程。

第三节　清代中后期文士题材人物画之文化思想背景

众所周知，继承了两千余年传统的清代画家，无论在野还是在朝，都不可能摆脱士阶层的社会身份，同时画家也以多能的综合素质表现在诗文书画各个领域，以及山水、花鸟、人物、道释等多种内容。作为描绘文士题材的画家同样具有多能的特征，大多数擅长人物画的画家也擅长山水、花鸟题材，故以人物画为主的画家也兼能作其他题材内容作品，即使不是职业画家的作者也在文学、哲学等方面各有专长。此外，人物画的发展始终蕴涵于大的文化背景之下，杂糅于多种文化思潮之中，成为清代文化艺术和精神领域立体多元整体中无法单独抽取出来的部分。

本书所涉猎的图本资料中按照绘画的动机功能大致可以分为三类：一类是为以皇帝为代表的统治阶层服务的作品，这类画作的作者多为供职于宫中或画院的画师[12]，也有皇帝特召的社会上的知名画家，当然还包括一些朝臣官员的进献；第二类就是文人用以自娱、抒怀、答谢等目的的作品，其作者包括在朝和在野的文人士大夫，也有曾经供职朝廷的画师和文人画家；最后一类是以卖画维持生计为目的的作品，作者多为职业画家。由于艺术职能功用的不同，形成了不同体裁和风格的千差万别，有时由于这种社会背景的存在，导致了相同题材却风格迥异的现象，同时也出现了传统题材的新样式新内涵。究其根源，皆在于作品背后的作者，下面我们就从画家的角度对这一时期的文化思想背景加以详述。

出于政教、娱乐的需要，满清王朝自始就十分重视宫廷绘画的创作，因此在清中期画院机构、制度、职衔、待遇、题材、风格等方面，都不同于宋、明两朝。宫廷画师作为清代最高统治者御用机构画院里的画士，其绘画必须为最高统治者服务，无论从内容、形式，都要实现其政治功能。在风格方面，则是要迎合统治阶层的审美喜好，他们在继承汉族文化传统同时，融进了自身的民族色彩并加以改变，对整个清代绘画发展起到一定的促进作用。因此，凡以政治功能为主要目的的文士题材作品，无论在技法还是风格上都呈现出一种华丽、繁复和工谨的样式，基本延续了以往的帝王大臣像的样式和宫廷绘画的程式。这种现象的形成不能说与当时清朝政权推行的文治政策极大地控制了社会思想无关，兴文字狱和禁毁书籍使许多文人在劫难逃，以至本书所述及的画家也有牵涉。如作《王文治抚琴图》的王肇基(1701-1751年)在乾隆十六年辛未(1751年)，就因献了一首恭祝皇太后寿诞的诗联而被冠以"毁谤圣贤"之名杖毙而死。这种严酷的高压手段的目的，在于统一思想、钳制言论，却导致了整体文化上的泥古僵化之风。

而对于在朝为官的士大夫来说，他们正经历着封建王朝由盛及衰的历史过程，当时清王朝的学术领域居于统治地位的经学以泥古独尊，为时所兴的考据更概以汉儒为断，针对这一现象，反对泥古成为当时学术领域上反正统的一个突出表现。从文人到画家的士阶层都有强调反复变更的领军人物，如学者翁方纲在艺术上主张内容质实而形式稚丽，并与罗聘交友往来。另一个与画家交往密切的是诗人袁枚(1716-1797年)，许多文人画家都曾为他写真，如罗聘就曾作《袁枚像》。活动于乾隆、嘉庆时期的袁枚以其性灵说而声名鼎盛，提倡发挥个性，注重学术的思想性和创造性，成为这一思潮在文学领域的代表，其文学观点不仅在文坛具有重要位置，他的以张扬性情为基础的理论与当时那些反对正统束缚的文人画家互为呼应，彰显了清代中期文化的时代特征。这种时代的思潮的确激发了一些文人画家的创作热情，在绘画作品中，人物画相较于山水花鸟画具有了更多鲜活的现实意味；而文士题材又在人物画中突显出许多创新发展。以黄慎、罗聘为代表的扬州画家更是创造出了鲜活的艺术形象,从他们的人物作品中不难发现当时艺术领域非正统以至反正统的一面。

但是,清代中期一批文人和画家所坚持的冲破世俗束缚和大胆豪迈的思想追求,从整体上来讲依然没有形成持续弥久的强大势力,在清朝时政走入嘉道这一低靡时期后,人物画风也随之向内敛柔韧转型了。衰世的表征之一就是统治阶层的腐化柔靡,士阶层作为统治阶级的组成部分,当然无法脱离封建体制的联带,不是沉醉于诗文和考据,就是奔走于利禄之场,表现为无实无用和唯利是图的特征,因而,这一时期从整体社会到士阶层普遍弥散着豪奢享乐的风气[13]。一方面,士人们追求钱财、生活华靡,如杭世骏(1696-1773年)、王鸣盛(1722-1797年)、汪中(1745-1794年)等名噪一时的文人学者都在史料中有爱财的记述。另一方面,好男风,与梨园子弟相狎也成了南到扬州北至京师的社会现象,史料中多见,毕沅(1730-1797年)、郑燮(1693-1765年)、袁枚等画家、文士、官员皆有断袖之癖[14]。士大夫狎优已成为名士风流的一种表现,其在士人阶层的普遍程度已达到上至达官名人下至幕客、普通缙绅的程度[15]。这种享乐豪奢的士人价值观的转型不仅导致了士人生活方式的变化,也影响到了人才的培训,士大夫家的子弟自幼就更多地沾染了博弈、唱曲、饮酒、作乐的性情。包括在朝为官的士大夫们也多好声色之乐,并与艺人、俳优接触频繁,不仅许多艺人隶属于文士家中,形成了一定的雇佣关系,而且还有士大夫沉浸于谱曲演艺本身。可见,士人对"万般皆下品,唯有读书高"的心理定势产生了微妙的变化。相较于明代出现的诗人与艺术优伶的小范围交往有所拓展,呈现出趋向普遍化、公开化的局面。

另外,随着工商业的发展,商业集团在文人聚会中的出现和插足文化事业的发展,为文士阶层的艺术创作提供了新的社会基础。商人们凭藉强大的经济实力,收藏书画、古玩,频频组织诗社、雅集、文会,使文士题材绘画的创制因素发生了新的变化。处于四民之末的商人成为作为四民之首的士人社会交往活动的主要交往阶层。虽然这一现象在明末已有发端,但成为社会普遍现象的局面却是在清初以后。而且这种士商相混的现象,因经济对文化的影响的日渐增强而形成了士与商在社会境遇上的"倒置"。

这一时期文士题材的图本中记录了许多商人组织或参与的文会、雅集活动。商人们在贾业之余暇也习儒撰文，形成了商人士人化的现象，促成了商人社会地位的抬升以及文士对商人观念的潜变。商人在形象上更多地趋向亦商亦儒、亦商亦士的样貌。如富可敌国的大盐商江春(1720-1789年)[16]就是一位有一定文化素养的商人，他对于文学艺术也有较高的鉴赏能力和爱好，闲暇时从事诗文创作，著有《随月读书楼诗集》三卷、《黄海游录》一卷，另有《水南花墅吟稿》等著作。江春因得到乾隆恩宠，被赐予"内务府奉宸苑卿"、"布政使"等衔，赏戴孔雀翎，成为集商人、儒者和官员于一身之人。他礼聘文人书画家和奇才异能者，以文会友，提倡和奖励戏曲，招引戏曲人才，组建戏曲家班，在家中设有德音、春台两个戏班，与艺人为友，招待四面八方官僚文人和社会名流，以至整个家族都重视文化艺术，如其甥孙就是扬州画派推崇者袁枚。袁枚更是购置了明代废园"焦园"建为小仓山随园[17]，排日筵宾，通宵宴客。

事实上，商人结交士人中的士大夫官员权贵本是出于自身的商业利益，而在清初以降，暴富的商业集团从自惭于思想狭隘、文化浅陋过渡到附庸风雅、结识知识阶层、管束教导子弟读书进取，逐步向文化靠拢，他们建造的园邸成为招揽结纳四方名士的佳所，从而招引各地名家、富贾与本地的文人们诗酒酬唱、切磋弦歌画赋，以文以乐交朋，以书以画会友，营造了浓郁的文化交流氛围。例如，被称为"扬州二马"的马曰琯(秋玉)(1688-1755年)、马曰璐(佩兮)(生卒年不详)兄弟，是徽帮盐商中的富豪，二人酷爱文化艺术，长期供养文人墨客并给予无微不至的关怀，他们虽与高翔这样的艺术家贫富悬殊，但相交默契。流寓扬州43岁的画家方士庶(1692-1751年)作《林泉高逸图》(图1)描绘的便是扬州马曰璐、马曰琯兄弟玲珑山馆内的情景。画石汀渚之上，浓荫之下，倚几而坐的高士眺望身前身后波澜起伏的江水。画家自识"林泉高逸。雍正甲寅冬与嵋谷先生补图，环

图1 方士庶《补林泉高逸图》(局部) 1734年 轴 绢本、设色 50.3×73.4cm 故宫博物院藏

山弟士庶"。嶰谷即指大盐商马曰琯，画家将其描绘成了闲逸隐士的形象，以工致细腻的笔调表达了主人公悠然自得的生命状态，意境开阔悠远，足见当时社会思潮的整体脉络。诗塘有金农、高凤翰(1683–1749年)等十二人跋[18]，皆表达了对归隐生活的向往。对照作品，我们看到的是在一片烟波浩森的湖水环绕间的树林里，一位高隐之士正倚坐在锦毯之上，其清雅闲逸之姿，加上清幽、空灵之景不禁使人产生莫名的孤寂之感，正如金农所言：

  植林得嘉休，凿水非汗潋。泉不栖独鸟，树难蓄群鱼。栾家濑可拟，元氏亭何如。此中颇萧寂，唯迓真人居。

画家以景写人，烘托了"真人"高洁的心性。画中之人平眉俊目，额宽面长，三绺短须使娟秀的形容中透露出些许脱俗的个性。作品人与境融，境与心映，无怪见画者皆能勾起对斯人的怀恋之情，如杭世骏题道：

  华林无烦柯，潭底见青影。交语叶上闻，幽鸟时一骋。缅怀岩阿人，内照得孤迥。味道去芳言，称诗有天警。域中释常恋，物外谢造请。嗒焉寻希夷，独坐到烟暝。

厉鹗(1692–1752年)题云：

  山馆暴晴翠，不异居汩源，凭衿水树静，宴坐钓石温。森洒抱幽唱，逍遥咏微言，似彼研道子，内景扶晨暾。苔草太古色，庄易无穷门。蒙笼萝上月，真意谁能论。

此作题跋甚富，都是当时文人观画之后的所思所感，言辞之间表达了对静林隐逸的推崇和身处寂寥的无奈之情，想来这应是清代中后期文士的普遍心态了，当然也带有对商人富豪们的附和。商人们仿效文人主持风雅活动，以其雄厚资财，活跃了以南方为代表的文化气息[19]，吸引了广大的诗文书

图2 仇英《金谷园图》
绢、设色
86×33cm
台北故宫博物院藏

图3 华喦《金谷园图》1732年
轴、纸、设色
178.9×94.1cm
上海博物馆藏
自题："金谷园图。壬子小春写于研香馆之东窗，新罗山人喦"。下押"华喦""秋岳"二白文印，左下角押"被明月兮佩宝璐""朱文印"，另押鉴藏印四方。

画家，形成了自明代之后商人处于社会交往中的弱势向强势的转变。

又如历代文人骚客将金谷园的故事创作成诗词、戏曲、绘画等艺术作品，《金谷园图》于是也成了画家们久绘不厌的历史题材。

  绿珠含泪舞，孙秀强相邀；一跃坠王楼，花钿无人收。

描述的便是发生在西晋富豪石崇(249–300年)金谷园中的一幕美人坠楼的凄美故事[20]，至今使人欷歔不已。明代仇英(约1502–1552年)就曾绘著名的《金谷园图》(图2)，作品为一尺幅较大的工笔画，所绘人物、花鸟，无不工整细腻、精细入微，画面上古松垂柳，大树掩映，亭轩走廊内，石崇和来客交谈寒暄，池畔曲桥上，婢女穿梭其中，形象生动，栩栩如生。庭院中牡丹盛开，孔雀悠然，带有一定宫廷绘画特征。而华嵒于雍正十年壬子小春(1732年)作《金谷园图》(图3)，风格秀逸、设色淡雅清丽，已与仇英之作十分不同了，作品描绘了石崇于金谷园中听绿珠吹箫的生活场景。富豪石崇坐于华美的锦毯中，左臂倚靠于矮几之上，右手捻须侧身倾听，身着宽袍戴峨冠，面颊丰圆，眉目间流露出怜爱、欣赏之色。绿珠则静坐于主人侧旁的圆凳上，口沾竹箫凝神吹奏，她身形姣好，面若桃花，形容素雅，仪态窈窕动人。美人衣带轻拂，以兰叶描写出虬劲圆润之感。二人身边各侍有三小童

图2 图3

和两个婢女，暗示出富家大宅的生活面貌。作者没有描写金谷园华丽的亭阁幔帐，也没有过多地渲染园中的奇兽异草，而是截取了庭院幽静的一角，绘垂柳松柏于其间，仅点缀以菊石，呈现出一派幽雅清新的气氛。此作线条借鉴了书法线条的特点，自身具有明显的张力。其线有虚有实、有曲有直、有浓有淡、有轻有重、有粗有细、有断有续、有行有留，把前人平直、均匀、细韧的线条变得曲折顿挫、千姿百态，极富情致。画家复杂多变的情感，借助这种多姿多变的线条得到了充分的宣泄。华嵒生活在雍正的鼎盛时期，他重视对现实生活的观察，表达自己对生活的独到理解。《金谷园图》塑造人物个性鲜明，形神兼备，作品中充溢着清新、淡雅、自然、疏朗的美，有着诗一般的意境，细致入微地反映了人物的心理活动。画家一生贫寒，往复于钱塘与扬州之间以卖画为生，作此画之时华嵒年51岁，自扬州返回杭州前夕，作画目的待考。但通过画家选取画面情节的不同和人物环境的设置，都不难看出华嵒的作品在反映大商贾的形象中夹杂了更多的文人气质，其所描绘的意境中也增添了画家对个体情怀的抒发。

　　由此我们可以获得这样的结论：士人的政治地位虽然在清代中后期有所下降，但仍然属于社会政治、文化、思想的核心，其行动也起到了对社会行为的表率作用。但从另一个方面上讲，经济对社会文化的影响也使得本来自命清高的文人书画家渐渐面对现实。商人有钱财而需要风雅，文人书画家有文化技能却有待于解决衣食住行，这些都为清代人物画的发展提供了现实的物质契机，同时也从某种意义上促进了清代中后期文士题材作品的世俗化倾向的加强，以及题材背后深层内涵上的变化。

　　随着社会环境的发展，出现了两种身份不同的画家：一是文人画家，一是职业画家。文人画家社会地位颇高，职业画家以画为业，卖画谋生，难免趋时谐俗。其中，无论是从封建官僚队伍里游离出来的文人，还是出身贫贱的职业画家，都在一定意义上成为依赖于市民阶层的自由职业者。由于他们具备了文人的丰富修养，所以相对于商人和工匠来说，是文人。又因他们已经成了以书画为业的自由职业者，相对于以诗书画为余事的文人而言，又是同于众工的职业画家。这一复杂的身份，使他们与视同画工的职业画家缩短了距离，与购买书画作品的工商业者缩短了距离，在雅俗观念上发生了潜变。

当然，清代后期士人的诸多社会现象虽然影响了整个时代纵欲的生活方式，但并不代表士阶层完全意义上的萎靡、消沉。深究其因，首先应该认识到，清代中期至后期南方商业的发展带来社会经济的繁荣，那些享有较高社会地位的士人生活方式被市井庸俗化为一种纯粹意义上的享乐主义倾向。其次，我们也应考虑到，士阶层冲破传统道德束缚的生活方式，从某个角度讲是对明清以来经学片面宣传而极端化的纲常伦理的对抗，从而在欲望与伦常之间寻求一个契合点。无论是变革还是改良，学术上的新发展、思想上的闪光在文士们的学术活动中，无不体现为社会现实在精神层面的利益分配关系。这是清代中后期在商业发展背景下，文化、思想发展的重要特征。由此而在士人阶层所营造的学术大环境中，从文化的各个层面上影响了文士画家个体的人生追求。正所谓社会成员的个性差异汇聚成了真正具有普遍意义的时代精髓。

小结

纵观清朝自雍正至道光的一百余年间的文化脉络，我们虽不能以一个简略的词汇去概括，但从总体上来说，清代中后期的社会文化思潮有着在求实中图变的基本特征。文士阶层作为时代精神的中坚，在学术领域中表现出对人性自由的追求，其中不乏对清中期士习的批判，力图通过改良挽救清朝统治的危机。这些思潮在艺术中体现于文人士大夫在人物画题材的选择和人物形象的造型审美取向这两大的层面上。对此，本文将在第二和第三章中分别加以展开。此外，学术思想在文士身上的反映，也可以从学者个人身处的小环境中加以分析，如画家与其家学、师友关系和个人经历等。本文将在章节中从经济对文化的影响，书画集会的交往活动，文士画家的境遇，以及画派与师承关系几个角度加以论述，从而深入解析清代中后期文士题材人物画形成的社会因素。

注释

[1] 《韩诗外传七》有:"君子避三端:避文士之笔端;避武士之锋端;避辩士之舌端。"见《辞源》,修订本,商务印书馆,第1356、639页。

[2] 《诗·大雅·江汉》:"厘尔圭瓒,秬鬯一卣,告于文人。"《毛传》:"文人,文德之人也。"按谓周之先祖,秬鬯:用黑黍和香草酿造的酒,用于祭祀降神。卣,古盛酒器。

[3] 引曹丕《与吴质书》:"观古今文人,类不护细行。"自《辞海》缩印本,上海辞书出版社1979年版,第1533页。

[4] 《书·文侯之命》:"追孝于前文人。"疏:"追行孝道于前世文德之人。"

[5] 汉《论衡·超奇》:"采掇传书以上书奏记者为文人。"文选 三国魏文帝(曹丕):《典论·论文》:"文人相轻,自古而然。"见《辞源》,修订本,商务印书馆,第1356页。

[6] 汉代王符《潜夫论·交际》言:"内见谪于妻子,外蒙讥于士夫。"就是此意。

[7] 士在商周时期原为社会等级制中的一个等级。在商、西周、春秋时,士位于天子、诸侯、卿大夫之后的第四级,在政治上是贵族阶级中最低的一等,如《礼记·王制》中说:"诸侯之上大夫卿、下大夫,上士、中士、下士、凡五等。"《孟子·万章下》中亦云:"君一位,卿一位,大夫一位,上士一位,中士一位,下士一位,凡六等。"他们虽隶属于上贵族,但又缺乏独立人格,成为职事知识的主要载体。这时的士是有文士与武士之分。春秋时,士多为卿大夫的家臣,有的有食田,有的以俸禄为生。如《国语·周语上》载:"大夫、士日恪位著,以儆其官。"《国语·晋语四》载:"大夫食邑,士食田。"同时也有参加农业生产的,如《礼记·少仪》载:"问士之子长幼,长则曰能耕矣。"至战国,士渐从封建等级中游离出来,分化为"学士"和"文吏"两个群体,逐渐成为统治阶级中知识人的通称。正如顾炎武在《日知录》卷十三"周末风俗"条中所言:"士无定主",士人的性质也由一个等级变为了一种社会阶层。可以说,自战国以后文士阶层就以独特的社会角色担负起传承礼制、传播文化的使命。如曾参所言:"士不可不弘毅。任重而道远。仁以为己任,不亦重乎?死而后已,不亦远乎?"(见《论语·泰伯》)至汉,"士"成为四民之一,《汉书·食货志上》有载:"士、农、工、商,四民有业;学以居位曰士。"最终在汉代的儒生与文吏、儒家与法家的合流过程中,奠定了封建中国"士大夫政治"的牢固基础。

[8] 余英时《士与中国文化》第十章《士商互动与儒学转向》,上海人民出版社2003年版,第527-576页。

[9] 平远山房书画集会,1792年成立于上海旧城之西,由李廷敬创办和主持。李廷敬(?-1806年),字味庄、景叔,号宁圃,河北沧州人。乾隆四十年时进士,前后十任苏松太道。工余嗜喜金石书画,擅长书法。曾先后发起组织中国早期美术社团"平远山房书画集会"和"吾园书画集会"。关于"平远山房书画集会"的活动情况,清末海派画家高邕曾为杨东山《海上墨林》撰写的"叙"中写道:"闻昔乾隆、嘉庆时,沧州李味庄观察廷敬,备兵海上,提倡风雅,有诗、书、画一长者,不无延纳平远山房,坛坫之盛,海内所推。"《海上墨林》一书内提到改琦是画会中主要成员。

[10] 吾园书画集会,1803年成立于上海旧城西南"吾园",由李筠嘉和李廷敬发起创办,李筠嘉主持会务。李筠嘉,字修林,号筠香,上海人。例贡生,曾任光禄寺典簿。擅长书法。先后参加"平远山房书画集会"、"小蓬莱书画集会"等美术社团的活动。"吾园"原为"印氏桃圃",后被李筠嘉购得,更名"吾园"。"平远山房书画集会"主持人李廷敬与李筠嘉同是提倡风雅,酷爱书画的好友。俩人便在"吾园"经常邀请蛰居沪上的一些书画名流进行书画创作和艺术交流。逐渐形成当时上海的一个著名美术社团。据画会主持人李筠

嘉编的《春雪集》中所提供的资料，先后有133位书画家曾到"吾园"集会。他们是：改琦、钱杜、李廷敬、何其伟、洪亮吉、王芑孙、高崇瑚、高崇瑞、孙原湘、陈文述、钮树玉、姜皋、郭频加、归懋仪、陈廷庆、铁鲁斯、杨光辅、陆继辂、唐景时、钮生汾、陈祥熊、唐尔孝、曹玉水、潘恺、祝堃、汪梅鼎、周枚、熊方受、徐光灿、龚炎、唐子京、吴信中、沈希辙、顾登衍、王应桂、杨大春、吴云、赵怀玉、徐棠、瞿应绍、祝悦霖、周锷、吴省兰、廖云锦、姜兆翀、唐祝、方式亨、李学璜、张秋湄、徐长发、康起山、林镐、沈向荣、何琪、褚华、铁舟、金门诏、杨起蟠、刘枢、毛振麒、顾亮甫、曹元熙、梅春、王嘉福、范鉴、徐学海、瞿秉虔、储征甲、曹树奎、吴山尊、伍有庸、清恒、陈基、蒋栋、孙坤、汪百禄、闾邱德坚、刘潢、王大同、瞿应麒、朱文模、魏容、金湘芷、钟曾龄、觉青、陆墀、蒋超曾、李林松、赵次卿、乔淙、凌孝仲、乔重禧、孙庆治、尹锡、顾亡燮、沈希轼、萧抡、曹洪志、汪云桂、李逢辰、曹鸿涛、吴凤来、陆纪泰、莫树堉、施承梁、乔培、沈静、钱元章、朱王林、袁桐、郑开禧、朱石甫、江藩、陈裴之、顾清泰、倪稻孙、程晋、袁通、顾成顺、龚自珍、杨尚震、胡志坚、吴同善、方子春、洪花农、戴公望、黄承增、孙文枂、周右、孙锡恩、金学莲。

[11] 小蓬莱书画集会，1839年秋成立于上海城隍庙南之小蓬莱（现"蓬莱公园"处），由蒋宝龄发起组织并主持。蒋宝龄（1781-1841年），字子延、霞竹，号琴东逸夫，江苏常熟人。工诗善画，山水初学文征明，后师从钱杜，作品清逸松秀。另擅长美术史研究，著有《墨林今话》、《南画大成》等。1839年蒋宝龄来上海游玩，暂居上海城隍庙南之小蓬莱。经常邀请海上书画家到小蓬莱书画雅集。不久，蒋宝龄定居此处，逐渐正式发起组织书画集会，故名"小蓬莱书画集会。"持续活动至1841年蒋宝龄去世而解散。画社的主要成员有蒋宝龄、改琦、费丹旭、姚燮、李筠嘉、乔重禧、王寿康、徐渭仁、马昂、印松宝、毛祥麟、侯敞、深维裕、平畴、陈銮、孙坤、钱元章等人。

[12] 在清代，文人进入朝廷的一种途径就是经由朝臣和地方官向朝廷推荐为御用画师，从而谋得一官半职。雍正朝开始，朝廷定期下达旨意，由广东巡抚、两广总督、粤海关、九江关监督、苏州织造等衙门选拔推荐，送造办处经短期考核后，上呈皇帝定夺。画家获皇帝准许后入宫，还要试用一段时间，作品经御览称旨，才正式成为宫廷画家，个别试用不合格的还会被退回原籍。一些在民间的职业画家，也可献画自荐。此外，皇帝也可指名社会上有些声望的画家召入宫内。如乾隆四十四年（1779年），弘历特召肖像画家陆灿入宫，图绘御容和功臣像。不少画家因父子相继、兄弟并擅、师徒相承等关系，也同时或先后进入画院。如冷枚在乾隆时已年迈，被恩准其子冷鉴入宫协助，后就成为宫廷画家；王玠于雍正五年（1727年）卒，其子王劲学即入宫顶替；余省、余稚兄弟均善画，同于乾隆二年（1737年）入宫；张宗苍入官后，其弟子方琮、王炳也相继进宫供奉。有些在宫内处于工匠地位的画匠、画样人，受到皇帝青睐，也可提升为画画人。

[13] 姚莹在《师道》上的《东溟文集》卷一所述士人："道德废，功业薄，气节丧，文章衰，礼义廉耻何物乎？不得而知。"

[14] 《明清社会性爱风气》，吴存存著，人民文学出版社2000年版，第155-197页。

[15] 如钱泳于《履园丛话·卷二十一·打兔子》中就记有："毕秋帆先生为陕西巡抚，幕中宾客（毕秋帆即毕沅，其幕宾中著名的有孙星衍、洪亮吉、严长明、吴秦来、王复、钱坫等）大半有断袖之癖……"

[16] 江春（1720-1789年），字颖长，号鹤亭，旌德县江村人。江春出身盐商世家，他的祖父江演幼年时即与其父"担囊至扬州"，"用才智理盐策"，"数年积小而高

大"，成为两淮盐商的中坚人物。江春的父亲江承瑜也从事盐业经营，为两淮总商之一。江春22岁参加乡试考举人，名落孙山后去扬州协助父亲经营盐业，父死后不久，继为总商，并由江春之侄江昉（江演次子江承玠之子）协助江春经商，直到在扬州去世前四十余年时间内，一直驰骋于扬州两淮盐业界。江春行盐的旗号为"广达"，名以旗称，故人们包括乾隆帝在内又称他为江广达。江春在经商生涯中，办事能力十分高强，他遇上乾隆六次南巡，几次对边疆用兵，庆祝皇太后万寿节典礼，以及许多大工程和大灾的赈济，朝廷军政费用支出浩繁，各级地方部门，特别是盐务部门为筹措经费，江春都尽心尽力，出谋划策。据嘉庆《两淮盐法志》记载：乾隆十六年（1751年），首次南巡，驾临扬州，江春为迎接乾隆南巡，两次在自家所建的康山草堂别墅接驾皇上，乾隆赐赋《游康山》诗："新城南界有山堂，遗迹其人道姓康。曾是驻舆忆庚子，遂教题额仿香光。重来园景皆依旧，细看碑书未异常。述古虽讹近文翰，一游精鉴不妨详。"江春除建有康山草堂外，还有江园（乾隆赐名净香园）、深庄、东园等，在清代扬州盐商中，江春是拥有园林最多的一个。由于迎驾以及大笔巨款报效，江春富有的家产逐渐消乏，表面上繁华，内囊已十分空虚，乾隆三十三年（1768年）发生两淮盐引案，对江春是一次相当严重的打击，这是一次盐商勾结盐务衙门官员的经济贪污大案。审讯结果，除有关官员受到惩处外，江春也被革去职衔，贪污巨额公款（白银1019万余两）着落各盐商分赔。江春虽受此打击，但乾隆仍对他信任有加，乾隆三十六年（1771年），因江春"家产消乏"，乾隆赏借他30万两皇帑，以资助他营运盐业。至乾隆四十九年（1784年），江春与他人"急公报效"、"输将巨款"达白银1120万两之多，为清王朝效尽犬马之劳。江春的办事能力也惊动了乾隆皇帝，每当新的两淮巡盐御史上任前，乾隆总要对巡盐御史说："江广达人老成，可与咨商"。

江春成了当时朝廷与两淮盐商之间联系的不可或缺的重要人物。江春得到乾隆恩宠，赐予他"内务府奉宸苑卿"的官衔，赏戴孔雀翎，成为当时盐商中仅有的一支孔雀翎。他被乾隆召见于镇江金山行宫，先后被赐御书、福字、貂皮、荷包、数珠、鼻烟壶、玉器、藏香、柱杖等物不计其数。乾隆二十七年（1762年），江春又因捕获销毁宫内金册而逃逸的太监张凤，被乾隆赐予"布政使"衔，这样江春既是商人，又是儒者和大官，集三者于一身，由于官不是实缺，故江春在很多场合是以儒者面貌出现的商人。乾隆五十年（1785年），江春被乾隆邀请参加北京举行的千叟宴，成为"以布衣上交天子"的第一人，后来他更被乾隆授予"正一品光禄大夫"头衔，成为声名显赫的重要人物。

[17] 小仓山随园，袁枚自称就是《红楼梦》大观园遗址。此园前身为明代"焦园"，康熙时归吴姓。隋赫德接任江宁织造后，从吴家购得。隋织造在山巅构筑花墙庭轩，遍植草木，让人随意游览，故称"随园"，当然这和他的姓氏也有关系。30年过去，随园房倒屋塌，杂草丛生，仅存零星建筑。正好此时袁枚萌生退意，于是从俸禄里拿出300两银子，购置废园，吩咐工匠，依随地势高低和溪流走向，建江楼、溪亭、涧桥、假山。因随山水之势造景布局，故仍袭随园旧称，"同其音，易其义"。袁枚退居随园后，官宦士子、文人墨客纷纷来拜，"先生排日筵宾，通宵宴客"，络绎不绝。

[18] 裱边有徐葆光题跋："林亭一角秀，枕此邻邻渠。乔翠荫敷席，晏焉此闲居。时哉消古暇，乐矣颐甘馀。吟花引芳绪，啸竹延清虚。帚拂去尘远，坐游物之初。遗象独有得，境与心相如。乾隆元春二月为巘谷三兄题即正。吴门弟徐葆光稿。"高凤翰则在跋语中表达了隐逸在心的观点："惟有可见，是乃贵隐，隐不以形，与道伸樽，縶维斯人，导诚抱悃，吾固知其名，可以动诸侯，而独葆其真，文可以烂，壮采而大朴，其本不然呻，桀矣钓波，无故而山巅，水涯者甚不乏人，而吾徒见其冥然，以顽幽然以蠢而已。东海同学高凤

翰左手书复。庚申闰六月望日立秋节。"胡期恒的题跋："充隐非大隐，避世乃玩世。古来栖遁流，强半杂真伪。先生本达人，出处已早计。非惠既非夷，不求亦不忮。架拥鄴侯书，门多孔融刺。文名燕许俦，气谊淮海比。珠槃与玉敦，齐盟操赤帜。宴坐憩林泉，攸然绝尘累。高情松柏心，逸韵芝兰味。妙手写成图，岩壑劳安置。乐与公瑾交，饮醇辄自醉。而我素心友，不以形骸异。图中水石间，大有闲田地。我愿来诛茅，一瓢倘可寄。风流成二老，他年留故事。题似巘谷先生兼正。武陵学弟胡期恒稿。"

[19] 到18世纪，由于扬州商品经济的繁盛，书画商品化的加剧，导致各地卖字鬻画的艺术家纷纷奔向这个书画商品市场，使扬州画坛呈现出百花齐放的盛况，各家各派，争能斗胜。时以商人为主的新兴市民阶层，渐而摆脱旧时思想的束缚，喜新尚奇，寻求刺激性，并且要求在文化艺术上有所表现，扬州画派应运而生。

[20] 金谷园又名梓泽园，是西晋富豪石崇在河南洛阳城郊河南县花巨资建成的一处华丽别墅，坐落于山涧中，环境极为怡人，在我国园林史上具有重要地位。园内亭台水榭、馆阁楼池依山势而设，错错落落，或高或下，颇具匠心，其中所植花果、竹木、药草等物皆为当世之珍。据《晋书·石崇传》记载，石崇(249-300年)，字季伦，渤海南皮(今河北南皮东北)人，历官散骑常侍、荆州刺史等。此人长袖善舞、精于钻营，亦心狠手辣、残忍恶毒，为官不仅不管理当地治安，反而凭恃权势和地方之便，强取豪夺外，甚至劫掠客商。并与权贵竞尚奢靡，以斗富显赫为乐，于河阳置金谷园，养鱼植荷，蓄猿饲马，过着骄奢淫逸的生活。晋武帝太康初年，石崇奉使交趾，途经白州博白(今属广西)，以明珠十斛，聘得数女，其中善歌舞、艳丽出众者便是绿珠。石崇回洛阳后，转任散骑常侍的闲职，日以宴饮为乐，复谱曲编舞以教绿珠，绿珠善吹箫且聪慧而善解人意，曲意承欢，使得石崇如醉如痴，在众多姬妾之中，专宠绿珠。八王之乱后，晋室衰微，诸王弄权，其中赵王司马伦当政时期，以孙秀为谋主，此人闻绿珠能歌善舞，美慧无双，于是派人向石崇乞请割爱相赠。当时孙秀权势熏天，但石崇以绿珠为自己所至爱，断难割舍，便拒绝了孙秀。石崇料孙秀怀恨在心，为除后患设计怂恿汝南司马允起兵扳倒赵王司马伦未成，却招来杀身大祸，赵王司马伦下令严肃余党，将金谷园团团围住。石崇正在崇绮楼上与绿珠开怀畅饮，忽闻缇骑到门，料知大事不妙，便对绿珠说："我今天为你获罪了，为之奈何？"绿珠涕泣道："妾当效死君前，不令贼人得逞！"言罢，朝栏杆下纵身一跃坠楼身亡。孙秀原想收捕石崇，抄没其家产，并掠得佳人而归，想不到绿珠生性贞烈，看到的只是鲜花委地，香消玉殒而已，不免大为失望，于是把所有的闷气和怨恨一股脑儿都发泄到司马允余党的身上，不加审问就直接押到东市行刑。

第二章 清代中后期文士形象人物画的题材

人物画的题材在一段历史时期中的选择和特征,代表了时代整体的文化取向和意识形态,展现了艺术家的生活境遇、思想脉络,同时影响着文士阶层代表的精神理想的发展。清代中后期文士题材绘画的作者主要是文人画家或画院画师出身的文人,也有少数在朝为官的士大夫兼喜书画的,总之没有超越士阶层的范畴。因此,通过对这一时期文士形象人物画作品取材情况的归类与整理,有助于我们全面地认识这一时期文士人物画的内容导向。在对作品按类分析的过程中,找寻文士人物画作品中蕴含的深层内涵,发现作品所反映的清代士人生活的真实历史情况。

　　总的来说,清代文士题材的人物画自中期的雍乾两朝至后期的嘉道两代,无论在风格还是内容上都可谓清代画坛最具代表性的时期。不论我们以何种角度分类,都可发现这一时期文士题材的人物画有着十分鲜明的特征。

　　从人物画的艺术风格上看,再现真实的风格自明末曾鲸(1568-1650年)以降至清初的禹之鼎(1647-1709年),发展至清中期有了普遍的提升。画家类型上也呈现出百花齐放的局面,以人物写真为主的画家如徐璋、丁皋、改琦、费丹旭、苏六朋;以山水花鸟著称又兼画人物题材的画家如方士庶、李鱓(1686-1762年)、张崟、虚谷(1823-1896年),又有山水花鸟人物兼有盛名的如华嵒、上官周、闵贞(1730-约1788年后)、高凤翰;也有文人士夫偶作人物画者如钱大昕、翁方纲等。这里不仅包括宫廷的专职画师,更多的是文人画家,其画家之多、作品之盛当无愧于中国古代人物画史上的最后一个高峰。在写实风格的作品里,以文士肖像画表现得最具代表性,无论是为了表达对画家师长朋友的情谊,还是为了寄托对故去之人的哀思;也无论是衬景单人像,还是群像,都以高超的表现技法传达出人物的真实样貌和神韵气质。相对于融汇西法的作品,大量以书法入画的大写意人物画作品也是此时的一大特征,这些作品主要涉于文士生活和传统高士题材,画中以不可特指的士人人物形象赋予其观瀑、听风、赏梅、饲鹤的内容,表现了封建社会晚期,文士在归隐和入世之间寻找情感归宿的文人情结和对个性情愫的直白宣泄。

　　这一时期在题材的风格上涌现出众多反映士人真实生活的作品,如高凤翰的《文选楼草赋图》(1739年)、叶芳林(生卒年不详)的《九日行庵文宴图》(1743年)、罗聘的《冬心午睡图》(1760年)、华喦的《村童闹学图》(年代不详)、费丹旭的《果园感旧图》(1849年)、刘彦冲(1809-1847年)的《听阮图》(年代不详)……这些作品或以真实具体的人物形象,或以生动丰富的情节片段,展现了清代士阶层自上而下的生活情貌和文人境遇。

　　另一类就是以传统故事典故、诗赋为创作内容的人物作品,例如改琦的《商山四皓图》(1732年),黄慎的《桃花园图》、《碎琴图》(1758年),顾洛(1763-约1837年)的《西园雅集图》(1833年),苏六朋的《太白醉酒图》(1844年),费丹旭的《伯牙鼓琴图》(1847年),苏长春(1814-约1849年)的《苏武牧羊图》……表现了士人们对晋宋以来文人雅士风度的崇尚。于是,相应的也就出现了大量传统高士隐者题材的作品,无论是以写实的手法还是写意的笔调,都从某个角度抒发了文士标榜清高的个人情愫。如黄慎的《爱梅图》(1724年),王树榖(1649-？年)的《高隐著书图》(1726年)(图4)、《二老清吟图》(1729年),华喦的《松下观泉图》(1732年),朱伦瀚(1680-1760年)的《观瀑图》(1755年),刘彦冲的《鹤听琴图》(1842年),苏六朋的《渔乐图》(1845年),费丹旭的《松下沽酒图》(1847年)……

　　以上两个方面的分类,体现了清代士人题材的人物画至中后期所呈现出来的多元面貌。画家作者、艺术追求和思想取向都存在着交差多面的状况,以任何一个角度进行分类都难以单独地就某一内容形式孤立地进行分析。比如叶芳林作于乾隆八年(1743年)的《九日行庵文宴图》本身就是一件文人生活题材的现实主义佳作,也是肖像画中的群像图,同时还承载了传统文人《西园雅集图》的创作模式;又如苏六朋于道光二十七年(1747年)所作的《苏武牧羊图》,既是一幅根据历史典故创作的人物画,同时也是对苏武这一历史人物形像的描写……诸如此类情况,在这一时段的文士形象作品中举不胜举。基于此,笔者在书中以绘画作品的内容主要倾向大至分为三个类别:第一类是肖像题材,包括画家为当时师长友人所作肖像写真和为逝者的追影,以及历史人物肖像;第二类是文士现实生活题材,包括表现当时士人各层面生活状态的现实主义创作,如集会、宴饮、行乐、

图4
王树榖《高隐著书图》
181.2×101.4cm　1726年
轴、绢、设色
无锡市博物馆藏

游山、夜读、拜寿、访贤、得子等,也有夹杂了浪漫主义情愫的高士隐逸生活内容,如吟诗、煮茶、簪花、观泉、博古、谈道之类;第三类是史实典故、传说佳话题材,主要涉及了古代流传的故事册页和以故事情节为创作内容展开画面的作品,如西园雅集、太白醉酒、竹林七贤、商山四皓……当然,正如前所述,许多作品以多种内容相杂糅,在本章的各节中概以其相对显著的内容为标准进行分类。

第一节 文士肖像

文士题材的肖像画隶属于人物画中的肖像画范畴,在我国古代有特定的传统称谓,如传神、写照、写真、写貌、写像、小像、云身等等。这些称谓虽名目繁多,实际上不离一个"肖"字之意,"肖"就是"相似"、"像",由此可知,肖像画是针对具体人物所作的与形象肖似的作品。

明清以来,随着经济的不断发展,人们开始从向外的观察转向自身,留影存真于是成为一种时尚,从社会需要的角度可以看出,虽然清代中后期的人物画在整个画坛相对地衰落下去,肖像画却一枝独秀,呈现出旺盛的发展局面。因此,自明以降肖像画的创作不再局限于宫廷和士族阶层,开始在民间蔓延,且在江南经济相对发达的地区发展得尤为迅速。下面我们根据所画对象的不同,分别从同时期文人写真、故去之人的肖像和历史人物的描绘三个方面加以分析。

一、同时期文人写真

"写真"是中国肖像画的传统称谓之一,意指尊重原本的真实之态进行摹写,因此,理解"真"的内涵是我们把握古代肖像画家创作思路的关键。

清代中后期的文士肖像画中有很大一部分是文人画家为当时在世的友

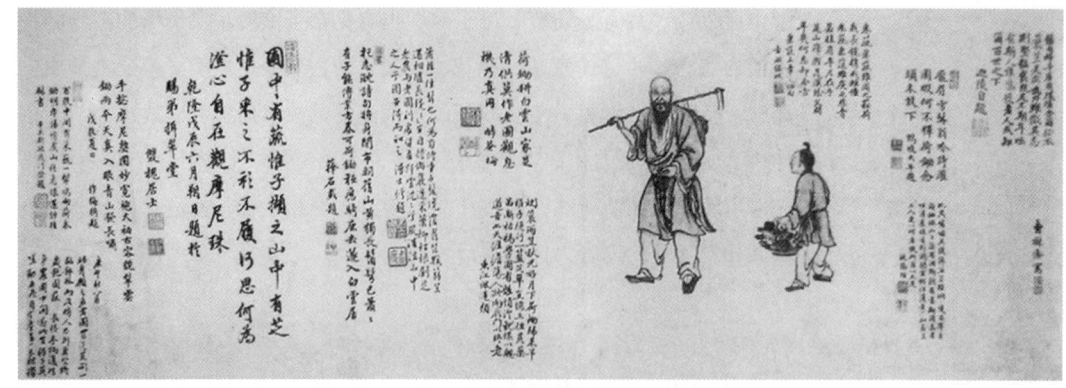

图5

人师长创作的写真,也包括画家的自写之像,这些作品或是为了馈赠留念,或是为了表达情谊,亦或是为了抒怀明志。因描绘的人物都是画家们熟悉的形象,故其写实特征最为突出,无论是单人的肖像还是带有一定情节环境的作品,都能从相貌、体态、神情、气质上反映当时文士的真实形容。另外,作者往往在写真之余或题跋上当时主人公的岁辰,或以文字的方式记录作画的缘由,或题诗赞美人物的品行嗜好,从而生动地体现了历史中的文人交往情况,也真实地再现了普通文字性史料无法记述的部分,如曹树德(生卒年不详)作《陈祈年小像》(图5)、黄慎作《丁有煜肖像》(1755年)等。

肖像画其最基本的目的就是写形以存影,根据当时师友亲属的写真,从某个角度来讲都或多或少地实现了这一功能。那些以描画容貌为主要目的的作品多采用单人无背景的半身像或带有一些道具的全身像,人物多以正面姿态呈现,面部刻画深入而细致入微,显得端庄肃穆。如半身肖像有王素(1794-1877年)作《包世臣像》、徐镐(生卒年不详)作《张昀像》、改琦作《顾亭林像》(图6)等。

道光六年(1826年)姚元之(1773-1852年)[1]题记的《汤金钊行乐图》(图7)是一种传统的写形存影式官员像,画风明显受到院体画为帝王大臣写像的形式和表现技法的影响,这种样式的形成主要由被写人之身份决定的。这幅《汤金钊行乐图》是一幅造型严谨刻画精细的工笔肖像作品,全画庄严沉静,于富贵中尽显书卷之气。画中所绘者为出身于商家的汤金钊[2]

图6

图5 曹树德《陈祈年小像》 卷、纸、设色 28×73.3cm 北京市文物商店藏

图6 改琦《顾亭林像》 轴、绢、设色 浙江省博物馆藏

图7

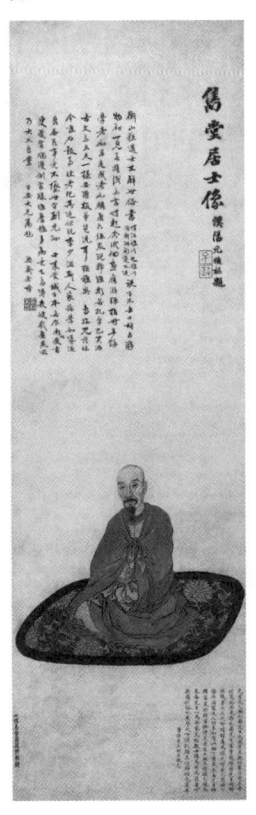

图8

一生在朝廷礼部、吏部、工部、户部、兵部任职，为官清廉，至咸丰四年 (1854 年)，重宴鹿鸣，加太子太保衔，并颁赐御书"庆衍恩荣"匾额，是清代一位忠良重臣。再看画中人物面容清癯干练，仪态温文尔雅，捧书坐于榻上，神情气质中显见出多年为官后的稳重与自信。作者创作此写真时汤氏已经五十有五了，官拜户部侍郎。其挺拔的身形看不到丝毫老态，只有深邃的眼神可以使人确信仕途的艰辛。这是一幅优秀的肖像作品，在姿态的处理和神情的刻画中真实地再现了人物内心世界。姚元之在清代嘉庆、道光两朝，做官近四十年，经历丰富，博学能文，著述严谨，题此画时官拜内阁学士。姚元之于画中题赞道：

> 主人爱幽僻，静坐读书编。开窗赏明月，掩关写竹兰。拟图先拟人，想象羲皇前。胸襟淡秋水，气宇和春烟。寓名存妙理，迥绝尘嚣缠。应是性灵近，讵非静好偏。写来颇神似，布置惭周全。翰墨贵天趣，心神谐静缘。
>
> 落款：丙戌九月十四日题为敦圃侍郎雅政，竹叶高坐姚元之。

跋语与作品交相呼应，真实而诗意地表现了主人公的相貌气质，是一幅形神兼备的佳作。

由此可见，清代中后期那些注重形似的肖像画并没有忽略传神的内质，反而十分注重以形写神的精髓，着意描绘人物的内心世界、性格气质等内容。画家丁以诚为当时著名书法家铁保 (1752–1824 年) 绘制的《铁保像》也属此类作品。

现藏于故宫博物院的《巴慰祖像》(图8) 亦属形神兼备的精品之作，这是画家闵贞为当时篆刻家巴慰祖 (1744–1793 年) 所绘的肖像。人物面部参用西方绘画和"波臣派"技法，形象写实而生动，细笔勾勒，晕染有致，精细逼真。两颧、双颊、眼窝交代清晰，凹凸感显而易见。画家以色彩的运用表现人物的个性特征，敷色讲究，画面古朴典雅。衣纹用枯笔焦墨勾画，用笔细劲，转折略有顿挫，注重形式与内容统一的整体感，将笔下的

图7 姚元之题记《汤金钊行乐图》作者待考 142.2×73.2cm 1826年 轴、纸、设色 故宫博物院藏

图8 闵贞《巴慰祖像》 103×315cm 轴、纸、设色 故宫博物院藏 本幅有元焕枢题名"隽堂居士像"，金榜、达生、嗣生三家题记，吴云蒸观款，裱边有韩廷秀、程振甲等七家题记。

肖像表现得形神兼备，绣团用工笔填彩写出。整个画面虚实相合，工写相辅，形成独特的艺术效果。生活于乾隆年间的巴慰祖[3]，安徽歙县渔梁人，富收藏，通文艺，亦工画。巴慰祖和其胞兄巴源绶[4]是清代扬州最显赫的一支巴氏，称"巴总门"。巴氏在扬州经营盐业，是当时扬州的商界豪富，同时又深通儒学。巴慰祖的兄长和侄儿都选择了经商，唯独巴慰祖选择了艺术，巴慰祖就是在这种极其注重文化的商人家庭里脱颖而出，并名留青史的。巴氏族谱早已散佚，今天要了解巴慰祖的事略，主要靠扬州学者汪中(1745-1795年)[5]的一篇《巴予籍别传》。据说巴慰祖除了爱好书、画、印以外，又能琢砚、造墨、铸铜，与工匠、乐师交朋友。他显然属于明末清初有着广泛艺术嗜好的一流文人。这种文人一般不善于治生，却以毕生精力传承着文化，他们往往兴趣极广，且出现在文化底蕴极深的地方，晚年又会因为不善于治生而穷困潦倒。巴慰祖的晚年，也是因为千金散尽，贫病交加，不得不卖字为生。画面上，巴慰祖40余岁年纪，身着青衫，外披红袍，趺坐在蓝底黄花的蒲垫上，似罗汉状。人物神态安详，目光矍铄，面容瘦削且似有倦容，使人联想到顾恺之笔下维摩诘"轻羸示病之容，隐几忘言之状"的情形。由此可以感受到巴慰祖潦倒清苦的晚年生活。作者闵贞，字正斋，江西南昌人，侨寓汉口。他曾游历汉口、京师、扬州等地，在扬州卖过画。闵贞虽以卖画为生，却不愿随便为人作画，对贫贱知己常主动着笔，对富豪骄人则多方推托。乾隆五十三年(1788年)59岁尚在，卒年不详。他擅画写意人物、仕女，兼精写真，形象逼肖。学吴伟泼墨写意法，白描功力深厚，擅长写意人物，衣纹转折随意，顿挫有法，风格豪放奇纵潇洒活泼。朱筠(1729-1781年)、翁方纲极器重之。画家闵贞与巴慰祖同生活于清代中期的乾隆年间，闵贞年龄稍长，因此推算《巴慰祖像》应为画家中年时期肖像画的代表之作。

  这一时期的写真高手往往具有三种情况，一则是有过贡职画院经历的画师或在朝多年的高级文职官员，如前所述姚元之；二则是以卖画为生的文人画家，如闵贞；三则是家传或师授以写像秘法的民间画师，有时这三种因素会杂糅同一个画家身上。乾隆时的著名的肖像大家徐璋就是一例，

图9

徐璋，字瑶圃。松江府娄县（今上海）人，家住景家堰。他师从清初肖像画家沈韶（1605-？年）[6]，尽得其传，后又自发地通过刻苦学习而成名，主要艺术活动在乾隆时期，早年即喜绘画，山水、花鸟、草虫俱佳，而尤精人物画像。乾隆元年（1736年），徐璋因《织造图》被荐入画院，在宫廷为乾隆皇帝作画[7]。不过他在京师活动的时间并不长，由于他创制的《松江邦彦图》触及朝廷隐讳，被人告发，无法在京城立足，不久便被乾隆委婉地辞退离开了宫廷，被迫回到江南，重操旧业，在不得志中郁郁地度过了自己的余生。徐璋在北京虽然没有产生重大影响，但他回到家乡后却广受欢迎，尤其首创用生纸作肖像的方法，被后来的肖像画家继承下来。他的这一作画方法，改变了传统上用绫、绢、帛等丝织物作画的习惯，一直影响到了海派画家任颐等人的创作，开启了中国肖像画用生纸作画的先河，引发了写意性中国肖像画时代的到来。

徐璋于乾隆十二年丁卯（1747年）所绘的纸本水墨肖像《高凤翰披褐图卷》（图9）是一幅颇具文人气质的肖像佳作。画中题：

> 舍尔章服，胡宽而博。委地嬉游，如蜗负壳。酣歌太平，解衣盘薄。乾隆三年岁在戊午冬十二月祀灶日，山人自作赞属同游李生晴洲作楷，生名朗，江宁人。

与画中人物相映成趣，虽无衬景，但人物披褐席地而坐、左手踞地、右

图9 徐璋《高凤翰披褐图》卷，纸、墨笔 29.5×61.2cm 1747年 山东省博物馆藏

手自然置于膝上的生动神态跃然纸上。正如朱荃(生卒年不详)于裱边上所题：

> 漆园意在有无间，野服朝衣尽等闲。万瑟峥嵘满胸次，不须山水补荆关。题奉南阜先生，浙西朱荃。

图中的高凤翰长圆脸型，五缕墨髯，大耳垂肩，神情庄严。人物面部刻画精细，而衣纹简练概括，线条流畅且富于书法笔意，足显画家艺术处理上的独到之处。主人公高凤翰[8]，年长画家徐璋十余岁，曾做过泰州知县，官徽州绩溪县令，雍正十一年官泰州巡盐分司，有政声。在任时被人诬陷受刑入狱，致使右臂病残，此后他以左手绘画、书写刻章，风格大变，由早期细致变为晚年写意奔放。工书法，善篆刻，喜收藏，精鉴赏，尤长于绘画，早年山水师法宋人，接近于赵令穰(北宋时期)、郭熙(宋神宗时期)一派，较为严谨。中年以后，到了江南，与扬州画派画家如金农、郑燮、高翔(生卒年不详)、李方膺(1679-1755年)、边寿民(1684-1752年)等相往还，画风相互影响，多作花卉树石，笔法纵逸不拘成法。其博学精艺，尤豪于诗，早为王士禛所赏识。此画裱边题跋甚富，内容多是对高氏其人其事的赞颂，如鲍鉁题：

> 我目未识君，我耳熟君久。每闻说项斯，啧啧艳人口。所贵声气通，不在形迹狃。异言虽同岑，齐大非郑偶。辰君雅好我，癖嗜到敝帚。称诗表情深，论交託石厚。连篇累牍书，云烟落左手。……傲然一褐披，宽博不为丑。幕席天地闲，一切空诸有。烟霞任痼疾，文字且墨守。萍踪近余英，何时接杯酒。把臂期入林，倾盖而白首。乾隆己未秋日。南阜先生客武康，以披褐图见寄索题拙恶，既辱过余万溪官署，遂墨其左，以见吾两人交谊。在把臂之前云尔。九月既望云中友弟鲍鉁。

又如郑燮题：

岂是人间短褐徒，胸中锦绣要模糊。况经风雨离披后，废画天兵紫凤图[9]。

此外又有戴文灯[10]、朱芸琴[11]、沈雨君[12]等等题跋，字里行间中足见时人对高氏人品推崇备至。

由此推测，当时画家的写真水平应是十分高超的了，这在高凤翰本人的多幅自画像中也能得到印证。如高凤翰的门人陆音（生卒年不详）为其所绘的肖像则展现了画家截然不同的气质和艺术风格，于乾隆三年戊午（1738年）作的《高凤翰云烟过眼图》（图10）中，高凤翰手把羽扇背手而立，专注地欣赏着一幅山水立轴，身后的长几上堆满画轴，四个活泼的小童相侍左右。年已半百的主人公身着无袖短衫、宽裤靸鞋，被画家意笔写出，面容则描画得极其工细，样貌几与徐璋之作一般无二。又如山东省博物馆藏的高凤翰晚年所作《自画像》（图11），成半侧面像，人物居中而坐，无背景。乾隆二年丁巳画家右臂病发，坚持用左臂，自号后尚左先、丁巳残人、归云老人，应为高氏的作品。晚年画家的面容不仅开始臃肿，身行也已见老态，而眼光中多了几分平和，正暗和了历史上对其身世的记载。

可见，无论陆音的《高凤翰云烟过眼图》以及高氏本人的自写像皆注

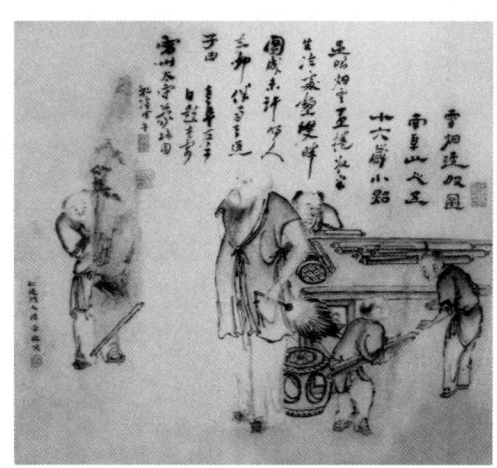

图12　闵贞《钱陈群六十小像》　68×133.5cm　1758年　轴、纸、设色　辽宁省旅顺博物馆藏　画幅右下角题"乾隆戊寅清和月正斋闵贞绘"。

图11　高凤翰《自画像》　47×31.5cm　1741年　轴、绢、设色　山东省博物馆藏　跋曰："南阜山人将口州归，再泊虎丘作此图。呈夜舟寸失偷惟，淞汪子衣物一空。而此图以粘壁上，得独留晨起作诗。即题其上』和『连朝色相趣赴，私惹出乘儿趁提。迷袍裙衫都失，尽终留几件纸东。西山人时与龙溪和尚谈禅趣，故作云云，后来观者亦可数"。

图10　陆音《高凤翰云烟过眼图》　79×57cm　轴、纸、设色　山东省博物馆藏　跋曰："云烟过眼图南阜山人五十六岁小照"。题："过眼烟云卷收，半生冷处画图成未许人去。"落款："老阜左手自题奉寄雷州太守蒙棣园，乾隆戊午。"

重通过写像以赞人明志的艺术功能,这类作品在清代表现得十分突出。闵贞作《钱陈群六十小像》(图12)就是代表之作,此画绘于乾隆二十三年(1758年),当时画家正近而立之年,属于画家青年时期的作品。主人公钱陈群(1686-1774年)[13]为官三十年,是乾隆十分推崇的名儒俊彦。其任顺天府学政时,着重培养了一批优秀人才,如纪昀(1724-1805年)、翁方纲、钱大昕等人,乾隆十六年(1751年)钱陈群出任会试副主考官,刘墉(1719-1804年)为该榜进士。所以,纪昀、刘墉等人都称钱陈群为恩师,后来这些人都成了清代名宦、学者。闵贞绘此图之时钱陈群已年至73了。图中钱陈群手持一灵芝戴笠而立,神态安详端庄若有所思,对面一小童天真地望着主人,左臂挎篮盛满芝草持锄相侍。人物面部做了精微的刻画渲染,有凸凹之感,衣袍则以简笔一挥而就,衬托出潇洒清雅的气质。这是一幅以刻画人物形象为主的肖像作品,画面虽着墨不多,但从造型和神情的描绘中显见出人物老成持重的古代大臣风度。写形以赞人的作品往往比较注重人物的精神气质、穿着配饰、举止姿态等的描写,为了更为鲜明地传达人物的内在特征,作者不惜煞费苦心地安置一些具有暗示意义的物品道具、风景事物,甚至童子仕女等陪衬人物。此图就是一例。再如,故宫博物院藏雍正五年丁未(1727年)伪高凤翰作的《自画像图》(图13),亦称《南阜四十五岁小像》[14],也是一件值得参阅的图本。人物置身于群山峻岭之巅、临海绝壁之上,头戴斗笠,依石而卧,俯身探视悬崖下汹涌的海涛和砥石上挺立的劲松,神态潇洒秀逸。山间苍松挺立云雾缭绕,天际孤鹤长啸飞来。人物的白袍显得格外醒目,突出表现了画家高洁的心性。此画的原本是高凤翰挚友朱岷(康熙、雍正年间)为其创作的《孤鹤图》,现仅于青岛市博物馆《砚史》拓本中可查,伪作者待考,但这并不影响该图本的艺术价值。这位曾任县令,因不善逢迎而被诬入狱,后以卖画为生的画家,在画中赞赏孤鹤、危石、惊涛、劲松,正是为了表达主人公孤傲不群、倔强不屈的品格。

又如罗聘为恩师金农画过一幅肖像,名为《蕉阴午睡小像》(图14),这幅绘于乾隆二十五(1760年)年夏天的作品是两峰28岁时创作的,此时的金冬心已年七十有四。图中晚年的冬心先生硕大的脑袋后梳着根极细的辫子，模样笨拙，神态恬淡。他上身赤膊手把蒲扇坐于交椅之上，瞌睡于蕉荫之下，在宽大的芭蕉树荫里，金农的动态显得那么放松悠闲，好似进入物我两忘之境。身后蕉树下打盹儿的小童不仅暗示出老师宽厚温良的性格，更是衬托出满幅作品宁静清新的气氛。画家选取了一个十分典型的生活场景，将主人公的衣着、外貌、神态和优美的景色、生动的童子巧妙地熔于一炉，鲜明而形象地表达出了人物的性格特征。

罗聘另有作于乾隆六十年(1795年)的《完白山人登岱图》(图15)，表现了时年53岁的书画家邓石如(1743–1805年)[15]登泰山赏景的情景。邓石如出生寒士之门，祖辈的"潜德不耀"的人品和"学行笃实"的学业以及桀骜不驯的性格对他的成长具有潜移默化之功。20岁左右即开始了一生的游历生涯，到处寻师访友。他的一生，伴随着刻苦自励，倾注艺术的

图15

图14

图13

图13
华嵒凤翰《自画像图》
也称《南阜四十五岁小像》
106.8×53.4cm 1727年
轴、绢、设色
故宫博物院藏
画中题："寥天孤鹤，托迹冥鸿，迥临绝峤，坐领长风，倘有成莲剌舡，出没其中乎。丁未三月初一日，南村居士自题。"

图14
罗聘《蕉阴午睡图》
92.8×38.6cm 1760年
轴、纸、设色
上海博物馆藏

图15
罗聘《完白山人登岱图》
83.5×51.5cm 1795年
轴、纸、墨笔
故宫博物院藏
作品左下自识『扬州罗聘写』，钤『写真不貌寻常人』朱文长方印。另本幅有康有为题诗，诗塘、裱边有李兆洛、曹江、左宗棠、庄受祺、潘道祁诸人题诗。此图曾经邓以蛰收藏。

全部生活内容几乎就是"交游"二字。图中登高远眺的主人公头戴草笠，身着布衣长袍。人物刻画精细，神态肃穆、目光深邃、若有所思，生动地表现出主人公儒雅、沉稳的不凡气质。画中的邓石如襟带飘然，立于峰顶之上，崖下白云缭绕，烟波浩渺，空旷无物的背景衬托出这个一生浪迹江湖的文人的个性特征，这完全是一位纯粹的艺术家我行我素、自由自在的"逍遥"人生。暗合了主人公不求闻达，不慕荣华，不为外物所动，不入仕途，始终保持布衣的本色。《完白山人登岱图》是罗聘晚年的作品，画风厚重，我们从画中人物的造型特点和笔调中，可以感受到笔墨间散发出一种轻松自由的韵味，这已不同于画家早年追随老师金农时的画风，逐渐走向超然平淡的心态，这种气息更与邓石如的性格相映成趣，达到浑融一体的艺术境界。又如《张穆四十小像》(图 16) 是吴冠英 (生卒年不详) 道光二十六年 (1846 年) 所作的一幅衬景人物肖像作品。硕儒张穆 (1805–1849 年)[16]是清代后期重要的爱国思想家、地理学家。道光辛卯优贡，充白旗汉教习。他以针砭时弊、正派耿直而受到后人的推崇。作品描绘了在一株参天大树之下，案几上摆放着书籍，一小童捧书而至，40 余岁的石洲先生椭圆面型宽眉俊目，倚坐于案后温和地注视着神情恭谨的书童。此图衬景道具极为单纯朴素，只以一树一石一案几就足以暗示人物的身份、嗜好和气质，也从一个侧面反映了主人公的日常生活。

由上面两幅作品的分析中不难看出，在描绘带有生活环境的肖像时，画家喜选取所绘人物最具代表性的职业、嗜好、特长等内容进行表现，这样能够更加直接而贴切地点明主人公的身份与好恶，从而有利于歌颂人物的不凡品格。吴冠英于道光二十七年丁未 (1847 年) 嘉平日绘《苗夔寒灯订韵图像卷》就十分典型，作品现藏于故宫博物院。主人公苗夔 (1783–1857 年)[17]一生从事于声韵之学，辩论前世音学，穷日夜不倦，卒年 75 岁，所书尚有《说文声读考》《集韵经存韵补正》《经韵钩沉》各若干卷未刊。吴冠英的《苗夔寒灯订韵图像卷》描绘的正是苗夔在深夜寒灯之下订韵时的情景，鲜明地传达了主人公的所喜所好，也展现了其日常生活的经典片段。此类作品又有焦秉贞、蒋廷锡 (1669–1732 年) 为清代书法家张得

图16
吴冠英《张穆四十小像》
115.5×44cm　1846年
轴、纸、设色
山西省晋祠文物管理处藏

天(1691-1745年)作的《张照像轴》(1726年补景)、唐千里(不详)作的《董邦达像》(1733年)、徐璋为老友石星源(雍正、乾隆年间)60岁大寿而作的《石星源像》、王肇基作的《王文治抚琴图》(1760年)、华冠为康熙第14子胤禵的孙子爱新觉罗·永忠(1735-1793年)作的《永忠像》(1778年)、冯桂芬(1809-1874年)、罗聘、华冠、潘大琨(生卒年不详)、马履泰(1746-1829年)、黄恩发(待考)、顾玉霖(乾隆年间)为蒙古族学者兼诗人法式善(1752-1813年)合作的《法式善像》(1796年)、方士庶为画家板桥作《补郑燮像》、万承纪(1766-1826年)作《吴荣光松盤搅胜图像》(1807年)、屠倬(1781-1828年)作《补阮元像图景》、张赐宁(1743-1817年后)作《李文藻听泉图像》、费丹旭作的《刘喜海像》(1842年)、蔡升、王礼合作的《幼樵像》(1845年)等等，数不胜举。

　　此外，还有一些作品除了完成写形存影、赞人的目的以外，更是为了画家自己抒发情致，这种情况往往是画家与被画者存在着相当密切的关系，或为恩师密友或为家人亲属，也不排除作者异常钦佩之人。例如罗聘为老师旧友作了《丁敬像》(1763年)、嘉庆三年(1798年)初冬罗聘幸遇老友易安(生卒年不详)又绘制《易安像》以作临别纪念，费丹旭为经学家和诗人端木国瑚(1773-1837年)作《太鹤山人小像》(1828年)。扬州画派大家华喦[18]的《吴石仓像》(图17)也是一例，此画题款中没有创作的具体年代，画中的主人公吴石仓(乾隆年间)，名允嘉，字志上，乃是乾隆时仁和湖墅之耆宿，吴石仓、厉鹗等人常来往杭州与扬州间，与文人苦心研读，对华喦的诗文和绘画有极大的帮助。他嗜学好古，积数十年苦心而遂富藏书，及殁，遗编散落，归于汪氏振绮堂的手钞书有数百册，可知是一位有道之士。华喦的这幅衬景人物画绘一老者端坐于青松之下，身边河水潺潺，松石掩映，岸边书童专注地网鱼，一派闲情逸致。人物看上去有七八十岁的年纪，但精神矍铄，一派秀骨清风，面部略作渲染，衣纹以简练的墨笔勾勒，环境也描绘得清幽雅致，渲染了主人公高古脱俗的文人气质。作品不仅表达了作者对吴氏的敬重，也抒发了自己清高脱俗的文人情怀。

　　作为嘉道时期著名仕女画家的改琦，也常为当时的友人写真画像以示情谊,如嘉庆九年甲子(1804年)为《钦善三十九岁小像》补图[19];嘉庆十五年庚午(1810年)为沈恕(生卒年不详)及其妻曹氏写像作《泖东双载图》[20];嘉庆二十二年丁丑(1817年)为陈文述(1771-1843年)写白描小像[21];嘉庆二十三年戊寅(1818年)为钦善(1765-?年)画五十三岁白描像[22];嘉庆二十五年庚辰(1820年)为陈文述写真,王学浩(1754-1832年)补景,合成《青崖放鹿图》[23]。类似这种为时人写真的单人肖像还有许多精品佳作,如:黄慎为好友作《漱石捧砚图》、万岚(?-1860年)作《包世臣像》、余颖为八任总督的尹继善(1695-1771年)作《尹继善到任图像卷》(1748年)、罗聘作《金农像》、黄慎作《丁有煜小照图卷》(1755年)、黄震(道光年间)为金德舆(1750-1800年)作《金德舆兄弟怡园图像卷》(1775年)、吴俊(乾隆年间)作《黄易像扇》(1777年)、华冠作《铁保兄弟联床对雨图像卷》(1785年)、王学浩作《为雷塘庵主(阮元)补像》(1808年)、王邠青作《小华六十一岁像》(1820年)、陈克明(生卒年不详)为朱为弼(1770-1840年)作的《朱为弼五十像》(1820年)、罗聘嘉庆年间为姚玉棣(嘉庆年间)所作《筠圃独立图》、宋果(生卒年不详)作《阮元万柳堂像卷》(1840年)等等。这些作品既写人也抒情言志,代表了清代中后期文士画家对个体的关注与释放,在此不一一详述。

此外另有作品以肖像的方式记录清代文士会晤交往的事件,同时成为了日后见物思人的媒材。如谢堃(道光年间)在其《春草堂集》卷二十八《书画所见录》中记述了道光七年丁亥(1827年)画家改琦客清江县(淮阳),晤谢堃,郭频伽(1767-1831年)、江听香(嘉庆、道光年间),写四人肖像于一图的史实:

> 余与七芗以诗词交,七芗屡屡写美人相赠,赠必题小词于画侧。丁亥,复晤于袁江,在坐者,郭频伽、江听香四人而已。谈诗论画。七芗写四人貌于一图,各记诗词。是夕乐甚。不数年,三君先后谢世。偶一思之,岂无山阳之感,犹追忆者。临别以《卖珠图》见赠,每一展玩,不觉其泪涔涔下矣![24]

我们从中可知在为友人所绘的肖像画中还有多人构于一图的，用以记录文人聚会的留念，这种手法在为故去之人所绘的肖像中使用得更为频繁，以致发展成为当时的雅集图。

另外，在清代中后期的文士题材肖像画中还有许多画家的自写之像，这些作品的作者多是以写真见长的人物画高手，其作品人物形象形神兼备，不愧为写真中的上品。这些作品有着文士题材肖像画的一般特征，且人景交融，表现出画家对自身人格的内在追求。作者还经常在画中题跋作诗以表白心声，如罗聘在嘉庆二年丁巳(1797年)所作《自画像》[25]中有自题诗一首：

> 世间何物是真实，唯有念佛为第一。人人是佛勿疑猜，直下录当莫惊怵。……能知自利还利他，影行般苦波罗密。顷起三界转轮回，因缘大事方丁毕。

除了前述金农、高凤翰均曾作自画像外，史载钱东、桂馥(1736–1805年)、华喦、黄钺(1750–1841年)、钱昌言(1781–1853年)、任熊(1820–1864年)等画家都作有自写之像。如华喦雍正五年丁未(1727年)自写小像一幅(图18)，自书篆文标题："新罗山人小影"[26]。华喦一生酷爱山水，他将自己绘于山野清泉之间，好似一位闲适的隐者，他曾在另一幅《自写小像》中题道：

> 仆性爱山水，每逢幽处，竟日忘归。

图中的人物衬景山水画删繁求简，以虚求实，他的笔趣隽妙、秀丽、古朴、淡荡，用笔自然而无斧凿痕；立意超于象外而脱俗，既刚健又婀娜的韵味使作品具有极大的感染力。作者未将五官面目等的刻画作为重点，着力表现了人与自然界融合为一的思想境界。华喦性格恬静，"萧寥烟鹤姿"，他的艺术源于他的文学修养，其诗境窈窕，"句多奇拔"。顾志熙《题辞》说他：

"诗情怪底清如许,山水窟中洗髓来。"此外我们从画中的题跋中可见,华嵒的书法艺术"高古直逼晋唐",他习钟繇、王羲之和米芾,笔意萧疏,风骨如仙。书画之妙每如诗,长歌短吟,无不入妙。不仅造境独绝,且酌字清澈明净。

又如黄钺道光九年己丑(1829年)《补黄钺八十像》(图19),图绘画家黄钺坐于柏树之下,身后兰草盛开,面前竹叶沙沙,暮年的黄钺精神矍铄手拈胡须,微微含笑地欣赏着身边的美景。此画无论人物形象还是衬景环境都描绘得细致入微,以浓重遒劲的古树衬托出主人公的飘逸潇洒。

清代中后期呈现的肖像画中,无论是为友人师长存影留念,还是以自写之像明志抒怀,也不论画院画师、职业画家或在朝文人,甚至无论各家各派,凡属以当时存世的人物为对象的作品特征有五:其一,描绘人物以形似为基本原则,忠实于主人公的形貌、气质、好恶等特点,佳作不乏形

图18　　图17

神兼备者。其二，作品分有无衬景两种，不作衬景的往往以微小的道具说明人物的身份、职业和喜好；有衬景的则多以人物生活中的典型场景并加以选取描绘出来，从而用来烘托人物的志向气格。其三，人物造型虽依附于人物本身的形貌特征，但因作者的艺术风格和对人物性格的理解而作了艺术性的加工，表现为不同的审美范型。其四，笔墨语言在传统文人画的基础上，加入或渗透了西洋的凸凹表现技法，丰富了肖像画的表现语言。其五，作品裱边上多有长跋题诗，记录作画缘由或过程、人物生平传记，表达作者、藏家或观画之人对人物或作品的情感。

图19

二、故去之人的肖像

画家追写的故去之人多为自己旧友或仰慕的师长，这些肖像有的是表达对旧人的思念之情、对往事的深切怀念；有的是受人之托为其亲属描画生前之貌，以表达对仙逝者的追思。

改琦的《钱东像》(图20)是画家为乾隆嘉庆年间享有盛名的画家钱东所作的遗像，绘于1823年作者客寓邗上之时。钱东(1752–1817年后)[27]是钱杜的从兄，浙江仁和(今杭州)人，长期寓居扬州。能诗文，善书画。工画花卉，得恽寿平法，笔致隽逸，设色妍雅秀媚。山水得文征明笔意，常与钱杜合作山水，尤为鉴赏家们所珍重。画家改琦与钱东交往甚密，二人对彼此都有着较为深入的了解和情谊[28]，难怪改琦画中跋曰：

以云为水，因树为屋。春风自来，须眉尽绿。桃花作饭，青芝可餐。万山深处，如此高寒。清磬一声，斜阳无影，但闻妙香，已入禅定。

此赞以浪漫的比拟手法描写了一位如仙的高士，虚幻了一个隔绝凡尘

图17 华岩《吴石仓像》
轴、绢、设色
107.1×50.3cm
故宫博物院藏

图18 华岩《自画像》
轴、纸本、淡设色
130×51cm 1727年
故宫博物院藏

图19 黄钺《补黄钺八十像》
直径26.2cm 1829年
轴(圆光)、绢、设色
故宫博物院藏
题曰：「古田八十翁小像，道光己丑夏五自补竹柏。」

图20

的清净世界，表达了作者对玉鱼生的无限崇敬和美好的祝福。此图一反一般先人遗像的陈局旧格，将钱东画成穿一身白色僧服、作佛弟子居士打扮、趺坐于蒲团之上的禅定遗照，从格式到构思、含意都很独特。《钱东像》画面构思、立意及所题赞词，与1821年改琦所作《白描佛像》完全相同。画面中的景物以工笔重彩细细描绘，蒲团安置在枯藤虬蟠的贝多罗树枝杈间。树上绿叶垂萝成荫，树旁石案上置放着贝叶、经卷、灵芝、石磬等物。盘根错节的古树虬曲地盘向天空，缥缈如烟的云海在脚下缭绕弥漫。人物面部的刻画是全画精华所在，多层晕染使人物有栩栩如生之感。主人公似已进入物我两忘的境界，好似一位潜心参禅、面壁成佛的修行者，这使画面俨然不同于通常的遗像。画家如此描绘，并非钱东生前就是一位居士或虔笃的信徒，而是为了强调他超尘脱俗的品行和清净无为的志向，并以此来称颂他的一生，寄托后人的思念之情。我们从作品裱边上的题诗中也能感受到观此肖像者对画中旨趣的解悟，如钱杜题曰：

图20
改琦为钱东作《禅定小像》
35.9×50cm 1823年
轴、纸本、设色
故宫博物院藏
落款：「玉鱼老居士遗教，那伽定侍者改琦顶礼作赞，时癸未九月。」上裱边有高丰篆书「玉鱼先生小像」周围裱边有钱杜、戴熙、刘鼎、周世锦等五家题诗。

吾兄生平解画佛，谁为写真作佛像。枯藤瘦草结禅茵，画里何妨有我像。

刘鼎(生卒年不详)题道：

聊结清净饮，貌此荒寒境。

此图通过环境、背景的衬托和人物形貌神情的精微描绘，渲染出一位超脱于尘世而达到精神至高境界的禅悦者。改琦以别致出奇的构思，精细秀逸的用笔，清雅高古的色彩，使作品呈现出鲜明的个人风貌，表达了自己标榜高洁、鄙视时俗的心境情致。此画不仅汇诗书画为一体，且达到了形、神、境融合的艺术高度，是改琦肖像画中的精品之作。

又如蒋敬(生卒年不详)[29]道光二十年(1840年)作《屠倬像》(图21)，其绘琴坞之年主人公已过世十余载，钱塘人屠倬(1781-1828年)[30]嘉庆进士，官拜九江府，工诗文，长书画，是个典型的清代文士。作品绘屠公坐一石上，身后芭蕉掩映着嶙峋的太湖石，面前的河岸边一树遒劲地伸展向天空遮出一片荫凉。作品衬景用笔灵动，饶有生气，人物形象刻画精微厚重。此类的作品又有张四教于乾隆三十二年丁亥(1767年)追写《新罗山人像》(图22)时华嵒殁已十二年；张赐宁于嘉庆十二年丁卯(1807年)写《纪晓岚像》(1807年)；改琦作明清际著名学者、思想家和诗人顾炎武(1613-1682年)的《顾亭林像》等。

此外还出现了画家为一系列故去的名士所作的单人像册，如乾隆三十四年己丑吴沄(生卒年不详)作《方观承等小像》(图23)，肖像共计十二开，合成一册，每页横30厘米，纵25厘米，画人物十四位，于所绘之人肖像上方题跋其名号。其中已故的士人中有太保方观承(1696-1768年)、侍郎刘藻(1701-1766年)、邓钟岳(1674-1748年)等，另外还有一位道人一位和尚，最有趣的是包括画家的自画像。由于所设人物繁杂，因此并非相册中的人物在作画时皆已故去。

为故去之人所绘的肖像作品又有多个画家的合写之作，因绘者的各自擅长而分别负责画面的不同内容，如张宗苍(1686–1756年)、周镇州(生卒年不详)雍正五年丁未(1727年)为清代诗人盛青嵝(生卒年不详)合作的《盛青嵝遗像卷》，以及乾隆九年甲子(1744年)张宗苍等合作的《黄鼎像》(图24)。落款为："尊古夫子大人玉照，乾隆九年甲子清和受业张宗苍补景。"这是画家篁村为怀念恩师而作，黄鼎(1650–1730年)[31]是娄东画派的代表，笔墨雄健苍劲，摹古人的作品十分逼真，一般设色用浅绛和重彩，所以他的作品青绿朱赭，色彩鲜明浑逸，有其独到之处。好游名山大川，一生足迹遍天下。作品描绘的是黄鼎中年时期的样貌，人物左手扶膝、右手捧书闲散地坐于石上，他面容清癯、浓眉俊目、双唇微启，侧头面向一小童，书童在树下专注地煮茶，好似听到了主人的召唤正微笑回首观望。主仆两人遥相呼应，从他们的眉目神情和举止仪态中，可以感受到画面中洋溢的温情。负责补景的篁村将老师置于山石环衬之下、苍竹翠柏之间，好似一位深山中的隐者，巨石后的远山和水面更反衬出前景环境的静谧与温馨。这是一幅十分精彩的合写之作，不仅全画的笔调气息和谐一致，而且人景相融，衬景既表现了主人公一生的主要嗜好和闲雅性情，也恰到好处地烘托了主仆隐逸山间煮茶读书的生活片段。

还有一种更为特别的创作方式——群像，画中所绘人物多为友人或亲属关系。这类肖像往往在一个较为舒展的场景中，同时把几位主人公安置于疏密有致的位置上，他们或对晤闲谈或顾盼往来，形成了带有一定情节性的肖像组合。这些作品的创作意味更为明确，不仅表达了作者对旧人往事的追思，也反映出前辈文人的交往情况。

费丹旭的《果园感旧图》(图25)为道光二十九年己酉(1849年)的作品，前段纵29厘米，横13.5厘米，用鸟瞰式手法描绘当年张廷济、张辛叔侄等包括费丹旭本人在内漫游峡山[32]果园的情景以及树石房屋果园景色，为水墨淡设色山水。后段纵29厘米，横105.4厘米，画叔未及侄受之、蒋光煦(1813–1860年)[33]五子三人像，脸部和手以淡褐设色。从作品题跋中我们不难看出此画并非应命之作，而是怀着深切的伤感之情由衷而发的。

图22

图21 蒋敬《屠倬像》83.8×44.2 1840年 轴 纸 设色 故宫博物院藏 落款：「蒋敬写照。」

图22 张四教《新罗山人像》63.6×53cm 1767年 轴 纸 设色 天津市艺术博物馆藏

图23 吴沄《方观承等小像》十二开之一至三 30×25cm×4 1769年 册 纸 设色 天津市历史博物馆藏

后段肖像描绘之人有三，老者为张廷济 (1768–1848 年)[34]，精于金石考据之学，尤擅长文物鉴赏；青年为张燕昌 (1738–1814 年) 之侄张辛 (1811–1848 年)[35]，善墨拓与刻碑，精篆刻；孩童是蒋光煦第五子。画中已至暮年的张廷济左手持杖安详地坐于八仙椅上，面目和蔼，微微含笑，作者对其书法老师张廷济的脸部刻画得细致入微，特别是抓住了张廷济长眉的特征，使隐藏在眉下深处的眼睛显得神采奕奕。青年张辛眉清目秀，举止儒雅地拱手立在椅侧，蒋光煦之五子手拿纸笔一脸稚气地站在远处，面向长辈而来，好似想要讨教什么。人物形象形神兼备，以恰如其分地神情举止表现出三人截然不同的年龄、身份、性格和气质。人物的衣服用白描，根据人物姿态的转动，提笔直起，以飞快的速度画成，细劲流畅，在游丝描与铁线描之间，表现出夏衣的质感。全画笔调简洁，部分主要轮廓线兼以皴擦，全局阴阳向背，先用淡墨线条画好，然后用淡赭色渲染而成，笔墨色浑融一体。蒋宝龄 (1781–1840 年)《墨林今话》称他："工写照，如镜取影，神情酷肖。"画家费丹旭，字子苕，号晓楼，又号环溪生，晚号偶翁。浙江乌程 (今湖州) 人。

图21

图23

父费钰是沈宗骞的弟子，长于山水。晓楼幼得家传，因家境贫寒，不得不依附豪富之家做"食客"，绘画以供人玩赏。以画仕女闻名，与改琦并称"改费"。他长于肖像画，后期所作技巧更趋成熟。卖画于江浙两省，寓杭州最久。道光年间曾寓沪鬻画，晚卒于上海。晓楼学养深邃，习书于张廷济。其交友亦甚广，与赵之琛(1781-1852年)、汤贻汾(1778-1853年)等往来丛密，创立了"东轩吟社"，道光十二年所作的《东轩吟社图》就是以群像的方式再现了社友们一起吟诗论文的情景。费丹旭是活跃于道光年间的代表人物画家，其肖像画受沈宗骞艺术理论影响较深，作人物十分注意传神的表达，在造型上有别于波臣派的表现方法，消弱了面部的凸凹之感，讲究笔、墨、色的混融之象。《果园感旧图》前段以景记事，着重通过一树一石的景致追忆三年前作者下榻蒋光煦别下斋时，于果园与张廷济、张辛等人漫步游赏的快乐，因此这里的人物不过仅点景之用。后段则以人寄情，刻画了数年之内均已离世的三个人生前的音容笑貌，其感慨之情可见一斑。在对三位人物的表现中，晓楼不仅顾及了人物之间的顾盼疏密，而且具有主次之别，画面中神情恭谨谦和的年轻人和天真活泼的孩童，从一个侧面烘托出了老者的睿智与慈祥，表达了作者对老师的敬仰之情。整个作品从两个层面和

图24
张宗苍等《黄鼎像》
62.2×101.6cm 1744年
轴，纸，设色
天津市艺术博物馆藏
落款为："尊古夫子大人玉照，乾隆九年甲子清和受业张宗苍补景。"

时空表达画家内心复杂的思绪，不愧为一幅人物画史上的经典力作。

道光十年庚申(1830年)夏六月中浣翁雒(1790–1849年)作有《王昶、慧照上人、钱大昕像》(图26)，也是很典型的一幅创作式群像。作品描绘的是早已过世的三位博学巨儒，其中两位是雍乾两朝名臣。一位是王昶(1724–1806年)，乾隆甲戌年进士，历任刑部主事、员外郎、郎中、通政司副使、大理寺卿、都察院左副都御史、江西按察使、云南布政使、江西布政使、刑部右侍郎[36]。另一人物为钱大昕[37]，早年以诗赋闻名江南，后入直上书房授皇十二子书，晚年潜心著述课徒。第三人慧照上人待考。此图选取了一面辽阔的湖景，三个主人公于湖边亭阁楼榭中叙谈赏景的片段。烟波荡漾的水面在画中占了三分之二的面积，烘托出一派宜人温润的春色，远处小桥垂柳绿草茵茵，近景中树石掩映着一座古朴典丽的建筑，两位年长者正在娓娓倾谈，十分惬意，另一中年儒生正缓步行于廊中，好似欲将加入长者的叙谈，此时恰巧身后小童上前答话，儒生便回首而观之。画中三主一仆被安排得有聚有散、亦静亦动、疏密有致，非常巧妙。又和着秀丽宜人的风景，展现出三人生前交好默契的情谊。此图与《果园感旧图》最大的区别是，作者以景衬人，把主人公安置于特定的场景之中，将叙事

图25

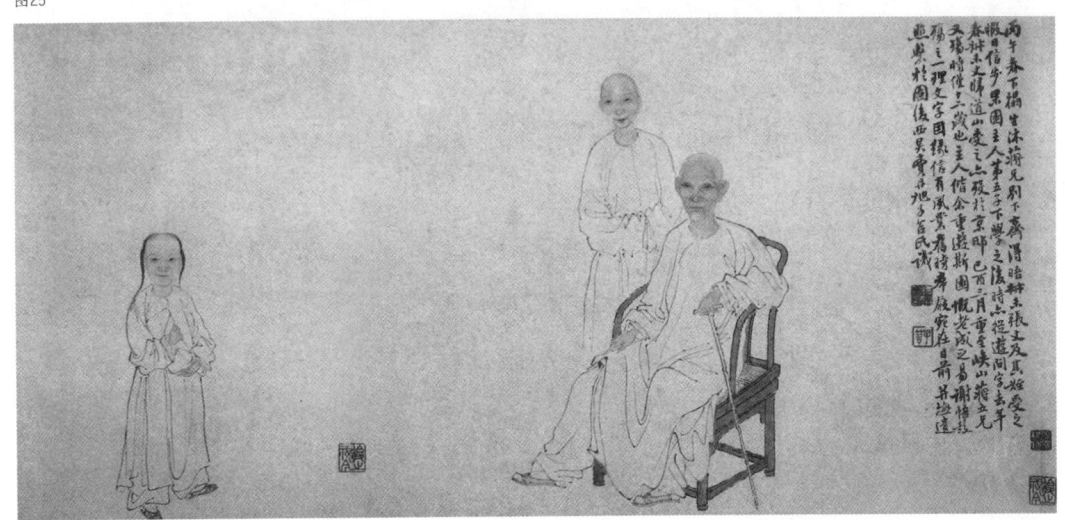

图25
费丹旭《果园感旧图》(局部)
29×105.4cm 1849年
纸，设色
浙江省博物馆藏

包首签："费晓楼果园感旧图卷 石丞主人珍藏 山农黄葆戌"。"黄葆戌印"朱文方印。"蒿农"朱文方印。画卷前图引首："利华感旧图生沐尊兄属"。"赵之琛"朱文方印。"赵之琛隶书题引首"果园感旧图己春日晓楼费丹旭画"。"子苕"朱文方印。"晓楼"百文方印。卷首右下方"依旧草堂"百文方印。"子苕"朱文方印。段纵29厘米，横13.5厘米。后段纵29厘米，横13.5厘米，分前后二段。前段未题："丙午春下榻生沐蒋兄别下斋得吾叔未丈及其佳受之暇日信步果园主人第五子下学之后时亦徒游向穷春叔未丈归道山蒋已京卯己酉三月重至峡山蒋五兄又殇時仅十二岁也主人借余重游斯园慨老成之易谢怅趁殇之一理文字因缘信有凤业旧时群履死在目前并抚遗照于图中费丹旭书画记"百文方印。"费丹旭书画记"百文方印。"子苕"朱文方印。前段与后段由二纸接成，接缝处有骑缝印。"朗庵秘玩"百文方印。"依世视今"朱文方印。"后此视今"朱文方印。尾叶敬题诗。

与抒怀含蓄地杂糅于一炉，带有强烈的时空视觉效果。

从为故去之人所作的肖像中不难看出以下几点特征：一是由于主人公虽已故去，但生前或多或少与作者有着一定的往来，或是更为亲密的师生、亲属关系，因此人物形象的真实性和具体性是不言而喻的；二是作品的图式多以传统的像赞或衬景肖像创作的方式呈现；三是画面中背景事物道具的选取带有鲜明的寓意性，用以烘托人物精神层面的内容。

三、历史人物的描绘

历史人物肖像有着较强的教化功能，描绘对象为久已逝去的历史人物，他们的身份、地位虽异，但大多载入史册，名垂千古，受到后世敬仰。这类肖像，外貌形体无确定性，同一历史人物往往呈现多种相貌，如历代的孔子像因时代而异，不过其随意性也有一定限制，即衣冠服饰要尽量符合历史真实，以区别于一般历史人物画。

在这一类士人题材的作品中古代先贤和高士的数量最多，傅雯（乾隆

图26

时期)乾隆三十年(1765年)作的道家圣者《老子像》(图27)、尤英(1796-1850年)描绘东汉隐士严光[38]的《严子陵像》、刘彦冲道光二十三年癸卯(1843年)作《陶渊明像》等；另外还有历代名家学者或重臣，如顾洛于道光六年丙戌(1826年)作的宋代名臣《文天祥像》[39]、杨良(生卒年不详)作的蜀汉大将《关羽像图》等。由于这些人物对当时社会起到过比较深远的历史作用，或对后世文人产生了巨大的影响，因此常被人们反复描绘，从而表达对这些历史人物的敬仰，也是作者借古人以明志抒怀的最佳选择。对于那些早已仙逝的先贤名哲，画家们当然无法看到他们真实面容，只能凭着仅有的一些记载和个人的理解进行创作，其形象必然具有相当多的主观因素，有些形象甚至是对所表现之人的精神理解。因此，这些作品虽不能复原一个真实的历史形象，但却更为贴近人们对先贤们的主观情感和美好愿望，理想化了的造型反而给人以内心的真实，寄托了近于完美的艺术心理情结。一言概之，为古代名人画像重在写心，表达对人生了悟明澈的心境。画家们无意于模山范水地如肖像写真一般考据人物真正的形容，也不在乎"似与不似"的艺术教条，只是写出自己胸中的一片天地。其作品发于事，源于情，而以理为统摄。

例如罗聘于嘉庆三年戊午(1798年)作《孟浩然像》，他在画中自题道：

> 官客春风咏已传，横斜路影自年年；梅花若论真知己，还让襄阳孟浩然。
>
> 不见翼庵七兄先生九年矣。嘉庆戊午初冬过长芦作此奉别，并题一绝以博雪和。

可见两峰此作是为好友临别而绘，借唐代大诗人孟浩然(689-740年)的形象表达对友人深厚的情谊和依依惜别之情。襄阳诗人孟浩然一生不甘隐居，徘徊于求官与归隐的矛盾之中，却以隐居终老，他虽然隐居林下，但仍与当时达官显宦如张九龄等有往还，和诗人王维、李白、王昌龄也有酬唱。画家选取孟浩然作为奉别之作的形象，从中可见其画作背后的隐喻之意。第二年

图26 翁雒《王昶、慧照上人、钱大昕像》 69.1×52.5cm 1830年 轴、绢、设色 南京博物院藏

(嘉庆四年己未1799年)罗两峰再次作了《陶渊明像》(图28),从这幅作品中,我们也能感受到相同的情结。陶渊明是魏晋风流的代表,是中国文学史上最伟大的田园诗人,他潇洒的归隐、醉酒的风流及清高的人格,历来为士人极口称道和标榜。然而真实的陶渊明并不是完全像人们希望的那样与世无争,他受到儒道两家思想影响,一生都生活在矛盾之中。作品绘陶潜身着长袍,手持菊花,一小童身旁相扶。人物造型夸张,纤弱修长的身形,似有弱不禁风之态。从作品中不难看出画家在人物形象里隐喻感叹自己壮志未酬和愤愤不平的复杂感情,同时从另一个角度表现出的对人生的热爱又给人的心界带来空灵、幽静之感,还带着一丝无奈情绪的凄美。罗聘跋云:

图27

先生不知何许人也,亦不详其姓氏,宅边有五柳树,因以为号焉。闲静少言,不慕荣利,好读书,不求甚解,每有会意,便欣然忘食。性嗜酒,家贫不能常得,亲旧知其如此,置酒而招之,造饮辄尽,期在必醉,既醉而退,曾不吝情去留。环堵萧然,不蔽风日,短褐穿结,箪瓢屡空,晏如也。常著文章自娱,颇示己志,忘怀得失,以此自终。

又有赞曰:

黔娄有言,不戚戚于贫贱,不汲汲于名利,其言兹若人之俦乎?衔觞赋诗以乐其志,无怀氏之民欤,葛天氏之民欤。容庵主人补书,嘉庆己未春三月奉呈容莽先生。有道之教当必有以教我也,聘再记。

这幅画没有夺人的气势,也没有轩昂的气象,却如春雨一般慢慢地渗透到观者的心中。画中并不追求强烈的视觉刺激,更没有浓重的色彩和扭曲的造型,纯粹是自然的流露。但因其人格清高超逸,生活体验真切深刻,所以只要真真切切地画出来就很有感染力。类似的作品还有陈撰(1678-1758年)作《屈原》(1729年)(图29)、姚元之作的《苏东坡像》(1801年)(图30)、顾隽(生卒年不详)作《白居易像》(1821年)(图31)等,在此不做逐

图28

图27 傅雯《老子像》 1765年 轴、纸、设色 96.5×50cm 天津市艺术博物馆藏

图28 罗聘《陶渊明像》 1799年 轴、纸、设色 81×31.3cm 吉林省博物馆藏

一分析。

清代中后期描写历史人物的作品中有大量对著名隐逸人物的描绘，晋代的陶渊明、谢鲲，南朝宋的谢灵运，唐代的张志和，宋代的林逋，元代的倪瓒等历史高贤都成为文士题材的主要表现对象。如华嵒乾隆十三年戊辰（1748年）作《竹林七贤图》（现藏于首都博物馆）和乾隆十七年壬申（1752年）作《竹林七贤图》（图32）等作品。在这些作品中既有人物肖像的因素，也不乏该人物典故事迹的印痕。

华嵒作《林和靖梅鹤图》（图33）描绘了宋代高隐林和靖（967-1028年）拄杖荡漾于一片梅林之中，笑看书童与仙鹤相向对舞，坡下幽梅数株，远处山峦连绵，飘渺如黛，隐没于云天。技法上以山水糅入花鸟，以青绿写石、干笔皴树，行笔潇洒，线条流畅。色彩清妍秀润，气息纯朴俊逸，意境虚空旷朗，格调高古洒脱。画鹤运用枯笔散锋撕刷毛羽，具有极其真切的质感，仙鹤的形象则取跳跃鸣叫的动态，极富真率的情趣。林和靖约生于宋太祖乾德年间，晚年归隐杭州，卜居孤山，结茅为室，种梅养鹤，清贫一生，他多才多艺，作诗填词，书法绘画，造诣精深。华嵒的作品人物形象高古而传神，表达了画家对隐士感同身受的体悟。乾嘉年间沈宗骞（乾隆、嘉庆年间）作的《和靖先生观梅图》（图34）也是一幅淡雅清新的作品，画中林公为一宽额老者，抱膝坐于梅林之中，正怡然自得地仰面观梅，身边小溪潺潺流过，童子静立身旁，一派田园诗意。而黄慎作的《林和靖爱梅图》和韩咸（康熙、雍正年间）的《和靖赏梅图》则只以描绘人物形象为重点，背景不做一点铺设，给人以巨大的想象空间。类似的人物也常以像赞的形式进行描绘，这在上节中的历史人物部分已有涉猎。

还有一种作品扩延了固有的个别历史人物，发展至有高蹈嫉世精神或气质清脱倜傥的士大夫和诗人骚客，这些人或许并非真正的隐居之士，但在品格气质上或精神取向上与隐逸者颇有共通之处，故也常被画家以超凡脱俗的形象特征赋予其更为主观意识层面的内容，如楚国屈原、东晋王羲之、唐代李白、北宋苏轼、米芾等人。清代中后期延续了这种题材传统，如阙岚（1758-1844年）、万上遴（1739-1813年）合作的《指画东坡笠屐图》、

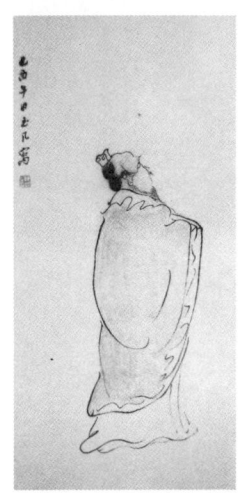

图29

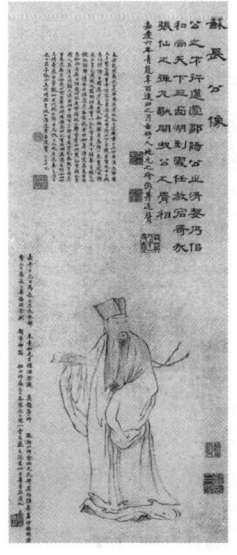

图30

图31

图29 陈撰《屈原》轴、纸、设色 61.2×29.8cm 1729年 天津市艺术博物馆藏 题：「己酉午日玉几写」。

图30 姚元之《苏东坡像》轴、纸、墨笔 92.4×37.4cm 1801年 安徽省博物馆

图31 顾篆《白居易像》轴、纸、设色 110.5×50cm 1821年 天津市艺术博物馆藏

华喦的《苏米对书图》(1725年)、王云(1652-？年)的《老子骑牛图》(1726年)、黄慎的《白太传吟诗图》(1729年)、萧晨(1658-？年)的《东坡博古图》(1731年)(图35)、黄慎的《张果骑驴图》(1733年)、黄慎的《李泌赏海棠图》(1753年)、方薰(1736-1799年)的《东坡夜游图》(1798年)、杜蘅(生卒年不详)的《苏东坡笠屐像》(1817年)、朱兰圃作《李唐观瀑图》(图36)等。历史上的这些高贤、隐士，经过画家们的反复表现，已形成象征高蹈、隐世、清高、狷介等精神品格的寓意化形象，往往成为文人画家发泄自身情感和志向的艺术载体。这些作品除了一些特指的历史人物外，一般为宽泛意义的隐者雅士，它不以情节的展开取胜，而重在刻画人物的行态和神情，烘染环境气氛，旨在表现带有共性的高人逸士的气质和情愫，是反映文人隐逸思想和高雅情操的理念性肖像人物画。

此外比较例外的是徐璋的《云间圣哲像》，又名《松江邦彦图》册[40]，

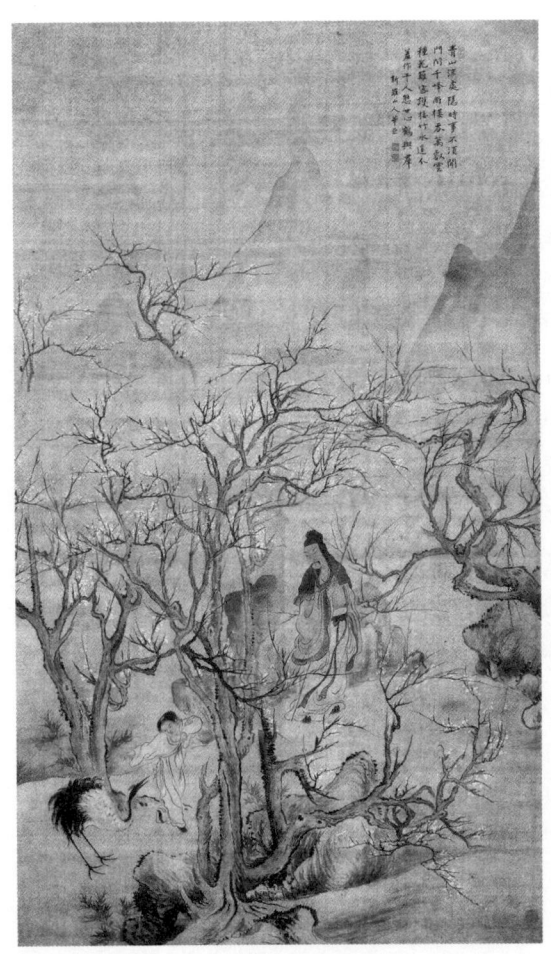

图33

图32

图35

图34

图36
朱兰圃《李唐观瀑图》
108.6×54.3m
轴、纸、设色
故宫博物院藏

图35
萧晨《东坡博古图》
17.8×51.5cm 1731年
扇页、纸、设色
故宫博物院藏

图34
沈宗骞《和靖先生观梅图》
126.5×66.6cm
轴、纸、水墨

图33
华嵒《林和靖梅鹤图》
170×100cm
轴、绢、设色
安徽省博物馆藏

图32
华嵒《竹林七贤图》
134.7×92.8cm 1752年
轴、纸、设色
故宫博物院藏

款「新罗山人华嵒」，钤「华嵒」「秋岳」百文印。

画像中"邦彦",取自《诗经》"邦之彦兮"的诗句[41],"云间"乃松江之前称。此画是徐璋怀着对家乡先贤们的一片崇敬之心,访求松江府籍各故家收藏的影照百余人,精心摹绘而成,共110人,此外《松江邦彦图》另有石刻本,系徐本[42]。《松江邦彦图》继承了《明人肖像册》的晕染写实手法,既准确生动地突出每个人物的面貌生理特征,又根据各人的身世经历作了主观化的表现,力求通过不同的神态动作展现他们内在的精神世界。徐璋的肖像画已不是传统绘画中单纯的"写真",而是形神俱化的传神写照,又是历史人物画与肖像写真的完美结合。此图我们将在后面的章节中作进一步分析。

　　由此可见,为历史上著名人物、先贤名哲创作的肖像作品虽以形神俱化为主旨,但从作品呈现的艺术形象来看,作者在创作的过程中由于受到了资料的限制,很难真正做到完全的形似。尤其是较远古时代的历史人物,由于人们的敬仰常被神秘化,加上口耳相传的误差,导致了画家仅"以神带形"的创作方式。即通过人物神情气质的精微描绘给人以鲜明的视觉感受,使人产生形似的印象,从而完成对该艺术形象的认可。当然,《松江邦彦图》比较例外,因所绘先贤多与画家生活年代接近,作者又不辞辛劳地拜访其后人,获得了珍贵的形象资料,致使作品的主观处理中有了更为准确的依据。

四、小结

　　清代中后期呈现的文士肖像画中,无论是为时人存影留念的写真之作,还是用以明志抒怀的自写之像,亦或是故去之人乃至历代名士的人物画作,归结特征有五:

　　其一,在忠实于主人公的气质、好恶等特点为基本原则的前提下,力求形貌近似于所绘人物的原貌,因而以神写形的创作思路贯穿肖像画始末。尤其是那些根据画家熟识的人物所作的写真,更是在形象刻画的真实性和具体性上达到了一定的高度。

　　其二,作品图式多以传统的像赞或衬景肖像创作的方式呈现,以典型道具和典型场景带有鲜明的寓意性,用来说明人物的身份、职业和喜好,从而烘托主人公的志向气格。

其三，人物造型虽依附于人物本身的形貌特征，但因作者的绘画面貌和对人物性格的理解而作了艺术性的加工，表现为不同的审美范型。

其四，笔墨语言在传统肖像画的基础上，渗透了西洋的凸凹表现技法，并在画纸等材料上有所突破，丰富了肖像画的表现语言。

其五，作品裱边上多有长题跋诗，记录作画缘由或过程、人物生平传记，表达藏家或观画之人对人物或作品的情感。

第二节 文士生活

文士生活题材的作品是清代中后期关涉现实人生和历史兴亡的表征。总体来说，这一时期的士人题材人物画中直接表现现实生活的作品相对较少，文士肖像、历史故事题材和文学掌故类题材的作品占有绝对的份额。事实上，我们从上一节分析过的肖像画作品中就能感受到，这一时期的画家已经明确地运用了生活化的环境衬景和具有生活情趣的情节，而在下面的历史典故题材的作品中我们还将看到画家对传统的再创造，其中蕴涵的文士生活内容在形式和精神层面都是不言而喻的。

一、宴饮集会

在中国历史上，上自汉代以至更早的史料中便有对文士聚会的记载，如武帝元鼎年间（前156-前87年）召集的柏梁台诗会[43]、梁孝王（前184-前144年）召集的梁园文会[44]、三国时期曹操（155-220年）的邺都西园文会、晋武帝（236-290年）华林园宴集群臣……都成为文人士夫在政治生活和社会生活中的地位日渐突出的表现。当时除了帝王诸侯为招贤纳士而召集的文士宴饮集会之外，一些重臣和贵戚也在其别业山林中组织文士酬唱诗文的雅会，以致这种形式成为了两晋时期直至后来文士生活的主流，西晋石崇金谷园之会就是其中最为著名的代表。至两宋，统治者希望偃武修文、以文事治成天下的观念深入人心，不仅造就了辉煌、繁盛的文化局面，也推动了文士阶层以文自居、在功业成就之后对自身文士精神和自由价值观念的追求。这一转变成为明清文士雅集聚会的思想契机，文士作为"道"的直接承载者，个人的主体精神得到了极大释放，于是，文会的主体从对客观现实的表达转向主观精神的宣泄，更多的执著于对内在的主体精神的标榜。

  清代中后期，文士阶层延续了前代的雅集文会修禊活动一直没有间断。商品经济的发展，社会财富的整体性增加，为文士的雅会提供了新的条件，这时的文会不仅仅包括在朝高官的诗会雅集，也包括在野文士自发组织的文会活动。在文士画家聚会的过程中往往以吟诗作对、合写画作为主要内容，画家根据自己所长各献绝艺，不仅起到了相互交流切磋技艺的作用，也加深了彼此之间的了解和情谊。王芑孙(1775–1867年)的《渊雅堂全集·惕甫未定稿》卷七《横云秋兴图记》(1806年)便记载了改琦、王芑孙、沈岉云(嘉庆年间)等一行13人偕游松郡横云山[45]的聚会，由画家周谟(嘉庆年间)画人物肖像，改琦补图合作了《横云秋兴图》，图中共绘13人。又如现藏歙县新安碑园的碑刻《桃花书屋图》表现的是生活于清嘉庆间的吴大冀北京寓所院内有白桃树一棵，高四丈，枝叶繁茂，荫地二亩多，树下可坐十余席。春天桃花盛开之际，大冀约好友阮元、法式善、马履泰等名士，于桃树下同饮。席间，黄均(道光年间)为之作《桃花书屋图》。大冀即延请高手摩刻上石，按所绘之图，名家题咏二十一篇及自跋，依地支顺序排列，共12方石刻。石宽100至105厘米不等。石质均为白玉石，质坚而美，镌刻精致，图文并茂，记录下了当时的史实。

  另外，商业集团的出现以及对文化事业发展的涉足，为士阶层的文会修禊提供了新的社会基础。同时，商家巨贾们在频频组织诗社、雅集、文会的同时凭藉强大的经济实力收藏书画、古玩，使这一时期文士宴饮集会题材人物画的创制因素发生了微妙的新变化。商人阶层开始在文会中出现，如江春的"康山草堂"，江昉(1727–1793年)的"紫玲珑阁"，程梦星

(1678–1747年)、程晋芳(1718–1784年)的"荻园"、"漪南别业",曾燠(1760–1831年)的"题襟馆"等,成为贤士大夫相唱和的雅会之所。因此,清代中后期的雅集文会图反映国家文事和有关政治事件的内容表现并不多,取而代之的是对现实文人士夫生活的描绘。这些文会不仅有交好文士频繁发起的诗酒文会,也有画家、书法家、文学家等艺术家自发组织的笔会雅集,带有社交联谊、增进感情的目的,同时也具有较高的艺术品位,反映了当时文士的日常文化生活。其文化价值观念的形成自然有着唐宋以来文化观念和社会文化因素的部分影响,但更多的是对于一种野逸生活追求的记录。例如嘉庆元年丙辰(1796年)正月十八日,应翁方纲之招,罗聘、余集、赵怀玉、伊秉绶、王莲府等集悯忠寺观佛牙及水陆画,食素斋而返。嘉庆四年己未(1799年)改琦、储香岩、杨光辅、张若采访沈杏雨于小杯湖,又同至玉壶山房,听秋圃弹琵琶。嘉庆五年庚申(1800年)史本泉、改琦、顾鸿声等集姚培咏春声书屋,重联诗会[46]。嘉庆八年癸亥(1803年)褚华《宝书堂诗钞》卷八:

> 味庄师席上题《南园雅集图》,为消寒第一集。同洪北江太史、铁舟上人、何春渚、储香岩、袁朗生、鲍竹坡、顾柏生、林双树、陆祁生、汪小云、改七芗、屠子恒、程刚生、徐二卯作。[47]

冬日,改琦客吾园,与李廷敬(?–1785年)幕中诸客为消寒会。十二月四日,与诸友人钱洪亮吉(1746–1809年)返里,数日之内,共作消寒会四集[48]。嘉庆十三年戊辰(1808年)仲秋,钦善、姚培咏、鞠伯陶、改琦等七人,小集姜埧草堂[49]。嘉庆十七年壬申(1812年)三月,顾鸿志、高崇瑞、高崇瑚、梅春、姜皋、改琦、周莲、潘兆熊、冯承辉等一行16人,集城西龙潭修禊[50]。嘉庆二十五年庚辰(1820年),钦善等九人会于怡园,作缨筿会,改琦绘图,钦善题诗[51]等等。类此之事举不胜举,为雅集宴饮题材人物画的创作提供了非常难得的社会文化氛围。

可见,民间的雅集之会已经成为当时士人生活的标志,从一套画院画师合作的《月令图》十二轴中就足见其现象的代表意义。十二幅作品均绢本,设色,纵 175 厘米,横 97 厘米。未署作者姓名。玩其笔墨,推为唐岱 (1675–1752 年)、丁观鹏等画院画家的合笔。作品描写一年 12 个月中上层民家生活的情景,带有明显的院体风格。农历三月幅中 (图 37) 画上已修禊,诸文士坐于曲水之滨,童子以羽觞斟酒,顺流而泛,欲饮者就水中取之。在这套为皇帝而作的民乐图中,画家描绘了文士的各种雅集文会生活片段,说明这种民间的文士聚会已经成为当时上至帝王认可下至士人流行的文化活动。

  这一时期出现的文会雅集,不仅仅局限在政治文化中心地区,在一些崛起的商业都会中也有商贾自发组织的文会雅集出现。据李斗 (? –1817 年)在《扬州画舫录》有载:

> 扬州为南北之冲,四方贤士大夫无不至此。予见闻所囿,未能遍记。有游迹数至而无专主之家,以虹桥为文酒聚会之地。

图37-1

图37-2

图38-1

图38-2

扬州虹桥因成为文会最为著名的场地而广为人知,卢见曾组织了七千余文士参加了虹桥修禊,戴震(1724–1777年)、惠栋(1697–1758年)等都是此次文会的座上客。马曰璐的邗江雅集就是在扬州出现的著名文会,金农"柳絮飞来片片红"即是即席而成的著名诗句。"九日行庵文宴"的主人便是扬州大盐商马曰琯,此文会后由江苏吴县人叶芳林画人物、方士庶作园景、厉鹗题记,作成《九日行庵文宴图》(图38),描绘了当时雅集的盛况,长卷绢本设色,纵31.7厘米,横201厘米,现于美国克里夫兰艺术博物馆藏。行庵在扬州天宁寺西隅,由马曰琯、马曰璐兄弟出资购买。乾隆八年(1743年)九月九日,马氏兄弟邀请14位好友雅集行庵,赏画品诗,以助雅兴。此图就是这次雅集的写真之作,堪称一幅精美的人物群像图,叶芳林精心绘制了马氏兄弟及其他众人肖像,将众多人物结为错落有致的几组,他们有的展卷观画,有的弹琴听曲,有的品茗畅谈,其造型神态各异,栩栩如生。人物布置与景物穿插有致,聚散和谐。从画中可以看出这已不是纯粹的文人士夫的雅集聚会了,既包括当时最著名学者文士,如全祖望(1705–

图37-1 图37-2 画院《月令图十二月轴》三月(局部) 175×97cm 绢、设色

图38-1 图38-2 叶芳林《九日行庵文宴图》(及局部) 31.7×201cm 1743年 绢、设色 美国克里夫兰艺术博物馆藏

1755年)、厉鹗等,也包括盐商米商出身的豪富。与曹植兄弟的铜雀园之会、唐太宗十八学士之会、北宋末年王诜(1036–1093年)西园之会已有明显的不同,文会的组织者乃是四民之末的商人阶层,真可谓"邗上时花二月中,商翁大半学诗翁"[52]。可见,在江南日益经济发达的地区,民间文士举办文会雅集,已经成为某种时尚。随着经济的发展,当时地方文士或实力派完全有能力举办此种盛会,著名的有莲花庵结泖东莲社[53]。由江南名士沈恕发起泖东莲社,一时名流汇集,改琦、张祥河、高崇瑚、冯承辉、何其伟等,时相过从,诗词唱和。道光七年丁亥(1827年)改琦、王芑孙等人游松江城西之莲花庵,诸子结课会文,改琦与王塓(生卒年不详)合作的《泖东莲社图》记述了这一历史事件。据改琦《玉壶山房词选》卷下有《水龙吟·题泖东莲社图》词一阕[54],另王芑孙命高崇瑚题《泖东莲社图》。我们从王芑孙《泖东莲社图记》里可以想象改琦之作内容的生动与丰富:

……图凡二十有四人:其一负手蕉阴者,青浦何其伟书田;……弄笛舲尾者,改琦七芗;……隔水露一层,启其牖,一人执笔对镜自写其面,面出于镜中者,南汇王塓和仲。……二十四人皆塓所肖貌,而琦为补图。[55]

由此来看,文士的雅集宴饮题材描绘的是清代中后期真实的文人生活交往画卷,反映了社会中出现的新面貌。其形式上延续了传统文会雅集图的基本创作模式,但也有了新的表现语言,画家由于进入了不再单纯的阶层社交圈,使创作的契机发生了微妙的变化,作品叙事的功能以肖像全景画的形式展现于世,注重人物形象的真实性与具体性,这一点正好弥补了其他传统性雅集图之主题消解的缺憾。

二、文士生活

表现文士日常生活题材的作品内容最为丰富多样,除上述单列出来的雅集宴饮之外还包括了两个层面的取向：一种是最为世俗的普通文士生活细节，带有鲜明的生活情趣，如赠别、得子、课读、著书、祝寿、蹴鞠等内容；另一种是带有某种说教性内涵的作品，通过生活内容的选取昭示出使人回味的道理或蕴涵着更深层的含义。

在第一类内容的作品里，赠别是古已有之的传统题材，画家以送别为直接表现内容，作为赠答的作品总能更真切地抒发对友人的留恋之情。正如沈宗骞在《人物画法》中所云：

> 布置景物及用笔。意思皆当合题中气象。如宴会。则有忻悦之情。离别。则有愁惨之感。

在清代文人的社交圈内，送别友人已经成为与作赋、饮酒同样的聚会

图39

图39
袁耀《浔阳饯别图》（局部）
64.5×79cm 1749年
绢、设色
中国美术馆藏

借口。例如《浔阳饯别图》(图39)是袁耀(生卒年不详)乾隆十四年(1749年)的作品,为一幅场景式饯别图。描绘了晚秋时节的月夜之下,一行人马挑灯于河岸边送别的场面。画中人物形象生动细致,舟船工整严谨,色调深沉凝重。作者于图左上自识:"浔阳饯别,时己巳秋杪邗上袁耀画",钤"袁耀"白文方印,"昭道"朱文方印,另此图有题签"甲子春,贱辰同志丁雅轩兄购赠以为纪念,吴奈法誌"。又如嘉庆元年丙辰(1796年)正月十六日,罗聘、邵晋涵、赵怀玉、翁方纲、伊秉绶等同集于吴锡麒寓斋,欢送王昶归青浦;嘉庆四年己未(1799年)张子白北上,同人集改琦玉壶山房为饯饮,并分韵赋诗[56];嘉庆九年甲子(1804年)花朝前二日(二月十三日),孙原湘、陆继辂、铁舟、改琦等人小集吾园,为洪亮吉饯行[57]……在这些别离的场合之后,画家们往往会留下画卷以示情意。例如张崟为国赓作《赠别图扇》(1801年)、张问陶(1764–1814年)为舫西作《国门秋饯图卷》(1801年)、黄钺作《西泠惜别图卷》(1810年)、钱杜(生卒年不详)作《犀亭送别图卷》(1821年)、汤贻汾为兰言作《石城送别图卷》(1834年)、朱鹤年(1760–1834年)为梦溪作《卢沟送别图》(1819年)、改琦为顾蘷作《鸥池饯别图》(1824年)等等。除作画之余,文人们往往喜欢题诗助兴,应景附和,不仅渲染了当时的气氛也强化了绘画作品的主题,王霖所作《东归赠别图卷》(1796年),就有纪昀等题的诗赋。罗聘、洪亮吉、赵怀玉、查兰圃等13人集于陶然亭,欢送吴锡麒南归,作《江亭饯别图》(1797年),洪亮吉有诗:

> 今晨值清明,浅步不出郭。言登西南亭,稍觉筍鞵拓。梨堂间桃杏,花暗一层阁,春蔬罗数十,所喜新意各。泥饮苦不豪,停筯叹离索。东瞻暨吴会,西念及商洛。如何迟露布,顾望期屡错。吾子又告归,心期渺谁托。中年富筋力,敢退事耕凿。无容筹去住,且复视寥廓。客去酒忽醒,冷冷戛车铎。[58]

文字间流露出依依惜别之情。

《课子图》、《授读图》也是反映士人日常生活最为生动的内容，表现了清代文士家庭或私塾传授学问、注重教育的社会风俗。如道光二十二年壬寅(1842年)费丹旭为子乔作《花前课读图》(图40)。描绘了偌大的湖畔花园里摆放着太湖奇石，栽种着各种树木，显然是个贵族富有之家的场景，一个先生悠闲却又不失威严地靠坐于庭院中的石桌旁，注视着面前的两个孩童，年长些的少年正捧书朗读先生教授的内容，一副认真模样，小些的孩童则怯生生地躲在后面，神情略带局促。全图洋溢着清新淡雅的情调，在人物的动态神情和环境的细致描绘中展现了清代富裕家族教子读书的真实情形。又如华嵒所作《崇儒馆图》(1752年)(图41)则是一幅描写士大夫开设讲堂的作品。裱边题跋：

> 咸丰三年岁在癸丑秋七月，避贼北湖，主王氏深柳堂。主人爱画甚，出华君崇儒馆图见示，坐客叹赏，感以为真。主人乃欣然具馔，余亦喜从荒凉之径得饱眼福。至画笔之有不待言而知者。何须至题而后徵实也。熙载记。

图绘儒馆图在高山峻岭中于树石掩映之下，大学士汪公正于舍内讲学，山间有儒生向馆中缓行而去。作品笔调淡雅清新，繁而不乱，反映了清代士人治学、授读的日常生活。另有黄慎作《教子图》(图42)于广陵书屋(1726年)、余集(乾隆年间)作《松阴课子图》(1770年)、朱本作《课子图》(1811年)、余集为卜臣作《枣香书塾授读图》(1804年)、改琦为冯承辉作《逗秋小阁学书图》(1819年)、改琦为映渊补《鸣机课子图》(1820年)等。这些作品多以景衬人，不仅描绘了人物所处的环境，还能通过成人与孩子之间的交流传达出生动的情感内容。

读书图和观画图是表现普通文士生活最广泛的内容，这些作品多数作为馈赠之用，描绘文人读书思诗的情景，既符合被馈赠者的身份，也自然而然地衬托了主人公的勤奋治学的文人情怀。例如《秋夜读书图》(图43)为蔡嘉(乾隆年间)所绘，画林荫下篱门紧闭的茅堂内有一年轻书生正在

图40　　　　　　　　　　　　　　　　　　　　　　　　　　　图42

秉烛攻读，一小童侍立一旁，窗外石级处闲立一鹤，几棵树上的红叶，暗示了秋意。此画用笔简练秀劲，树石用浓墨点苔，画法自成一家，自识"秋夜读书图，松原弟蔡嘉为静峰先生作"。乾隆十一年（1746年）华嵒作的《雪夜读书图》（图44）、苏六朋作的《油灯夜读图》也都是表现文人刻苦研读古籍的内容，作品以景衬人，烘托了画中的气氛和主题。此类作品另有华嵒的《雪夜读书图》（1746年）、《秋林读书图》、冷枚的《松荫读易图》、周笠的《读书秋树根图》（1761年）、费丹旭有为小云写《柳荫读书图扇》（1847年）等。作品多数将人物形象描绘为一种符号式的范型，面部刻画不具有特指意义，仅作文士人群的代表而已，这一点在观画图上也基本适用。如雍正九年（1731年）蒋峰（生卒年不详）作《翰墨和鸣图》（图45），作品描绘了一文士携妻观画的情景，身旁三个小童相侍而立，在绿树浓荫的陪衬下散发着诗情画意的和谐之美。

　　陆英（生卒年不详）作《桐荫献寿图》（1767年），蒋莲（乾隆年间）作《献寿图》（1837年）（图46），费丹旭、朱钧（生卒年不详）、张熊（1802-1850年）合作《芝仙祝寿图》（1844年）等都是以献寿为内容创作的人物画作品。华嵒1724年作《宋儒诗意图》（图47），图绘一农家庭院之内，茅屋数椽，酱缸酒坛，柴扉初启，画堂宽敞，清池石阶，拳石嶙峋，景观开阔。堂上端坐一寿星，旁有侍女站立，四儒生端筋礼寿，茅屋中一妇女机杼促织，窗外儿童呼唤，内容极具生活情趣。堂前槐树参天，

图40
费丹旭为子乔作《花前课读图》
横幅，纸，设色
95×200cm　1842年
中国历史博物馆藏

图41
华嵒《崇儒馆图》
轴，纸，设色
171.8×92.3cm　1752年
广东省博物馆藏
作者自题："汪德温，鄞人，官至观文殿大学士，提举台州崇道观，口口西山，日集诸儒讲学，以教授间之子弟，乡称崇儒馆。壬申四月，新罗山人写于解弢馆。"下押白文印二："华嵒"、"秋岳"。题前引首印："空尘诗画"。

图42
黄慎《教子图》
1726年于广陵书屋
扬州市文物商店藏

图43
蔡嘉《秋夜读书图》
63.7×37cm
轴，纸，设色
故宫博物院藏

修竹迎风拂动,将农家院落描写得生动入微。此图人物衣褶简练,动作神态生动传神。设色清秀淡雅,树面墨浓笔健,竹以双勾写之,与粗笔槐叶相映成趣。

罗聘作《得子图》(图48)是一幅充满温情的生活画卷,右上自识:

> 云里高山头白蛋,海中仙果子生迟。摘写刘梦得寄白乐天句,似南屏明府一笑。两峰罗聘。

描绘老夫少妻喜得贵子,婴儿的活泼、老年文人的稳重以及美妻的贤淑,构成了一片其乐融融之景。人物造型准确,笔墨娴熟,设色古雅。翠竹苍松,兰石布置得当,笔现功力,推为罗聘早年佳作。

图41

图43

图46

图45

图44

图47

图44
华嵒《雪夜读书图》
138.7×73.6cm 1746年
轴、纸、设色
上海博物馆藏

图45
蒋峰《翰墨和鸣图》
55.2×42cm 1731年
轴、绢、设色
天津市艺术博物馆藏

图46
蒋莲《献寿图》
178×95cm 1837年
轴、纸、设色
广州市美术馆藏

图47
华嵒《宋儒诗意图》
86.9×117.2cm 1724年
轴、纸、设色
苏州市博物馆藏

画家自题："秋风萧爽天气凉，此日日升高堂。堂中老人寿而康，红颜绿鬓双瞳方。家贫儿痴但深藏，终年不出门庭荒。灶陉十日九不炀，岂辨甘脆陈壶觞。低头色羞汗如浆，老人此心久已忘。一笑谓汝庸何伤，人间荣耀岂足弥坚常。惟有道义思无疆，勉励汝节弥坚刚。再拜谢阿娘，自古作善天降祥。但愿年年似此日，老莱母子俱徜徉。"款书"甲辰元月写宋儒诗意，新罗山人华嵒"。钤"秋岳""新罗山人"。按甲辰为1724年，华嵒43岁所作。

另一类反映文士生活的作品则不仅起到记述的功能，同时还隐喻了更为深刻的教化意义，或表达了作者某种思想境界。苏六朋的《挑刺图》堪称具有代表性的一例。图绘光着脚的丈夫不慎踩刺，让妻子为之挑去，丈夫忍痛难耐的紧张神态被刻画得入木三分，妻子聚精会神的情意显得那么认真而又亲切，特别是他们年仅周岁的孩子那种害怕、天真、关注的神情更是描绘得真实自然，令人心动。人物和意趣虽然都是生活中常见的情状，却在其中影射了盲目举步而自受痛苦的道理。画家在题跋中称"写《米海岳帖步箴》醉中遣意"，从而点醒了画后的意旨，"箴"指箴言，即行动的准则。像这样直抒胸臆劝诫世人的作品还有乾隆九年(1744年)黄慎的《群盲聚讼图》(图49)、罗聘的《斗笠先生像》(图50)等。又如，在肖像画中文士们也喜加入暗喻的情节背景来标榜个人的品性风神，不过这幅《医俗图》(图51)却是把"肖其像"退居次要地位，由玉堂(生卒年不详)写改琦之像，改琦自补背景的几枝新篁，来传达"种竹可医俗之意"。另外，加官进爵也是带有期望功名的寓意题材，这类题材多源于历史掌故，但画面中的人物布景又都来自于现实生活的素材。黄慎于雍正六年(1728年)作《正冠图》(图52)表现了文士阶层对功名官职的追求和期待。画古代人物加官进爵之意，描绘接到圣谕加官时的情景，为贺喜之作，具有鲜明的隐喻特征。笔法线条流畅、洒脱自然，姿态生动，着色淡雅。类似的作品在黄慎的画中十分常见，如乾隆八年(1743年)作《书画》(图53)、乾隆二十四年(1759年)作《进爵图》、乾隆二十五年(1760年)作《人物》，另有《广陵花瑞图》都以相似的构图和人物形象表现了加官题材的内容。其他的画家如黄自修[59]作《加官进爵图》(约雍乾年间)、鲁宗镐(雍正年间)作《进爵图》(1726年)、朱鹤年作《晋爵图》(1830年)、费丹旭曾摹罗聘《加官进爵图》(1845年)等都是类似题材。另外，黄慎所作的《接福图》(图54)也代表了一种祈福、贺喜的内容。

总的来讲，文士生活内容的作品无论从单纯反映现实生活出发，还是取材于历史掌故来以现实生活表达思想，都是清代中后期文士阶层生活思

图48

图51

图50

图52

想的真实写照，作品虽在形象上罕有特指的具体人物，却是士人各个层面的典型代表，在造型的把握上占有了绝对的主动意识，从而增强了画面中的精神内涵，促进了画家个性化笔墨语言的形成。

图48
罗聘《得子图》
107.5×47.5cm
轴、绢、设色
山西省博物馆藏
钤"罗聘私印"、"人日生人"白文方印。

图49
黄慎《群盲聚讼图》
87.2×67.3cm
轴、纸、设色
1744年
苏州博物馆藏

图50
罗聘《斗笠先生像》
100.5×46.5cm
轴、纸、墨笔
上海博物馆藏

图51
玉堂绘、改琦自补
《医俗图》
27.2×30.5cm
轴、纸、设色

图52
黄慎《正冠图》（局部）
191.5×95.5cm 1728年
轴、纸、设色
扬州市博物馆藏

图49

图53

图54

三、高士贤者

所谓高士，乃志行高尚之士，旧时认为隐居的人不求官，不求名，不求利。隐居求高，即是人品高尚的人，所以"高士"又叫"隐士"。有时亦用以称某些在官者。晋宋时戴逵和他的儿子戴勃、戴颙都是著名的画家、雕塑家、音乐家，他们都隐居不仕，所以《历代名画记》称之"一门隐遁，高风振于晋宋"。戴氏父子是大艺术家，然而传记不列入"文苑"，也不列入"艺术"，却列入"隐逸"，是因其有才艺才被称为"隐士"，因其"隐"，方有"高风"。江苏常熟至今尚保存元代大画家隐士黄公望的墓，墓道石碑即刻"黄高士墓"。元代另一位大画家倪云林也被人称为"倪高士"。《史记》中记古人语"太上立德，其次立功，其次立言"，看来隐士是立了"德"，所以正史皆为隐士立传，画亦如此！所以我们可以把高士理解为一个较为宽泛的范畴，他们既要有志行高尚的特征，又涵盖了处士[60]和隐士等内容。隐士，就是隐居不仕[61]之士。历代都有无数隐居的人，皆可称为隐士。《辞海》释"隐士"是"隐居不仕的人"，没有强调"士"，实在是不精确。《南史·隐逸》云：

图53 黄慎《书画》 36.9×28.4cm 1743年 字八开，画六开 册，绢，设色。 南京市博物院藏

图54 黄慎《接福图》 190×100cm 轴，纸，设色 山西省博物馆藏

隐士"须含贞养素,文以艺业。不尔,则与夫樵者在山,何殊异也"。而且一般的"士"隐居也不足称为"隐士",须是有名的"士",即"贤者",《易》曰:"天地闭,贤人隐。"又曰:"遁世无闷"、"高尚其事"……是"贤人隐"而不是一般人隐。质言之,即有才能、有学问、能够做官而不去做官也不作此努力的人,才叫"隐士"。《南史·隐逸》谓其"皆用宇宙而成心,借风云以为气",可见"隐士"不是一般的人。故无论高士、贤哲,理解其中的内涵需要突出的是一种"贤"的人格标准。"贤","德才兼备"[62]、"有才德的,才德过人的"[63]、"才德出众的"[64]之意。也指才德出众之人,即贤人、贤士、贤哲[65]。此段高士贤者就包括了隐逸者和具有隐逸精神的贤者,理解了所要涉及的范畴,可以使我们更为清晰地体会清代中后期出现相关题材的内涵。

无论高士还是贤者,都体现着对隐逸的追求,可见在中国古代文士的眼里,隐逸是一种最高尚、自然且值得推崇的人生。文士追求艺术化的人生,进而用自己的言行、诗文使自己的人生艺术化,从而形成了在描写文士人物为内容的绘画中的这类表现摆脱世网羁绊的隐逸之士和宦途坎坷的忠贤之士形象的作品。高士贤者题材人物画的出现不可否认的与文学中隐逸诗赋的兴起有着密切的关联。上溯到西汉已有淮南小山作《招隐士》词赋,魏晋时期隐逸之风大炽,从而诱发了西晋陆机、左思的招隐诗及东晋陶渊明的《归园田居》、《归去来兮辞》等文学名篇,于是引起绘画领域描写隐逸高贤之风的兴起。不过在中国绘画史上,这类题材始终未有真正意义上固定的名谓,北宋中期的郭思于《画说》中称此类作品为"隐遁",谓"隐遁俄识肥遁高世之节"。而北宋皇家画史《宣和画谱》中则又称为"高逸",指出"高逸可置之丘壑间者,又非议论之所能及"。说明时人已给予此类作品在人物画领域中独立的位置,并认识到表现隐遁高逸人物的特殊含义。高士贤者题材的出现正是画家对文士生活理想化、完美化的表现,既出自于真实的现实生活素材,同时带有一定的唯美主义色彩。其特点就在于通过将文士群体之理想化的人格特征集中在主人公身上的表现,来颂扬文士的精神追求,致使画家将生活中的体验提升到哲学的高度。这一内容在历史发展的过程中逐渐形成了有独立意义的主题范畴,成为一种具有代表性

图55
黄慎《品砚图》
122.7×63.8cm
轴、纸、设色
南京市博物院藏

图56
冷枚《醉月图》
97×49cm
轴、绢、设色
广州市美术馆藏

图57
王树毂《二老清吟图》
90×52cm 1729年
轴、绢、设色
浙江省博物馆藏

的文士人物画题材。

　　画家在写李白行吟、渊明赏菊、东坡玩砚、倪瓒观石、竹林七贤时，会从这些历史素材中衍化出一系列近于泛化的高士形象。如"东坡得砚"会衍化出黄慎的《品砚图》(图55)、《铭砚图》,宋荷淳(生卒年不详)的《琢砚图》(1779年)；"太白醉酒"会衍化出王素(1794–1877年)的《醉归图》、冷枚的《醉月图》(图56)、费丹旭的《松下沽酒图》(1847年)等醉酒内容的作品；"屈子行吟"会衍化出黄慎的《香山吟诗图》(1729年)、王树毂的《二老清吟图》(1729年)(图57)……

　　清代文士喜画琴与鹤源于"赵抃一琴一鹤"的典故，是关于宋代赵抃为官清廉的故事。《宋史·赵抃传》：

图55

> 赵抃字阅道，衢州西安人，进士及第……为殿中侍御史，弹劾不避权幸，声称凛然，京师目为"铁面御史"。抃善琴，喜养龟、鹤。去蜀地上任时，匹马入蜀，以一琴一鹤自随，为政简易。……赵抃平生不置资业，不畜声伎……目死亡是所为事，入夜必衣冠露香以告于天，不可告则不敢为也，其为政善因俗施设，猛宽不同，在虔与成都尤为世所称道。

图56

　　黄慎根据这一故事创作了《赵公琴鹤图》(图58)，图中绘赵抃在一酸枣木架上焚香，身旁一童抱琴，一鹤侧立。宋之后的士人遂喜外出携琴，于是出现了为数众多的有关携琴访友、松下抚琴、停琴独坐及观鹤等高士题材的作品，如华嵒作《松下抚琴图》(1754年)、《停琴坐话图》、《松荫观鹤图》,黄慎作《携琴访友图》、《相琴图》扇面(1725年)、《山月弹琴图》、《停琴独坐图》(1757年)，蒋璋(生卒年不详)作《携琴观泉图》(1737年)，周颢(生卒年不详)作《携琴访友图》(1756年)，黄易(1744–1802年)作《携琴访友图卷》(1771年)，顾洛作《抚琴图》(1826年)，朱鹤年为恕斋作的《书堂观鹤图》(1831年),周镐(道光年间)为月樵作《携琴访友图扇》(1837年)，文鼎(1766–1852年)作《携琴访道图》(1841年)，刘彦冲《松荫鸣

图57

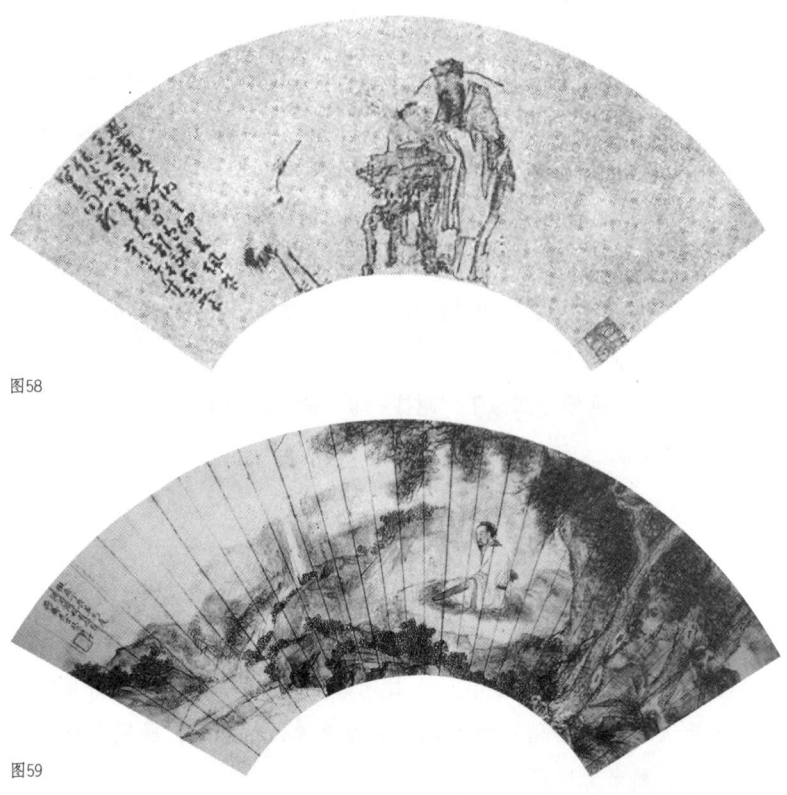

图58

图59

琴图》(图59)、《鹤听琴图卷》(1842年),苏六朋的《停琴听阮图》等。

　　清代中后期的画家、文人热衷于作隐士题材的作品,其宗旨在于借助这些前代的高逸形象,抒发自己的心志、意绪和情愫,可谓"借古人之酒杯,浇自家之块垒",带有很浓重的寄寓性。在他们的眼里,高贤雅士归隐的原因被隐喻为对官场的腐败与骄奢淫逸的深恶痛绝,表达对曾经的大济苍生之望遭人冷齿后又不愿同流合污的幽怨,更是对现实无能为力只好选择逃避、隐居不仕的无奈之举。这些作品往往围绕着出仕与归隐这个中心,暗示了画家不与统治者同流合污的品格。于是画中人物无论是否是真正的隐士,都被塑造成栖息于山林、岩壑、田园的超世脱俗的高士形象。就连不是高士隐者的人在画家的笔下也可以冠之以"高逸"之名达到歌颂

图58
黄慎《赵公琴鹤图》
扇页、纸、墨笔淡设色
17.5×53.5cm
刘彦冲《松荫鸣琴图》
扇页、纸、设色
故宫博物院藏
图60
华喦《三高士图》
159×88.5cm
轴、绢、设色
广西壮族自治区博物馆藏
图61
华喦《松下三老图》
171×98cm
轴、绢、设色
广东省博物馆藏

主人公对精神消遣的追求。例如华嵒的《三高士图》(图60)描绘三位隐者于山涧游赏的情景，以更为悠远静谧的山林、挺拔巍峨的松柏衬托出人物的清雅闲逸。早在汉代就有高隐之士的记载，将汉王霸、挚恂、申屠蟠称"三高士"。南朝梁何胤、何求、何点三兄弟称"何氏三高"[66]。至五代则有郑遨、李道殷、罗隐之称"三高"[67]。历代画家喜借此题材表达文士清高的情调，宋代画家梁楷(生卒年不详)就曾绘《三高游赏》团扇，将三位高士配以虬松劲枝，表现他们坚韧不屈的品格。华嵒另作有《松下三老图》(1750年)(图61)、费丹旭为秋叔作《溪山双隐图》(1849年)等。

高士隐逸题材的人物由此发展为一种概念化的形象出现，即表现文人雅士置身于山川、丘壑、园林、书斋等环境中的各种闲逸生活情状，画中的人物不必实有所指，而是普泛意义上的高人逸士。其中入山图、游山图、山行图、行旅图等人与山融为一体的内容是此时最为常见的题材。当然这种题材并非画家的闭门臆造，也有其真实的生活感触，在史料中我们随手可见当时文士相约游山的记载[68]。华嵒作的《游山图》(1741年)(图62)就是描绘文士同游山林流连忘返的情景，图绘层岗叠峦，松林蔽天，流水潺缓，两老坐于松荫石上，赏景晤谈，心畅神怡，此图笔意绵密，皴染灵活而笔力遒劲。人物衣纹采用柳叶描，抑扬流畅，是画家不多见的繁复之作。与

图61

图60

《游山图》风格截然不同的是华喦作的《天山积雪图》(图63),此轴绘一位文士,身着红色大氅,手牵骆驼,在寒气袭人的冰山雪地间跋涉的情景,天山耸立直入云霄,山中皑雪复盖,肃穆荒凉。一只孤雁掠过青冷辽阔的天际,其鸣叫声引得人物驻足仰望。图中用中锋画出山形廓影,用淡墨和花青渲染天空,人物与骆驼用笔工整细腻,色彩绚丽夺目,与冷峻的寒山积雪形成强烈的对比。全画构思巧妙,意境深邃,为华喦人物山水画的佳构。华喦另有《关山勒马图》,表现了塞外的风光,作品手法十分简洁,用淡墨烘染云天和地面,空白部位显现积雪山影,分外洁净迷茫。雪地上勒马仰观孤雁的旅人,红衣赭马,甚是醒目。巧妙地传达出"一声孤雁关山裂,雪满寒原勒马看"的诗意。苏六朋作的《夏山行旅图》(图64)描画在

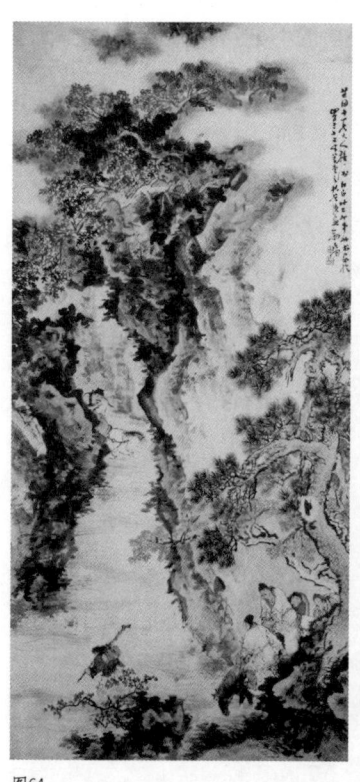

图64

图63

图62

图62
华喦《游山图》
197.5×116cm 1741年
轴、绢、设色
上海博物馆藏
自识:「辛酉冬日新罗华喦写于渊雅堂并题」,下钤「华喦」、「秋岳」白文印。

图63
华喦《天山积雪图》
159.1×52.8cm
轴、纸、设色
故宫博物院藏
自识:「乙亥春新罗山人写于讲声书舍,时年七十有四」,钤「华喦印」,右下角钤「空尘诗画」印。

图64
苏六朋《夏山行旅图》
207×100cm
轴、纸、设色

危石嶙峋的山谷间，一队人马涉水赶路，人物在山中有藏有露，饱满的构图使人不禁慨叹人类的渺小。李世倬(1687-1770年)的《指画高山仰止图》(图65)是一幅极其空灵的作品，画一老者驻足持杖而立，仰望迫临面前巍峨的大山，画面右上方只绘一角山石倾斜迎面，似有压顶之势，老者若有所思的样子不禁使人渐悟画中的道理。

由山林隐逸阐发出了一系列相关的内容，还有观瀑、听泉、探梅、对晤等。如陈枚所作《看云图》(1729年)(图66)画一老者、一童子立于山巅观望山中云雾，画家将画纸的绝大部分用以描绘飘缈朦胧、腾起翻滚的白云，让人不禁浮想联翩。张洽(1718-1799年)作《看花图》(1778年)(图

图67

图66

图65

图65
李世倬《指画高山仰止图》
94×41.2cm
轴、纸、墨笔
广东省博物馆藏

图66
陈枚《看云图》
145×72.5cm 1729年
轴、绢、设色
天津市艺术博物馆藏

图67
张洽《看花图》
145×32.2cm 1778年
轴、纸、设色
吉林省博物馆藏

73

图68　　　　　　　　　　　图69

67) 作品竖幅于下方绘两位隐者巨石边席地而坐，对饮赏花，身旁几株梅树竞相开放，远处巍巍高山暗示了人物所处的环境。华嵒51岁时画《松下观泉图》(1732年)(图68)描绘高耸的松树下，清澈的溪水潺潺流过，岸石上坐着两位文士，凝注着泉水若有所思，表达出画家"坐来襟带净，谁共挹清芬"的悠闲心绪。岩石画法出自石涛，笔势畅快的荷叶皴和错落的点苔苍茫沉厚，松干多用干笔勾皴，松针撇笔细密而劲挺。人物线描流畅柔劲，神态刻画细腻，是华嵒工写结合的精心之作。华嵒的另一幅七十之作《林泉清眺图》(1751年)(图69)，又名《秋山闲眺图》，绘二位文士临溪眺望远处群山，山中林木繁茂，藤萝倒挂，山下一条大河，从左至右，奔流不息。图中山石林木，运笔兼工带写，于简淡中见韵致。人物虽小，但形神兼备，高雅脱俗。全画设色淡雅，构图疏密有致，动静结合，为华嵒山水人物画

图68
华嵒《松下观泉图》
196×116cm 1732年
轴 纸 设色
上题「壬子冬日新罗山人写」，下钤「华嵒」、「小东门客」百文印。

图69
华嵒《林泉清眺图》
224×113.5cm 1751年
轴 绢 设色
故宫博物院藏
自题「辛未春新罗山人擬宋人法」。下钤「华嵒」、「秋岳」。

图70
黄慎《探梅图通景》四条屏，绢，设色
12.6×40.5cm 1751年

图71
张崟《梅林觞咏图》
绢，设色
广西壮族自治区博物馆藏

的上乘之作。余集的《梅下赏月图轴》左下画一士人,身着袍服,头戴褶巾,反背双手,漫步赏月,对景沉吟。两枝老梅相伴左右,环境优雅而富有诗意。构图简洁。用淡墨烘托出月亮,空旷幽静,情意深长,用笔爽利,线条有力,人物传神,是余集的精湛之作。

黄慎作《探梅图通景》(1751年)(图70)作品以四条连为一幅,前两屏绘深山空谷中梅花竞放,第三屏写一隐士携侍者骑马寻梅,最后一屏作云雾缭绕遮天蔽日。全幅人物只占一隅,却十分醒目,以大面积的场景烘托了隐逸生活的幽静,古意盎然。黄慎于乾隆八年癸亥(1743年)另绘有探梅内容作品两幅,均名为《踏雪寻梅图》。一幅绘山中隐者骑驴与两侍童立于一株高大的古梅树前,其观望惊叹之色溢于言表;另一图则绘隐者孤身一人披褐缩手骑驴行于山间路上,一枝老梅斜穿画幅,在皑皑白雪之下显得苍劲有力。张崟作《梅林觞咏图》(图71)绘三位高士坐于山间梅树间把酒赋诗之景,画中虽未描绘山景,却通过森密遒劲的梅林暗示出深山幽远之境。此外另有吴祺(生卒年不详)作《溪山对晤图》(1749年)、朱伦瀚作《观瀑图》(1755年)、金农作《观瀑图》(1759年)、罗聘为守堂作《观瀑图》(1764年)、茅麟(生卒年不详)作《泉石清流图》(1773年)、张洽作《观

图71

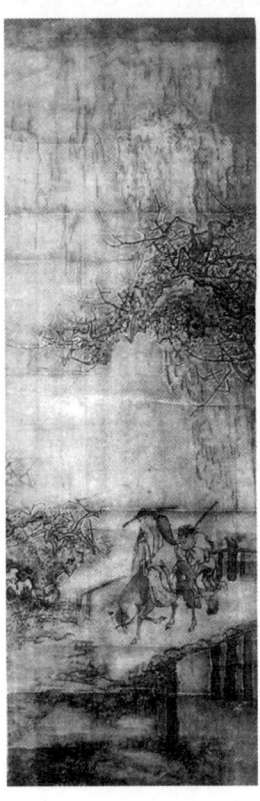

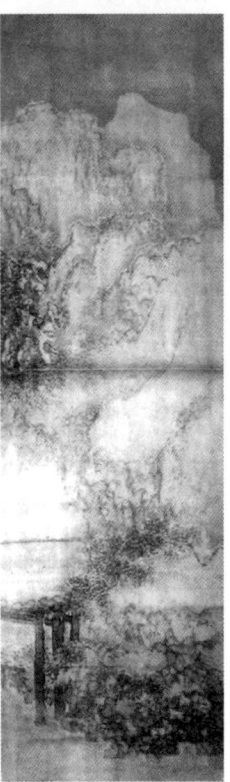

图70

瀑吟诗图》(1788年)、金廷标作《松下听泉图》、费丹旭为子乔作《听泉图》(1842年)、顾洛作《补松壑听泉图》、傅雯作《指画观泉图轴》、费丹旭作《孤山探梅图二段卷》(1844年)等。

  这类隐逸山林的高士画就其渊源应是从古代游冶或隐逸山水中的点景人物的范式中演化而来。在描写文人忘情林泉和隐居山林的山水画盛行的宋元时代，这些山水画虽以山川林壑为主体，但其中的点景人物却起着点醒主题的功用。其画中人物的活动方式和特定的景物氛围为后来的高士隐者图提供了创作基点。明清时代的文人画家们进一步将人物从点缀山水的地位提升到主体的位置，犹如将山水中的人物作特写放大，构成不同于身置山水环境中的高士图，从而纳入了人物画的范畴。诸如垂钓、弹琴、听松、观泉、赏花、品茶、策杖、行吟、晤谈等活动，常常被视作高士逸人的高雅行为方式，而松树、竹林、茅亭、草阁、溪泉、山径、渔村、江畔等自然环境常常被暗喻为高士逸人的活动景域。在为数众多的山水人物册中，我们会发现清代中后期象征隐逸的人物画的创作是十分流行的。如华喦作《人物山水十开》、《山水人物图》(1742年)、《山水花鸟八开》(1756年)，上官周作《山水人物图册二十四开》、《秋山归牧》(页署年八十二)、《踏雪寻梅》页、《山水人物六开》(1747年)、《山水人物图册八开》(1748年)、《人物山水册》(1745年)，张士英(乾隆年间)作《山水人物图册》(1729年)，陈枚作《人物图册十二开》，黄慎作《山水人物图册十二开》(1735年)，李世倬作《逍遥胜迹图十二开》(1746年)、《杂画十二开》(1747年)，金廷标作《花卉山水人物图册十二开》(1758年)，陆英作《仿古人物图册八开》(1765年)、李灿(1736-1820年)作《山水人物图册二十开》(1775年)，钱杜(1764-1845年)作《山水人物图册十二开》(1822年)，朱其昌(生卒年不详)作《山水人物》(1831年)，朱龄(1821-1850年)作《山水人物》(1831年)，刘彦冲仿《陆治山水人物图》(1844年)、作《仿古山水六开》(1845年)之类都是画家以小幅册页的形式描绘高隐之士优游于山川田园的野逸片段。金农乾隆二十四年己卯(1759年)作《人物山水图》册页(图72)人物皆在风景之中，面部刻画并不具体，但从题跋中可知多为历史人物。图

图72

图73

中人物用笔滞涩拙朴，富于韵味，山石用意笔写之，淡墨轻染，岸柳、杂树、芭蕉勾点夹叶兼用，残荷用外笔横点。全图笔法生拙奇奥，设色清秀淡雅。罗聘作《人物山水十二开》(图73) 在构思和笔墨上与老师金农有异曲同工之妙，只是意境上多了些许萧瑟之感。这类作品以景寄情，人物虽占有相当比重，但仅作为画家抒怀明志的一个载体罢了。可以说，画中的人物实际上是作者对自身的暗喻。

除了衬景的高士图之外，有些作品仅绘隐者高士形象就能传达人物非比寻常的气质，除了人物造型和衣着具有特定意义之外，往往画家会给人物安排一些情节化的动作，构成了这种以写人为主的高士图。比如巫琳(乾隆年间) 作《人物十二开》、苏六朋作《马上续殊梦图》、黄慎作《采茶图轴》、雍正二年 (1724 年) 作《爱梅图》、雍正十二年 (1734 年) 作《骑驴采梅图》、《捧梅图》(图74)、雍正九年 (1731 年) 方士庶等作《杂画八开》(图75) 等。

图72
金农《人物山水图》
24.3×31cm 1759年
册 纸 设色
故宫博物院藏
共十二开，每开均有自识，款署有「金农画记」、「心出家僧画记」、「曲江外史画诗书」、「昔耶居士」、「龙梭仙客记」、「冬心先生」「寿」「明」联珠印等。

图73
罗聘《人物山水十二开》
24.3×30.7cm
册 纸 设色
故宫博物院藏

图75

图74

四、小结

纵观上述清代中后期文士题材人物画作品，在表现文士生活的主题中包含了两种倾向，一种是描绘生动的文士真实生活，一种是表现传统文士掌故或引申出来的文士隐逸题材。

在前一种倾向中，画家们表现的题材不像前代那样着重于关乎国家政治，而是开始着重描绘自身普普通通的生活。画者在对文士阶层的日常生活体验中，将日常生活的诗化开创于绘画之中，发现和提取了在现实中具有代表生活情趣和画意久远而弥淳的内容。作者们往往选择那些与自己身世境遇容易契合的题材，通过个人视角的确立，建构起自身与人物之间的同构对应关系，通过个性化的理解方式和情感渗透，展开自己的精神世界，并传达出一种全新的美学信息，我们可以将其理解为艺术形象的自喻性。

而后一种蕴涵归隐意义倾向的作品，并非表明文人逃避了对现实人生的真切关注和社会责任感。从作品上来看，他们依然保有一定的忧患意识和参与现实人生的激情，人物画作品也力求通过对当时文士生活与精神风

图74
黄慎《捧梅图》
124×65cm
轴、纸、设色
辽宁省博物馆藏

图75
方士庶等《杂画八开》
24.1×24cm 1731年
册、绢、设色
上海博物馆藏

貌的刻意描摹表达对社会人生的深刻思考，在不可言说的处境中，通过艺术创作表达对人生的失望与期待、对文化的忧患与振兴等。

因此，文士生活内容的选择实际上构成了清代文士题材人物画构思的起点。清代中后期的画家们试图通过作品泯去经过世俗熏染的"伪我"，以求返归一个"真我"。他们看到了社会的腐朽，但没有力量去改变它，只好追求自身道德的完善。他们看到了社会的危机，但找不到正确的途径去挽救它，只好求救于艺术中人性的复归。也许他们在自己的生活中不能圆满地实现，于是只能在创造的画境里得到完满了，但作为医治社会的药方却是无效的。一些画家深切地感到自己的志趣、性格与当时污浊的官场格格不入，才不得已成了布衣，回到田园。当然他们并不是真正看破了红尘，也并不是心如止水的"隐士"，他的隐逸其实是在逃避无可奈何的政治。在现实中没有机会实现的抱负，使他们在心底涌动着一股被压抑着的情绪，我们从这些潇洒超脱的画面背后，看到了画家对现实的无奈。

第三节　历史典故

本节主要分析清代中后期取材于历史典故的文士形象作品，这些画作在继承了前代的题材内容的基础上，虽有甚多属于摹写之作，但笔墨技巧和章法程式的运用上显现出当时画家的新立意、新视角。除了宫廷专职画家和为官的文人朝臣以外，众多文人画家的介入使得这一时期的该题材绘画呈现着比较鲜明的文人画特征，作品中的意趣也更多的从叙事转向抒情达意。兰亭修禊、西园雅集、太白春宴、苏武牧羊、李白醉酒、东坡得砚、商山四皓、东山报捷等等，均为中国历史上著名的史实、典故、传说、佳话。画家在这些古代的记述中选取最具代表性的情节，加以自己的理解，并以个性化的笔情墨趣宣泄而出，因此，所绘的图卷亦并非历史的真实再现，而成了清代是时是地是人是情的图像载体。

一、文会故事

"文会",早在《论语·颜渊》就有云:"君子以文会友",后来因称文酒之会为文会。《南史·顾越传》载:"越以世路未平,无心仕进,因归乡,栖隐于武丘山,与吴兴沈炯、同郡张种、会稽孔奂等,每为文会。"三国两晋以来,随着文人士大夫在社会生活中地位的日益突出,统治阶级常在其居所招徕文士集会作文赋诗,实为笼络人才的一种方式。比如曹魏的铜爵殿西之园曾成为曹操接引文士的重要场所,唐代张说的名诗《邺都引》写道:"昼携壮士破坚阵,夜接词人赋华屋。都邑缭绕西山阳,桑榆汗漫漳河曲。"后来,这种文会发展为在一些重臣和贵戚的别业山林中邀约文士饮酒赋诗、抒发感情的雅会,以至成为文会的主流,如西晋贵族石崇的金谷集会、东晋贵族王羲之的兰亭修禊,都在当时名噪一时。并且在这类集会上,还有专门写的序文来叙述宴集、记录宴会的盛况。

由于文会日益成为文士日常生活的组成部分,进而形成一种流行的社会风气最终被纳入到绘画创作的主题中来。东晋顾恺之首开文会雅集图之先例,绘文人雅集高谈阔论之情景,吟诗作画、以酒助兴。《广川画跋》所记的顾氏《清夜游西园图》[69]成为后来诸多《西园雅集图》的开端,此稿本传世甚广,直至唐朝末年尚传于世。此外又有顾景秀(六朝宋武帝年间)《陆士衡诗会图》[70]、南齐宗敬微(生卒年不详)《东林高会图卷》[71]等。至宋代尊重文士的风气推动了宋代画家创作大量的有关文会内容的作品,包括现今所见的诸多前人《勘书图》、《文会图》,多是依靠宋人精工摹制才得以流传下来的。如李公麟的《十八学士图》[72]、无款的《十八学士图》、赵佶(1082-1135年)的《十八文会图》[73]等。需要注意的是,宋代在延续了唐以来的取士思想而为宫廷文会题材进行创作的同时,也出现了在对政治功业的追求后转向对自身自由等价值观念的关注,这是以李公麟(1049-1106年)创作的《西园雅集图》为标志。此后对李氏《西园雅集图》的摹制缕缕不绝,如刘松年、僧梵隆、赵伯驹、马远、钱选、戴进、唐寅、仇英等人均有根据西园雅集故事创制的《西园雅集》图卷问世,此外尚有诸多佚名《西园雅集图》存世，不可胜举。其他的文会题材还有元代张渥《玉山雅集图卷》[74]、明代戴进《南屏雅集图卷》[75]、谢环《杏园雅集图》[76]等。

　　清代创制的文会故事作品，基本上延续了明代以来的创作传统，比较著名的作品有：屠倬《皋园雅集卷》[77]、沈颢（1586-1661年）《西楼雅集图卷》[78]、华嵒《文会图》、冷枚《春夜宴桃李园图》、张宗苍《兰亭修禊图》、丁观鹏《仿仇英西园雅集图卷》、樊沂（1616-？年）《兰亭修禊图》、王树榖《四友图》、徐时显《春夜宴桃李园图》、方士庶仿李咸熙《寒林雅集图》（1747年）、鱼俊（待考）为虞岩作《逸兴轩雅集图卷》（1747年）、毕简（1781-1860年）等合作《月夜修禊图》（1808年）、董棨（1772-1844年）为清人画像《拳雅集图像卷》补景（1812年）、钱允湘（嘉庆年间）作《宜园雅集图》、钱杜在白下作《桐霞馆图卷》（1814年）、王学浩为恭甫作《宜南诗会图卷》（1824年）等等。通过对文会雅集题材作品的收集，使我们思考，这一内容在清代中后期的繁盛发展存在着何种深厚的文化和社会背景？历史上文人士夫的饮宴雅会成为这一时期一再表现题材的背后存在着何种思想根源？带着这些问题，让我们从作品中寻找答案。

　　在文会题材中，绘制"西园雅集"故事在文会图卷中占有相当庞大的数量，无论院体，还是地方绘画流派，对这一主题无不投以巨大的热情。此题材的背景始于北宋时期，宋英宗的驸马王诜在京城汴梁（今开封）的私家花园（即西园），经常召集文人学士聚会，使西园成为当时蔚然兴起的文人画思潮的发源地。有次王诜邀约苏轼、苏辙、黄庭坚、秦观、李公麟、米芾、蔡肇、李之仪、郑靖老、张耒、王钦臣、刘泾、晁补之、僧圆通、道士陈碧虚诸位知名文士到园中作诗、绘画、谈禅、论道，这次"雅集"最出名，世称"西园雅集"。米芾曾作《西园雅集图说》[79]，生动描述了西园美景和集会盛况，阐述了李公麟当时创作《西园雅集》时主友16人，加上侍姬、书僮，共22人文会的情形及内容，后人创作《西园雅集》亦多根据此文而展开。李公麟《西园雅集图》卷所描绘的场景也从此被当作中国士大夫理想生活的典例，变成后代名家画笔下反复描摩的主题。

图76

　　《西园雅集图》所包含的精神内容之深邃，可以说它简直可以被看作是文士内心精神世界的完整呈现，有着深远的文化情结。北宋文事之盛硕果累累亦在此时形成，西园作为文人文事的象征，也就具备了非同一般的意义。尤其苏、王一批元祐党人的政治遭遇，文士不被知遇，频遭打击，更使西园具有精神家园的象征意义，从而在后世文人心目中产生深刻的共鸣，故《西园雅集图》被后人一临再临。亦如上面分析所言，由于政治及其社会其他方面的原因，如封建专制思想的进一步加强，文士政治热情的消退，文化的发展和政治逐渐分离等等，均促使文会题材呈现内在的衰退，文化原创力的衰退使绘画创作走向向内心转型的道路，《西园雅集图》在这时也就成为文士阶层文化理想的栖息之地。清初之后分别出现了高凤翰的《西园晚景图》[80]、周笠（乾隆、嘉庆年间）的《西园雅集》（图76）、顾安仁（生卒年不详）的《西园雅集图》、费以耕（道光年间）的《西园雅集图》、无款《西园雅集图》[81]、傅雯指画《西园雅集图》（1747年）、丁观鹏仿仇十洲的《西园雅集图》（1748年）[82]、屠倬的《西园雅集卷》（1820年）[83]、徐梁（生卒年不详）作的《朱为弼、何道生西园雅集图像卷》（1833年）、王云作的《西园雅集图》、顾洛作的《西园雅集图》、张翎（待考）作的《西园雅集图》（1737年）、华嵒作的《西园雅集图》（1746年）等众多"西园雅集"故事的衍生作品。这些作品虽在形式上基本延续了宋以后的文会

图76
周笠《西园雅集图》
画17.4×81.8cm
诗17.2×52.1cm
扇页、纸、设色
南京博物院藏

图77
华嵒《西园雅集图》
184.7×100.8cm 1732年
轴、纸、设色
上海博物馆藏
起首钤「小园」朱文印，下钤「华嵒」、「秋岳」白文印，右下角钤「存乎蓬艾之间」白文印。

图78
张翎《西园雅集图》
170×70.5cm 1737年
轴、绢、设色
天津市艺术博物馆藏

作品内容，但在作品呈现出来的样式上也表现出了一定的时代气息。

华嵒雍正十年壬子(1732年)51岁所作《西园雅集图》(图77)堪称其中最为精彩的一幅。图上有长篇题识，内容乃是米芾所撰《西园雅集图说》，落款："壬子春二月新罗山人华嵒写于讲声书舍。"华嵒在表现这一题材时，在尊重《图说》描述内容的同时，贯注着自己的立意，画面的布局亦张亦弛，富于节奏，使作品产生了极其深远的空间效果。画中宾主风雅，或写诗、或作画、或题石、或拨阮、或看书、或说经，极宴游之乐，人物形貌各具特色，尤其注重情态的刻画，对照图说中所绘的历史人物，十分生动传神。作品以竖幅将五组人物分别安置于山石园林之间，有藏有露有聚有散显得疏密有致，画幅中部重点描写了两组伏案观摩书画的文士，其人物向背变化、动态举止皆不相同，右下角绘两文士弹阮听琴，左上边则绘观山和对晤的两对文士，将人物隐逸于竹林山石之间。作品勾描的线条流畅劲力，融宋人的工细和元人的飘逸于一体，树面笔墨有简有繁，皴染技法取续原济而较流畅细密，具有清雅高古的特质。张翎乾隆二年丁巳(1737年)

图78

图77

作的《西园雅集图》(图78)与华嵒的讲声书舍本《西园雅集图》在构图形式和造型上如出一辙，推为华嵒之临本。

此后王云有《西园雅集图》(图79)，亦为竖幅，与华嵒取势相近，只在几组人物的布局上有所变化，画中人物动态精准，形象各具特征，且神态惟妙惟肖，设色妍丽又不失古朴。笔墨意趣上较之华嵒更为清丽工整，且更有山中野逸之趣，亦是一幅精品之作。乾隆十一年丙寅(1746年)华嵒于解弢馆再次创作了《西园雅集图》(图80)，这一次的作品比前一次的构图更为开阔，画中几株盘曲而上的参天古树增添了园中的清幽舒畅之感，此幅笔墨十分灵动活脱，充分展现了文人追求清雅恬淡的意境之美。顾洛所作的《西园雅集图》(图81)是一幅横幅作品，而有别于李公麟的长卷《西园雅集图》(图82)的散点式布局，画中众多人物基本汇聚于全幅中间的部分，好似一个各呈姿态的舞台，但又不同于马远的《西园雅集图》(图83)

图79　图80

图81

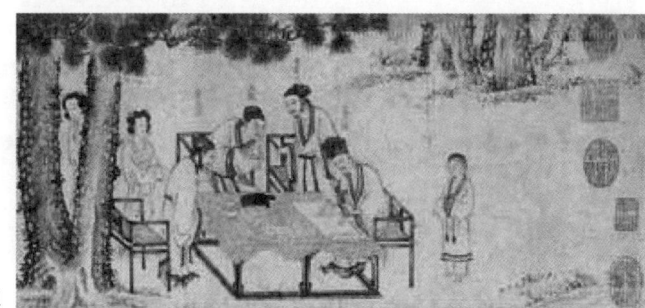

图82-1

图82-2

图79
王云《西园雅集图》
181×52cm 雍正年间
轴、绢、设色
山西省博物馆藏

图80
华喦《西园雅集图》
180.7×94.8cm 1746年
轴、纸、设色
上海博物馆藏

图81
顾洛《西园雅集图》
62.5×165.5cm
卷、绢、设色
上海博物馆藏

图82-1 图82-2
李公麟《西园雅集图》（局部）
26.5×406cm 北宋
手卷、纸、墨笔
著录于清内府藏书画专著
《石渠宝笈》

图83

图84

而带有更为浓厚的文士野逸情怀,其用笔以方为主,显得苍劲有力,于冷峻中尽显飘逸,而不见流俗之气,在这一点上可谓超越了明代李士达所绘的《西园雅集图》(图84)。

西园雅集的史实因为有了米芾的《西园雅集图说》变得具体而生动,文中不仅叙述了参加雅集的诸多人物,还对人物的动作、衣饰以及人物之间的位置关系做出了详细的描述,甚至人物周围的环境道具也有涉猎,这为后代画家创作《西园雅集图》提供了重要的依据。但是从另一个角度来看,过于具体的内容也局限了艺术家发挥想象的空间,固定了画中主要人物所呈现出来的面貌,因此,历代以至清中后期的《西园雅集图》都没有逃脱《图说》遗留下来的传统范式。不过,内容虽是相对固定的,但笔墨

图83
马远《西园雅集图》(局部)
宋代
绢、淡设色
美国纳尔逊·艾京斯艺术博物馆藏

图84
李士达《西园雅集图》
25.8×140.5cm 明代
纸、设色

图85
华嵒《春夜宴桃李园图》
144×60.5cm 1748年
轴、纸、设色
广东省博物馆藏

图86
华嵒《春夜宴桃李园图》
180.2×95.5cm 1748年
轴、纸、设色
天津市艺术博物馆藏

和境界却是与时俱进、因人而异的,画家在画面构图上的创新使众多人物在有限空间内的安置获得了思维空间联想的无限延展,巧妙地突出了人物与山川自然的亲和,从而昭示了清代中后期文士内心对本我主体观注的强化。可以说,华嵒、顾洛、王云等画家都不仅创作出了自己心中的"西园",而且带着清代文人特有的对人与自然、人与社会之观照方式写下了具有时代气息的一笔。

《春夜宴桃李园图》是以李白"春夜宴桃李园"的佳话为题材,描绘李白与其四从弟,春夜于桃李园中设宴、斗酒赋诗的情景。唐代杰出的浪漫主义诗人李白的嗜酒几乎与他的诗齐名,他与贺知章、崔宗之等有"酒中八仙"之称。他生活放纵不羁,常常以酒浇愁。李白在《春夜宴桃李园序》中有言:"夫天地者,万物之逆旅。光阴者,百代之过客。而浮生若梦,为欢几何?"[84] 表达了对当时社会现实的不满。时年 67 岁的华嵒于乾隆十三年戊辰 (1748 年) 作了两幅《春夜宴桃李园图》,一幅 (图 85) 为竖幅,自题"人能好事持花饮,花正要人乘醉观。薄薄骄阳淡淡影,三分做暖一分寒。戊辰初秋新罗山人写于解弢馆并题"。绘山间凉棚下的李白坐于席间的主位,已然面有醉意,

图85　图86

其余四人分置两侧把酒闲谈，两童子左右侍候。此图用减笔画法，设色淡雅，线条简练松动中不乏遒劲。另一幅(图86)绘园中桃李竞放，李白斜倚桌案之后的椅上已有醉态，宴席只作一半伸入画中，侍女侍童相伴席间，三位文士似在与李白高谈阔论，另两文人在山石之后低声细语。作品清丽洒脱，笔墨柔韧细劲，野逸之趣油然而生。两幅作品将人物描绘于淡雅清新的树林山石之间，甚至带有几分质朴的野趣，代表了清代中后期文会题材在对传统掌故的理解中转向对文士阶层当时境遇的思考。

黄慎76岁的作品《春夜宴桃李园图》(1762年)(图87)则似乎呈现出一派贵族之气息。图中五人或观诗或捧杯，或吟赋，或凝思，神态各异，

图87 图88

图89

图87
黄慎《春夜宴桃李园图》
轴、纸、设色
121×163cm
泰州市博物馆藏
款署："乾隆壬午秋八月写于舒啸轩，瘿瓢"，钤"黄"、"慎"联珠印，右下角钤"颂侯珍藏书画之印"收藏印

图88
徐时显《春夜宴桃李园图》(局部)
轴、绢、设色
96×86cm
镇江市博物馆藏

图89
仇英《春夜宴桃李园图》(局部)
明代轴、设色、海外藏

图90
郑岱《桃园夜宴图》
轴、绢、设色
54×200cm

图91
贾全《春夜宴桃园图》
轴、纸、设色
102×44cm
河北省石家庄文物管理所藏
清宫旧藏

栩栩如生。三个女乐奏乐助兴，两个小童半隐半露，给画面平添几分情趣。人物造型生动，线条飘逸酣畅，色调淡雅清新。而徐时显作的《春夜宴桃李园图》(图 88) 以近景特写的方式着重刻画了席间人物的形貌情态，其布局明显源自于明代仇英的佳作《春夜宴桃李园图》(图 89)。画中李白做昂首吟诗状，样貌风流洒脱，在座三位宾客有的低首捻须，有的抬颐凝视，各有所思。画风细腻工致，有唐宋遗韵，显然两幅作品更为力求还原夜宴故事的真实情境。

另外，郑岱 (乾隆年间) 作的《桃园夜宴图》(图 90) 也推为"春夜宴桃李园"故事的演绎，画园中宾朋已至，分别落坐席间，主人在一侍童的陪伴下正款款而至，画面上方的雾霭掩映着一轮明月，全幅由景至人都散发着浓郁的宫廷气息。乾隆时期贾全作的《春夜宴桃园图》(图 91) 与郑岱之作虽在取势和构图上有着相近之处，但因细节和着色不同因而传达着迥然有异的意蕴，画家将桃园绘于巍峨高石之间曲廊通幽深处，宛若仙境一般，席间李白等众人已酒至微醺，皆有醉意，四周有酒童相侍，一派富贵闲散之趣。这样的题材，我们在宫廷画家的笔墨间感受到的则是另一番情致。丁观鹏[85] 乾隆年间所作《夜宴桃李园》(图 92) 将筵席好似摆在了乡野之间，身着官服的李白和众宾客落坐其中，酒保侍童们穿梭于其中显得格外热闹。此画明显受到西洋技法的影响，人物作凹凸法表现，笔法工细有致，附色浓郁妍丽，是一幅取景民间却具有宫廷审美的士人典故作品。

图90

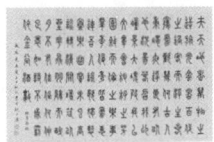

《十八学士图》乃是宫廷文会题材，源于传统的历史故实题材。"十八学士"是源于唐太宗李世民于宫城西开文学馆，罗致四方文士，将杜如晦、房玄龄、于志宁、苏世长、薛收、褚亮、姚思廉、陆德明、孔颖达、李道玄、李守素、虞世南、蔡允恭、顾相时、许敬宗、薛元敬、盖文达、苏勖十八人，分为三番，每日六人值宿，讨论文献，商略古今，号为十八学士 (复召刘孝孙补之)。后世多以此为画题。台北故宫博物院藏的《十八学士图》(图 93)，是由清代院画家孙祜 (乾隆年间)、周鲲 (乾隆年间)、丁观鹏三人奉旨合作的，成于乾隆六年辛酉 (1741 年) 十二月。画卷大致分为八段，以郊外众文士林间侍候始，至园中仕女赏景终，于作品中段细致入微地描

图91

图92

绘了学士们于馆中的活动情景，他们或潜心文事，或泼墨挥毫，或临窗对弈，人物布局错落有致，姿态丰富而生动。作品以中法为本，吸收西法绘画之所长，背景场面及其宏阔，亭台楼阁雕梁画柱，漫漫江面水波粼粼，一派盛世图景。绘此图之时正值清代经济文化鼎盛之际，弘历召画工作《十八学士图》，有意旨比拟李唐明君盛世之意，作品更以清代之人之景加以描写，暗合了君主的意愿，因此，这张院本的《十八学士图》实为借古喻今之作。乾隆是一个颇有抱负的君主，他自己不仅勤勉于政，又有远见卓识，为了实现其理想与抱负，他十分重视招贤纳士和对各级官吏的整治。在汉人文士的选用上，清王朝经过康、雍两代采用汉制统治广大汉人地区，汉人文臣已在统治集团中逐渐占有重要地位。乾隆帝即位后以多种方式选擢文士、开拓仕途，以争取汉人文士的臣服。雍正十三年(1735年)八月乾隆帝即位后，随即于十一月下诏："皇考乐育群材，特降谕旨，令直省及在朝大臣，各保举博学鸿词之士，以备制馆之选。乃直省奉诏已及二年，而所举人数寥寥。……朕因再为申谕，凡在内大臣及各直省督抚，务宜悉心延访，速行保荐，定于一年之内，齐集京师。"[86] 九月，乾隆就用人机制谕令内阁：国家用人、行政两者并重，而政事必须由人才相帮治理，则先务尤在人才。表明了他重视人才，任用贤人的决心和态度。随后他便要求在京官员大学士以下、三品京堂以上诸官员，将平日所了解的有真知灼见、品行端正、办事能力强的人才，不拘品级资格，据实保举，密封奏闻，"候朕酌量选用"，之后又陆续下达推举贤人的旨意，于保举、推荐之外，还通过考试的办法选拔了一批德才兼备的人才[87]，使朝中的官僚队伍得到了大大的充实，增强了整个国家的行政能力和办事效率。种种史实表明乾隆时期帝王对选用文士的重视,一度增加了士人参政报国的热情,院本《十八学士图》的再创作也真实地反映了当时君主期冀与唐太宗一般以"文治"坐江山的美好愿望。

相较之下,生活于嘉道年间的岭南画家苏六朋[88]所绘的《十八学士图》(图94)则表现为截然不同的情调。图绘十八位学士于石间树下晤谈品茶之景,其环境与人物的安排更似一幅文士雅集图卷,尤其是于石上题记的一组人物,在动态和组合上都与《西园雅集图》中的局部十分相近,这样的《十八学士图》与院本之作呈现出鲜明的差异。从作品的题跋中可知这是一幅馈赠之图,作为一个于广州石亭巷设石亭池馆以卖画自给的职业画家,苏六朋多以社会现实生活为创作题材,因而在绘唐代十八学士的内容时,势必本着自身一个布衣文人的心态进行构思,因此,在他笔下的文学馆的学士们在私卜一定也如古代的高士一般谈玄文会,如此生动逼真的文人形象置身自然中的开怀叙谈也是画家的一种美好期冀。从另一个角度来说,嘉道时期世风日下,文士们最后一点从政报国的愿望因统治者的压

图93

图92
丁观鹏《夜宴桃李园》
31.1×134cm 乾隆年间
卷、纸、设色
故宫博物院藏

图93
孙祜、周鲲、丁观鹏合作
《十八学士图》(局部)
38.1×1141cm 1741年
卷、绢、设色
台北故宫博物院藏

制而烟消云散时，画家绘十八学士没有置身于亭台楼榭之中商讨国家大事，而是如同隐士一般的陶醉于园林山石间聚会修禊的生活，也可以看作是对衰世的一种讽喻。由此可见，清代中期以后由于封建专制日趋严重，给予文人士夫的自由精神空间日益狭小，道统已彻底依附于政统，贯穿于文士集体中的进取精神渐趋于衰退。科举制仍然继续实行，却已没有了早期勃勃上升时期的精神气象，这一情况虽在明朝即已呈现出严重的弊端，到清中期以后则更加严重，这必然促使文会故事绘画主题的进一步转化，文会图式的演变因无强大的内在支撑，使创制文会故事画的精神驱动力和社会动力因为社会背景的变化，其传统的政治性主题日益走向消解。

中国历代封建统治者以"武功"定天下，以"文治"坐江山，凡较为强大的王朝无不津津乐道于编纂大型书目。如唐代编《艺文类聚》、《北堂书抄》，宋代编《太平御览》，明代编《永乐大典》等，成为炫耀"文治"的产物。《广川画跋》记有传为顾恺之的《勘书图》，虽对其真伪表示疑议，然而作为一幅表达勘书情况、以文人生活为题材的古画，则无争议[89]。虽然顾恺之所绘《勘书图》真迹我们无法见到，但我们可从现藏美国波士顿美术馆的《北齐勘书图》窥见北朝文士生活的情景。此图写天保七年(556年)北齐文宣帝高洋命文臣樊逊、高乾和等11人共同刊校国家收藏的五经诸史故事，成为文化昌盛的象征。清王朝的封建统治，历经顺、康、雍三朝到乾隆年间发展到了全盛时期。政治的繁荣，经济的安定，为《四库全书》的编纂提供了良好的社会环境和雄厚的物质基础。继清康雍二帝编成《古今图书集成》，乾隆以《四库全书》的编纂活动将封建王朝官府主持的修书活动推向了又一个高峰。因此，清代中期著名的宫廷画师姚文瀚(乾隆年间)所作《勘书图》(图95)也就成为了历史的艺术见证。清王朝的文化政策一方面是在开科取士之外，又开设了博学鸿词科对文人进行笼络；另一方面推行文化专制，大兴文字狱。在这种高压政策之下，很多文人学者回避现实，把主要精力集中到整理古书上，面对几千年积累的丰富的文化遗产，特别是代表儒家思想的经书，进行训释、校勘和辑录佚文工作，形成了大规模收集和收藏古代图书的状况。乾隆皇帝针对学者们的这种需求，采取对当时学术潮流因势利导的办法，在有利于加强封建统治的前提下，下达了征求天下遗书进而编纂《四库全书》的命令。姚文瀚的《勘书图》表现了文士们勘书后休憩的生活场景，将人物安置于园林一角，桌案前一文士依然在专心校书，而另一个正回身与侍童窃窃私语，年老者不胜重负唤小童为其捶背，盛年之人则净手解带。画中情节充满了生活情致，通过再现具有代表性的文士政事生活达到借古颂今的目的。

除了对宫廷雅集故事的反映外，这一时期有许多作品是表现高士隐逸雅集典故的，如华喦作《竹溪六逸图》(1732年)、姚仔(乾隆年间)作《九老图》(1777年)、高其佩作《九老图》、贾全(1736–1795年)作《二十七老卷》(1772年)、王树穀作《四友图》[90]、改琦临孙雪居(待考)本《五清图卷》(1811年)、万岚作《平山五老图卷》(1840年)、储震昌(1774–？年)作《香山九老图》(1843年)等。

"竹溪六逸"的故事指唐代李白、孔巢父、韩信、裴政、张淑明、陶沔六高士于山东泰安徂徕山聚会的典故。华喦的《竹溪六逸图》(图96)展现了一幅世外桃源的景象。绘山溪潺流由远而近，透过山涧云烟，流经茂密竹林，曲曲弯弯注入竹丛掩隐的溪潭，竹林间，六高士或饮酒品吟，或著文欲书……图中人物、山石以及竹林的表现均极精彩，为华喦代表作之

图95

图94

图94
苏六朋《十八学士图》
128.8×54cm
绢、设色
广东省博物馆藏

图95
姚文瀚《勘书图》(局部)
50.2×42.8cm
轴、绢、设色
故宫博物院藏

图97

图96

一。此外又有张洽乾隆五十九年甲寅(1794年)77岁高龄所作《六逸图卷》传世。

"香山九老"则是指唐代文人胡杲、吉玫、刘贞、郑据、卢贞、张浑、白居易、李元爽及禅僧如满九位老者。他们因志趣相投，结为九老会。此图绘九老在山中欢聚，既醉且欢之际赋诗赏画的情景。根据白居易《香山九老会诗序》的内容可知，对九老雅集的描绘早已有之，到了南宋时期，此题材在画院中也非常兴盛。高其佩(1672—1734年)作《九老图》(图97)表现出对历史典故题材的新发展。画中一条蜿蜒的碎石山径贯穿整个画面，形成一条曲曲折折的纵向轴线，人物及景物山石均围绕着石径展开，画面从左边开始：一老缓步行于山间，几株古松将其遮蔽了一半，身前不远处

图96
华嵒《竹溪六逸图》
185×102cm 1732年
轴、绢、水墨设色
台湾国泰美术馆藏

图97
高其佩《九老图》
193.7×101.5cm 1732年
轴、绢、设色
[日]桥本末吉藏

一身着便服的文人携一童仆正回首向后者召唤，而老者似乎并不急于赴会，却悠闲地欣赏着山中的景致。沿着他走的路径向右看，在石桥一侧，有两人站在瀑布之前，一人一边指着着山涧一边好像对旁人说着什么，看那人的样子似乎有所悟道。再往后，便是一组席地坐于山后观画的人物，有的若有所思，有的凝神静观，一旁有小童相侍。在刻画人物形象方面，不作面目特征的具体刻画，而着重于对人物动态的描绘，布局上聚散都非常富于变化。作品笔法挺拔而多姿，衣纹线条准确而精炼，色彩淡雅而古拙，是一幅写意笔法极强的文士题材绘画作品。

通过历史上文会雅集题材人物画在清代中后期的表现的梳理分析，可知文会图的发展有一条内在变化的轨迹，那就是，自两晋南北朝至五代以文治事功为主线的阶段，转至元代以文士文会宴饮走向以退隐为主的阶段，继而从明发展到清代中后期将文会雅集题材作为文士精神家园的象征。无论在朝在野文士作者所绘的内容都体现出文人集团内质的分化，即文化创造职能和行政管理职能出现分化，使入仕的文人面临两难处境，因两面不能兼顾而精神上极为痛苦。当文化创建和仕宦进取两方面的压力一同袭来，雅集文会宴饮在精神上也就成为理想失落的寄托和精神的象征性满足，作为理想的家园，在现实中将其作为政治的避风港，也成为某种安慰和满足。大量的《西园雅集图》、《夜宴图》、《九老图》成为当时人们历史观念、价值观念的形象释读。

二、史实典故

在古代著名的史实典故中，除了雅集文会的内容，还有许多史料记载的真实故事，因其不仅具有或多或少的政治意味，且代表了文士阶层的某种价值观或审美取向，而被历代画家反复描绘创作。清代中后期文士题材的作品中也不乏涉猎。典故，包括典制和掌故，如《后汉书·东平宪王苍传》言："亲屈至尊，降礼下臣，每赐宴见，辄兴席改容，中宫亲拜，事过典故。"另《宋史·宋敏求传》有载："熟于朝廷典故。"指诗文中引用的古代故事和有来历出处的词语[91]。因此这一部分的讨论不仅包括历史上的真实事件，如"东山报捷"和"商山四皓"，也含有从史实中杜撰发展的内容，如"苏武牧羊"等。

苏六朋为雨辰作的《东山报捷图》(1837年)(图98)是描写383年，东晋名士谢安智取号称百万的前秦苻坚大军于淝水，即著名的以少胜多的"淝水之战"的历史故事[92]，乃属依据史实创作的作品。画中深山野林，古松华盖，谢安在画面显眼处的树下悠然自得地与玄对弈，而在曲折转弯的远处山径上有一骑飞至前来传捷报，作品相当巧妙地表现出谢安完全掌握了这场战役的主动权。正是南朝宋刘义庆《世说新语·雅量第六》所载"谢公与人围棋，俄而谢玄淮上信至。看书竟，默默无言，徐向局。客问淮上利害。答曰：'小儿辈大破贼。'意色举止，不异于常"中的一幕。作者把谢安这位伟大的军事家写得高大魁伟，神态闲畅而含蓄，表现出这位军事家胸有成竹、胜券在握地等待捷报。画家巧妙地借下棋点出了这一场以弱胜强的历史上有名战役的主题，达到了寓动于静的艺术效果。这幅画章法严谨，浓淡相映，远近照应，令观者如置身其中，为报捷而神往，有翩翩文雅之趣，是苏六朋传世的精美杰作。此画构思大胆、笔法多样，笔墨挥化活脱，使主题表现得含蓄而鲜明。

黄慎乾隆二十六年辛巳(1761年)所作《商山四皓图》(图99)，描绘了西汉初年隐居在商山的四位隐士辅助太子盈的故事，这也是来自于真实历史人物题材的作品。据《史记·留候世家》记载，隐士东园公、绮里季、夏黄公、甪里先生因避秦乱隐居商山(今陕西商县东南)，年皆80余，须发皆白，故称"四皓"。汉高祖刘邦曾请四位出山为官，被婉言辞命，后高祖欲废太子盈，另立赵王如意，吕后采用了张良的计策，用厚礼将四皓请出，四皓同太子盈去见太高祖，高祖对太子盈说：你有这四位辅政，羽翼成矣。于是取消了改立赵王如意为太子的意图[93]。宋代马远等画家皆曾绘《商山四皓图》[94]。黄慎的《商山四皓图》描绘的是这个故事的部分情节：画面四皓聚集山中，似在商量治国方略，图中人物生动传神，衣纹细劲流畅，山石勾染兼用，古松用双勾点叶法。画风工细淡雅、意境清幽，风格与其

图98 苏六朋《东山报捷图》238×117cm 1837年 轴、纸、设色 广州美术馆藏

图99 黄慎《商山四皓图》120.2×68.3cm 1761年 轴、纸、设色 故宫博物院藏

粗笔写意画截然不同。画中题"冥冥高山,深谷逶迤。晔晔紫苕,可以疗饥。唐虞世远,吾将安归。驷马高盖,其忧甚大。富贵之畏人,不如贫贱之肆志。乾隆辛巳三秋写于翠华官香,宁化七五老人黄慎"。辛巳为乾隆二十六年(1761年),作者时年 75 岁。相比之下,"商山四皓"在清代后期画家改琦的笔下则是另一种面貌。此图(图 100)将四位隐士作肖像式描绘,他们或弹琴听曲,或提笔而书,两小童身旁侍候,同时起到了活跃构图贯连人物的作用。全图并未对背景环境作任何描写,仅以矮几、团垫等文士常用道具略作衬托。四位隐者虽形貌特征各不相同,但造型皆表现为清矍古雅之姿、瘦削柔婉之容,倒像是清代隐居洒脱的高士一般。两幅相同题材的文士形象的作品,一个以景衬人一个以形写照;一个潇洒清逸一个高古柔媚,都表现出了四皓隐居山中的优雅气质,但仅仅是表面看上去的这些区别而已吗?细品画中意境,实远非如此!画家黄慎生活于清鼎盛时期,虽绘隐士题材,却有超凡拔俗之趣,潇洒绝尘之气;而改七芗却生逢颓世,画家文人的境遇已远非前代可比,其画中的婉约缠绵之情也当是情理之中的了。这不禁使我们反思,清代文士题材绘画中呈现出来的微妙变化是否具有普遍意义?画家的风格意趣与时代是否有着必然的关联?在接下来的图本中

图98 图99

图100-1

图100-2

也许会找到其中的答案。

"留胡节不辱"的苏武是千百年来被人们反复歌颂的英雄，而"苏武牧羊"故事的描绘则成了画家表现高洁之士的典型题材。黄慎、苏六朋、苏长春等人曾多次描绘这一题材，他们笔下所创造的苏武或许有别于史载苏武本人的其人其貌，但在气质神态上都突出的表现了人物的不屈性格。对此题材描绘最多的乃是画家黄慎(图101-103)，三图虽形象构图均有差别，但笔墨和意境基本一致。一直以卖画为生的黄慎因生活于平常百姓之中，故其笔下的苏武带有更多的平民气质，作品以狂草笔法纵横挥毫，布局疏朗，尽显荒寒旷野孤寂之景，毕现了主人公苍老且坚毅又不失凝重之态，寄意深远。再看苏六朋所作的一幅《苏武牧羊》(图104)，这是画家经常绘制的画题，但每幅都有它的特色，不会使人感到雷同。这幅大作，画于道光二十七年秋(1847年)，笔力粗壮，气魄雄伟、笔墨简练，概括人物的形象准确传神。在风帽中露出脸面的苏武，须眉已白，颜容苍老，但久经风霜的坚强意志溢于眉睫，真切动人。苏六朋绘画大幅作品确有独到之处，可以说气势磅礴，下笔通神，随意挥洒便能风韵隽永。

图100-1 图100-2 改琦《商山四皓图》 27.7×187cm 1819年 卷、纸、设色

清代中后期画家们选取了历史中耳熟能详的事件或故事不能说没有一定的影射政治的意味,典型的历史人物和典型的历史事件本身所蕴涵的意义正是题材自身具备的思想基础,画家通过巧妙的构思设置的场景,使作品在对历史事件的诠释中产生了具有时代特色的内容。从对苏武、谢安、东园公、绮里季、夏黄公、甪里先生等古代人物的描绘中,不难看出文士对于自身命运与国家兴亡的出仕与归隐之间的思索,而多数以山林自然景致布局画面的构思,又从某个侧面反映了文士阶层对安逸享乐生活的追求,在自己制造的静谧清幽的环境气氛中获得一种豁达宁心的精神慰藉。

三、传说佳话

佳话,指犹言美谈,流传一时,被当作谈话资料的好事或趣事,戴复古《题赵庶可山台》诗:"他日传佳话,兰亭与此俱。"在历史典故的题材中更多的是人们口耳相传的传说佳话,这些内容虽然多数源自真实的史实,却因人们赋予了情感而增添了杜撰的内容,表达了人们的理想和愿望。因

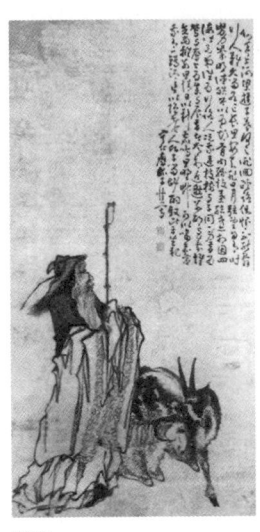

图103

图102

图101

图101
黄慎《苏武牧羊》
98×109.5cm 1751年
轴、纸、设色
山西省博物馆藏

图102
黄慎《苏武牧羊图》
94.2×101.2cm
轴、纸、设色
上海博物馆藏

图103
黄慎《苏武牧羊图》
178.4×91.1cm
轴、纸、设色
苏州博物馆藏

此，画家对这些内容的发挥具有了相当大的主动性，人物形象也因此而各具特色，带有十分鲜明的主观色彩。

唐代大诗人李白清高超逸、傲岸拔俗，自古在封建文士的心目中就是风流蕴藉、浪漫才情、清脱倜傥士大夫的象征，"太白醉酒"亦代表了一种潇洒似仙的精神境界，自然成为了画家们百画不厌的创作主题[95]。"太白醉酒"的题材表现的是李白在唐玄宗李隆基金銮殿代草王言，侍宴纵酒，醉酒于宫殿之内，内侍二人挽扶侍应的情景。这一内容在清代中后期画家们手中总能自出新意，创作出不同的生动画面，李坚、改琦、苏六朋等人均有此类作品。苏六朋的《太白醉酒图》(图105)是清代此题材中最为完美的一幅。全画笔调工整细腻，人物造型准确，李白位居画幅视觉中心处，头戴学士巾，身穿白色宽袖朝袍，朱色靴、带，色调鲜明，面部用细笔描绘，层层设色，面色白里透红，双眼微眯，表情活脱若生，他侧目下视被倚的内监，身体倾斜的动态把他酒至微醺的踉跄步态表现得淋漓尽致。挽扶李白的内监共二人，作一正一背状，身后正面的太监虽只画了半张面孔，却描绘得极为精心，那神情间显露出的无奈与谦卑，更反衬出诗仙高傲之态和潇洒的风神。两内监服饰为皂帽、青杂色衣，色调灰暗，从服装色彩明暗度的区别上，烘托出李白高昂尊贵的气势。苏六朋用极为柔和而流畅的线条，描绘李白的五官轮廓，再以简拓而带方挺的几笔，明快地画出衣服的褶皱，便使李白在特定情景中内心矛盾内敛而外表凝静的性格表露无遗。在构图上，二小监左右扶引，章法清新而不入常套，加上淡雅的设色，格调的高古，更能突出李白清高明洁的形象。苏六朋以此题材作画，所见多本，而以此幅最为成功。另外，此画构图也构思得非比寻常，通幅不着一笔背景，且三个人物前后叠置于一条直线之中，画家巧妙地将三人的正反向背、身形动态和色块的明暗反差精心安排，成功地把主人公定格于极具戏剧性的瞬间。画家苏六朋在广州卖画之余，十分留心观察人物动态和神情，积累了丰富的创作题材，使得画家在历史人物的创作上展现出高超的表现技能。改琦作《太白醉酒图》(图106)取材于杜甫"李白斗酒诗百篇，长安市上酒家眠。天子呼来不上船，自称臣是酒中仙"的诗句[96]。李白的

图104

图104 苏六朋《苏武牧羊》1847年 轴、纸、设色

图105

图106

酒中趣表现出他洒脱豪放的个性,无羁无绊的处事态度,无疑与酒趣对他的抚慰解颐有关。图中李白醉酒后的狂放不羁的动态与两个面露无奈的宦官形成了鲜明的对比,唯有身后的小童一副天真无邪的神情,把酒仙对世事的淡泊心态表现得入木三分。对比前两幅作品,李坚(生卒年不详)所作《太白醉归图》(图 107)则选取了横幅大场景的方式,主人公和两侍童两内监的前呼后应烘托出李白一种飘逸潇洒的气质。图中跋曰:"偶向长安酒市话,春风千里倩人扶。金銮殿上文章客,不减高阳旧酒徒。诗中无敌酒中豪,四海飘萧一锦袍。千文醉鬼无处著,青山矶上月轮高。"表达了对诗仙李白的崇尚和敬佩。从这些迥然不同的作品中足见画家们以自己对诗仙的理解,以截然不同的构思和笔情墨趣,传达出其所寄寓的忧国情怀和愤嫉乱世的心绪。

"东坡得砚"是又一古代文士佳话中画家喜作的题材,它源自苏轼年少时得奇石,用以为砚,甚佳,是为瑞应的典故。苏轼《天石砚铭》并序:

> 轼年十二时,于所居纱谷行宅隙地中,与群儿凿地为戏。得异石,如鱼肤,温莹作浅碧色,表里皆细银星,扣之铿然。试以为砚,甚发墨,(顾)无贮水处。先君曰:"是天砚也,有砚之德,而不足于形耳。"因以赐轼。曰:"是家之祥也"。轼宝而用之。且为铭曰:"一受其成,而不可更。或主于备,或全于形。均此二者,顾予安取?仰唇俯足,世固多有。"

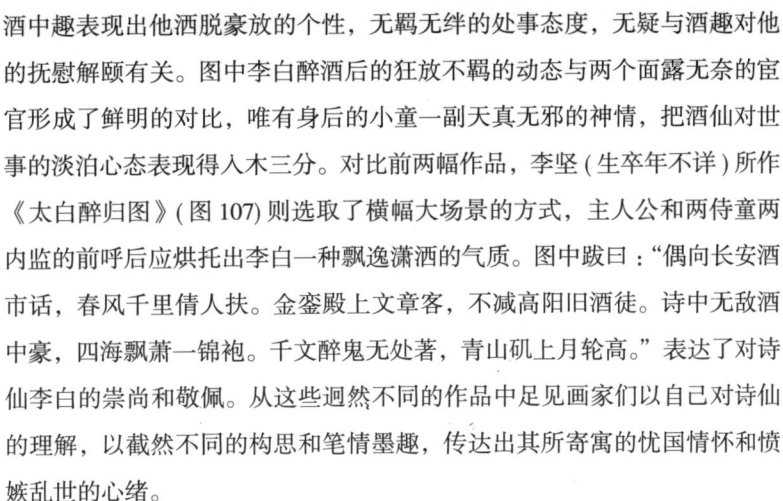

图107

图105 苏六朋《太白醉酒图》
204.8×93.9m 1844年
轴、纸、设色
上海博物馆藏

图106 改琦《太白醉酒图》
30×22.8cm
册页、纸、设色

图107 李坚《太白醉归图》
29×105.9cm
卷、纸、设色
南京市博物院藏
跋曰:「偶向长安酒市话,春风千里倩人扶。金銮殿上文章客,不减高阳旧酒徒。诗中无敌酒中豪,四海飘萧一锦袍。千文醉鬼无处著,青山矶上月轮高。」落款:「癸巳夏月写于清鉴斋。子固李坚。」

黄慎所作《东坡得砚图》(1726年)中，绘峨冠博带的苏轼，手抚异石奇砚，好似赞不绝于口。

鹤，在中国传统文学乃至文化中，是一种具有特定含义的物象，它代表着冰清玉洁、超凡脱俗、云游世外的风神与情趣，是清闲洒脱、自由自在的隐士形象的写照。黄慎《西山招鹤图》绘苏轼《放鹤亭记》[97]中放鹤、招鹤歌诗意，表现了明显的出世思想，借隐者的形象寄寓着自己那种追求清闲放旷、超脱尘俗的隐居生活的理想，借隐者之歌来寄托自己的感慨。苏轼的《放鹤亭记》写于元丰元年，反映出在政治斗争失败后崇尚隐逸，消极避世的思想情绪。文章通过引古证今，歌颂隐逸者的乐趣，寄寓自己政治失意时想往清远闲放的情怀。图中黄慎绘一鹤发老翁（云龙山人）仰天长咏《放鹤歌》。一童子手搭凉棚，眺望天际的飞鹤，旁有丹顶鹤展翅欲飞。图中长题为《放鹤歌》和《招鹤歌》之内容。闵贞作的《放鹤图》（图108)与黄慎的作品有异曲同工之妙，具为简笔大写意式，突出了苏轼放达开阔的襟怀。而张翎乾隆三年戊午(1738年)所作《放鹤图》(图109)表现的却是另一番情调，在幽远的山林之间，一文士眺望远去的白鹤，此中气氛多了些许伤感。他在题记中写道：

图108

　　芸回梦断出丹房，来往逋僊老隐乡。闻立湖边云漾漾，倦栖峰顶雪苍苍。梅开起舞称双绝，日落闻鸣又一长。最爱携笼看奋击，云裳朱顶两飞扬。

上官周在其《人物故事图册》中亦绘有"孤山放鹤"的故事（图110)，画中人物和白鹤的姿态与张翎《放鹤图》十分相似，但不作一笔背景，空灵的画面反而给观者以巨大的想象空间，望着盘旋头顶即将远去的仙鹤，勾起文士的无限遐思与慨叹。

黄慎的《公孙大娘舞剑器图》(1735年)(图111)和焦秉贞的《公孙大娘舞剑器图》(图112)表现的都是关于唐代舞剑名家公孙大娘的典故。公孙大娘是唐开元年间的著名舞伎，善于舞剑器，大诗人杜甫儿时曾观其舞

图108 闵贞《放鹤图》 130×59cm 轴、纸、墨笔 山东省博物馆藏

剑"浏漓顿挫,独出冠时"[98]。唐书法家张旭、怀素观其舞剑,深得其神韵,"豪荡感激",草书得以长足进步[99]。教坊曲廊间,公孙大娘双手挥剑翩翩起舞,矫如行云流水,疾似雷鸣闪电。文人墨客观其龙飞凤舞、抑扬顿挫,无不心领神会,如疾似醉。两图均绘公孙大娘的舞姿变幻矫健,众人观看神态各异的场面。然而不同的是,黄慎虽未画舞剑的具体场景,但从观者们的衣饰打扮上可以确定其中既有文士也不乏布衣百姓,使人联想应是舞剑于市井之中的;而在焦秉贞的画中则明显交待了官宅一隅的背景环境,观剑之人也都是文士模样。这种截然不同的场景加上一写一工的画风,自然形成了两种审美取向的作品。于扬州卖画为生的黄慎与宫中供职的焦氏由于所处生存环境的迥异,导致了相同题材创作功能的差异,势必会造成作品风格审美的天壤之别。

图109　图110

图109
张翎《放鹤图》
轴、绢、设色
173.5×79.6cm　1738年
天津市艺术博物馆藏

图110
上官周《人物故事图册》之二《孤山放鹤图》
册、纸、设色
1739年
中国美术馆藏

图111

黄慎作《问道图》(图113)、《二子论道图》(图114)、华嵒《林下谈道图》(1727年)、《桐荫问道图》(1740年)(图115)、《二老谈道图》(图116)等作品都是源自"二子论道"、"孔子问礼"的典故。据载孔子曾四次拜谒老子[100]。此类作品皆绘孔子拜谒老子及二子论道之情景,寓意了"圣人无常师"、"三人行必有我师"的内容。画中的孔子皆显一副谦逊神情,突出了作品的主旨,且作品蕴涵的清雅幽静的气氛使人物具有隐者高士之风范。

在传说佳话的人物中有一类本是历史上的真实人物,但因其性格或身世的与众不同往往会被人们加以神化,由此演绎成神话了的传奇故事。比如黄慎作《东方朔偷桃像》(图117)就是一例。西汉名士东方朔(公元前154-公元前93年)字曼倩,山东平原人(今德州陵县神头镇)。他在政治、军事、文学艺术等方面都有很多建树,且性格诙谐,言辞敏捷[101]。他曾言政治得失,陈其强国之计,但武帝始终把他当俳优看待,不得重用,于是写《答客难》、《非有先生论》,以陈志向和发抒自己的不满[102]。东方朔性格幽默、能言善辩,常有直谏而不至有杀身之祸的传奇故事,在民间成为美谈并被神化,后世常以东方朔的逸事为画题进行创作。经过千百年来民间的夸张加工,变成东方朔即使犯了天规,凭他的滑稽和三寸不烂之舌也能幸免的《偷桃记》故事。传说东方朔年幼丧母,由邻居抚养长大,后得一

图111 黄慎 《公孙大娘舞剑器图》(局部) 37.5×333cm 1735年 卷、纸、设色 天津市文物公司藏

图113　　　　　　　　　图112

白猿相助上天宫求助，恰好西王母开蟠桃会，他便在瑶池偷吃了仙桃，被守护神捉拿押见西王母，他以滑稽之语申辩，说得西王母不仅免其罪，而且还赐予仙酒仙肴。吴东槐作品中的东方朔当风而立，身姿挺拔矫健，人物飘曳的胡须和衣裾好似仙人下凡。画中未作任何背景，仅绘银发长髯的人物手持果篮，其中放置着偷摘的蟠桃，面带得意之色。作品以遒劲的笔触和淋漓的运墨表现须发的松动，顿挫跌宕的运笔又令衣袍、帽冠显得自在洒脱，呈现出作者豪放纵逸的画风。

四、小结

表现历史人物的形貌固然重要，但为了达到诫世目的，"述其事"比"肖其人"更为重要。加之被描绘的历史人物，有的缺少可供参考、依据的肖像资料，只好凭借画家的想象，或者就以一般人物形象来表现，旨在能"述其事"；像这类画，只能说是"肖像性"的人物画，更衍为描绘历史故实的人物画，而那些注重"肖其人"并配有背景、环境的则衍为表现生活行止的"行乐图"。

本节所涉及文士内容的历史典故、传说佳话题材的创作以古代高逸题

图112　焦秉贞《公孙大娘舞剑器图》

图113　黄慎《问道图》1740年　轴、纸、设色　67×80cm　南京博物院藏

材为最富，体现了文士对历史题材内容选择上的偏好。中国自古的高逸隐者就不同于一般的士人群体，他们游走于世俗尘世之间或徘徊于深山林莽之内，不论隐于山、隐于市，还是隐于朝，都归结为一个"隐"字。隐，是一种态度，却不是生活的方式。蒋星煜先生在《中国隐士与中国文化》[103]一书中从主客观两个方面探讨了中国隐士形成的因素，把隐士形成的主观因素归结为个人主义和失败主义，

隐士形成的客观因素归结为传统的逃避的哲学思想。同时对于隐士来讲，不能说隐逸与从政是对立的，由于隐士作为士的一部分，本以修身、

图116

图115

图114

图114
黄慎《二子论道图》
轴、纸、设色

图115
华嵒《桐荫问道图》
175.2×89.5cm 1727年
轴、绢、设色
广州市美术馆藏

图116
华嵒《二老谈道图》
83.8×33.2cm
轴、绢、墨笔
天津市艺术博物馆藏

图117
黄慎《东方朔偷桃像》
163.5×86cm
轴、纸、设色

图117

齐家、治国、平天下为己任，即使成为隐士仍不能完全地从这种抱负中解脱出来，另外统治者对于人才的重视使得隐士们总是以各自不同的方式来参与政治生活。或以在野之身应在朝之命，或以在野之名务在朝之实，或以在野之法求在朝之位。因此，清代中后期高逸隐士的描绘与当时文士阶层身世境遇有很大关系，从而导致了人物画社会功能的转变以及文士理想失落的寄托和精神上象征性的满足。

由于雍乾至嘉道社会政治经济的风云变化、士风的日趋衰颓，在历史故事题材的绘画创作中表现为题材内容的转型。在这里，艺术的社会功能突显为由歌功颂德的宣扬逐渐转向自我排解式的讽喻。乾隆时期创制典籍历史的美好希冀至道光时期描写传说佳话的避世心态，成为清代自中期发展到后期文士题材绘画作者心中的隐性内容。

注释

[1] 姚元之 (1773-1852年)，字伯昂，号荐青、竹叶亭生，晚号五不翁，安徽桐城人。嘉庆十年进士，选庶吉士，授编修，典陕甘乡试。入直南书房。十七年，大考一等，擢侍讲。复以武英殿刊刻圣训有误，仍降编修。十九年，督河南学政，累迁内阁学士。道光十三年，授工部侍郎，调户部，又调刑部。迭典顺天、江西乡试。督浙江学政，十八年，擢左都御史。二十一年，授内阁学士。二十三年，京察，以年衰休致。元之学于族祖姚鼐，继承其诗文之法，文章尔雅，亦善画人物花卉，评其画风不染前人之法；工书法，兼善隶、行、草诸体书，其隶书看似桂馥体，间架取法《史晨碑》，而波磔则有《曹全碑》之神韵，颇具端正流丽之风。他习于掌故，馆阁推为祭酒。爱士好事，穆彰阿素重之。后以论洋务不合，乃被黜。

[2] 汤金钊 (1772-1856年)，字敦甫，又字勋兹，萧山城厢镇人。从小勤奋求学，乾隆五十九年 (1794年) 乡试中解元。嘉庆四年 (1799年) 取进士，授翰林院庶吉士，后任编修，升侍讲。十三年入直上书房。道光元年 (1821年)，汤金钊署部侍郎。二年迁户部。六年父丧归乡，期满，仍直上书房，实授户部侍郎。七年，任左都御史、礼部尚书。任内，各省平民含冤进京上告，汤奉旨前往宣化、山西、四川、陕西、福建、湖北、安徽、江西、浙江等地查办要案，持法公正，颇得人心。不久，充上书房，调吏部尚书。后遭谗言，降为兵部侍郎；后复授工部、户部尚书。十八年，以协办大学士调回吏部。当时英吸鸦片输入，汤金钊和肃亲王敬敏等议订禁烟条例39条，准奏施行。二十年九月，钦差大臣林则徐因禁烟被革职，汤仍力荐林则徐主事广东，违朝廷之意，于二十一年被降职四级。次年，授光禄卿，不久以衰老离任，许二品顶戴。二十九年赐头品顶戴。咸丰六年四月，在京私邸病逝。钦赐祭葬，谥文端。

[3] 巴慰祖 (1744-1793年)，生卒年自《历代人物年里碑传综表》，字隽堂，一作晋堂，号予籍，又号子安、莲舫。《扬州画舫录》载："巴慰祖，字禹籍，徽州人，居扬州。工八分书，收藏金石最富。"其篆刻初宗程邃，后于书体章法，有所改进，所作构思精密，用刀挺秀，受汪关、林皋影响较大，但自具面目。印款多用行楷，清秀明快，为"皖派"代表人物。巴慰祖在徽州的故居位于歙县渔梁中街，明末至清乾隆年间方始完工。

[4] 巴源绶，字金章，徽州歙县人。《扬州画舫录》卷十载："巴源绶，字金章，歙县人，慰祖之兄。少时有邻女夜奔者，闭户拒之，乡里称盛德。长来扬州，以盐筴起家。好游湖上，家有画舫。子树恒，字士能，世其业，运盐场灶，多奇计。"

[5] 汪中 (1745-1795年)，和巴慰祖同年，而且是好友，他写的巴慰祖传中有一段简略而又传神的文字："禹籍好棋，及驰马、度曲；遇名山胜地、佳时令节、可喜可愕之事，未尝不身在其间。"

[6] 沈韶 (1605-？年) 为曾鲸 (1568-1650年) 的弟子，属"波臣派"。

[7] 《内务府档案》载徐璋年五十六时 (1749年) 曾到宫里参加过考试："乾隆十四年五月二十六日，司库白世秀达子将奴才图拉跪进画喜容徐璋，系松江府娄县之民，年五十六岁。缮写折片一件持进，交太监胡世杰转奏。奉旨：着伊画一张，钦此。"同年同月的第二天，另一则档案对此事又有记述："于本月二十七日，司库白世秀达子来说，太监胡世杰传旨：要徐璋试手画呈览，钦此。"这则档案说明乾隆皇帝对此事的答复。当天的又一则档案记载说："于本日，随将徐璋未画完水墨山水小绢画一张，持进交太监胡世杰呈览。奉旨：徐璋着交春雨舒和行走，钦此。"

[8] 高凤翰 (1683-1749年)，初名翰，后名凤翰，早年字仲威，号南村，晚号南阜，尝自称老阜、云阜、阜道人、南阜山人等，一号石顽老子，松懒道人，蘗琴老人，胶州 (今山东胶县) 人。曾收藏秦汉印章及明清名家制印至万余方，各制有谱录，又收藏砚石至千百方，并制有铭词，手书后大半自行刻凿，著有《砚史》一书。

[9] 郑燮题:"岂是人间短褐徒,胸中锦绣要模糊。况经风雨离披后,废画天兵紫凤图。南阜山人作披褐图,寂寥萧淡,既已疏食,没齿无怨矣。板桥居士为题二十八字,则又怨甚,然居士实不怨也。复录遗怀旧作一首,寄于卷内以与先篇相发明焉。 江海飘零窥大名,宫花曾压帽檐轻。尊前更挟韦娘艳,再怨清贫太不情。愚弟郑燮。"郑燮与高凤翰友谊深厚,参见薛永年主编《鉴画研真》,江西美术出版社 2004年版,第 15 页。

[10] 戴文灯题:"不饮还成醉,多髭却喜吟。枊甘同老骐,台莫问黄金。白眼看庸子,青毡抱古心。莞然方独笑,筑下自弹琴。几斧钳左手,今作背匙人。视舌仪犹在,桃藜宽自贪。旧诗留怀璧,新画记前身。恰是披裘客,萧然钓富春。尚忆应官日,春风珠履班。鸳花三月梦,云水一身闲。宾客人称老,参军语作蛮。犹难排众嫉,骚怨激江山。故土胶西胜,尊前为细推。山高莱子国,城堑汉皇台。落日三韩照,寒烟九点开。怪君奇骨相,应访羡门来。 奉题 南阜先生道貌并求 郢削 西关后学戴文灯呈书。"

[11] 朱芸琴题:"高君起东海,读书贯四部。襟情既冲淡,状貌实孔武。平生当世意。小试作县谱。何人工捃拾,薄言逢彼怒。伶僽何形骸,造物亦相侮。君侯善用短,却视愈媚妩。衣此宽博衣,口体未由睹。昔焉佩玉蕤,今则褐之父。我闻僊人掌,五指游猛虎。又闲白衣佛,千手秉刀斧。少固不适用,多亦费指数。徒堪驳传闻,难慰斯民苦。高君斋巨擘,左右帝肱股。文章世646645,丝纶满肠肚。膏肓病泉石,枯寂等涕唾。三公或折臂,君不见羊祜。展图得吾诗,大笑掌能鼓。己未小春既望 秀水朱芸琴题。"

[12] 沈雨君题:"披褐者谁予,跌坐外尘垢。适从东海来,无乃逢萌偶。昔年尝薄宦,意不屑升斗。三黜复奚为,捋散卧林薮。垂老折右臂,世事空搔首。造物且厄人,何怪吏引肘。岸然宽博衣,盖形不为丑。写真自作铭,拟迹苍髯叟。忽忆戴公山,一叶苔溪口。合莩近中秋,淹留度重九。霜天白菊花,纷披绽虚牖。人澹略相如,一笑把杯酒。行卷出新诗,披吟坐良久。知君多道气,仿佛图在手。眉宇睹紫芝,名心更何有。来日吴中行,归棹漾疏柳。为我吊伯銮,孤坟尚在否。深山裹褐人,异代是君友。苕溪沈雨君题。"

[13] 钱陈群(1686-1774年),字主敬,号集斋,又号香树居士,钱镠第二十六世孙,钱瑞征(钱嘉征堂弟)之孙。清康熙六十年进士(二甲六名),雍正时任翰林院侍读学士,国子监祭酒,督学顺天府。乾隆时历任内阁学士、刑部左侍郎,太子太傅、刑部尚书。从雍正年间起,多次出任乡试主考官,会试副主考官。充大清会典副总纂官、经筵讲官。且久值南书房,为乾隆近臣。他深通诗法,书法苍劲,处事谨慎,清廉自持,深为乾隆所赏识。二人之间除君臣之谊,又是文字知己,乾隆称钱陈群为"故人",钱陈群每有诗作进呈,乾隆必亲笔题诗回赠,与南通沈德潜两人被乾隆称为江南二老。钱陈群著有《香树斋诗集》18卷(乾隆十六年刻本),《香树斋诗集》36卷(乾隆十九年刻本),《香树斋文集》30卷(乾隆十九年刻本)。

[14] 另一件与故宫博物院藏《南阜四十五岁小像》相同的复本画作品现藏于山东省青岛市博物馆,名《云海孤鹤图》,伪高凤翰、朱岷合作,实是高凤翰《砚史》本中朱岷《孤鹤图》的伪作,作者待考。参见薛永年主编《鉴画研真》,陈步一《高凤翰伪作及代笔问题》,江西美术出版社 2004年版,第 17-33 页。

[15] 邓石如(1743-1805年),原名琰,字石如,号顽伯,完白山人,因避清仁宗名讳,故以字行。安徽怀宁人。

[16] 张穆(1805-1849年),字诵风,初名瀛暹,一字石洲,山西平定州上城人,后迁居大阳泉村(今属阳泉市郊区)。清末爱国思想家、地理学家和诗人。他生在书香门第,自幼聪慧,凡六艺百家、训诂史策,无书不读,学业因此大进。应京兆试,被诬怀挟入场,自此遂绝意举业,专志著述。祁文端典试江苏,延入幕。在 19 世纪中叶中国大门逐渐为西方诸强打开

之时，他敏锐地从文字训诂转向有益于边境防卫的地理考据，治学严谨，考证精详，著述颇丰。著有《延昌地形志》《蒙古游牧记》《靖阳亭杂记》《顾阎合谱》等。还从《永乐大典》中画出《元经世大典西北地图》，送好友魏源，刻入《海国图志》。所写著名的《海疆善后宜重守令论》，赞颂另一好友禁鸦片英雄林则徐。由于国事和家事的纷扰，加之拼命著述，过分劳损身体，终于积劳成疾，于道光十九年(1849年)中寿而殁，卒于京师，年仅45岁。

[17] 苗夔(1783-1857年)字先麓，直隶肃宁人。不好制举文，嗜六书形声之学。治许氏《说文》，精研力索，若有凤悟。后又得顾亭林《音学五书》，慕之弥笃，曰："吾守此终身矣！"年二十余，即纂《毛诗韵订》，继又纂《广籀》一书。聘主翼经书院。道光辛卯，举优贡生。高邮王氏父子睹其著述，折节下交，与畅论音学源流，由是誉望日隆。居京师，自祁公外，恒与何绍基、张穆、陈庆镛诸人游。

[18] 华嵒，卒年据《离垢集》、罗继祖著《枫窗脞语·三五·华嵒生卒年》，据1963年第十期《文物》刊谢稚柳撰《北行所见书画琐记》。按《朵云》总第二集刊王靖宪撰《华嵒的艺术思想及其成就》作此年卒。终年81岁以上。字秋岳，一字空尘，号新罗山人，又号白沙道人，离垢居士，东园生，布衣生。福建上杭人。初寓杭州，后客淮扬最久，晚归西湖卒于家。著《离垢集》。

[19] 钦善《吉堂文稿》卷五《笼鹤图记》云："周定轩为余画三十九岁小像，甚肖，改伯韫补作《笼鹤图》。"参见何延喆：《改琦评传》，天津人民美术出版社1998年版，第146页。

[20] 王芑孙题《浏东双载图》云："嘉庆己巳之岁，以故曹司城季女兰秀，归云间沈氏。其年十月，老妻送女东下，与沈子绮云成婚。明年四月，兰秀返焉，双双而直，盘桓舫斋，弥月乃去。于是玉壶外史为作是图。图既精绝，而写像毕肖。外史落笔，兼唐、仇两家之胜。异日必传于后。辄题短句，贻示方家。"参见何延喆：《改琦评传》，天津人民美术出版社1998年版，第151页。[沈虞扬长子沈恕，号绮云，江南名士，倡浉东莲社，一时名流汇集，如改七芗、张祥河、高崇瑚、冯承辉、何其伟等，时相过从。]

[21] 《颐道堂诗选》扉页刊有陈文述像，款识："颐道居士四十七岁小像。改琦写。"有白文"七芗"小印一方。背页有钱杜所书《颐道居士像赞》。参见何延喆：《改琦评传》，天津人民美术出版社1998年版，第169页。[陈文述(1771-1843年)，原名文杰，字隽甫，号云伯，别号退庵、颐道居士等，浙江钱塘(今杭州)人。清嘉庆五年举人，官全椒、繁昌、昭明、江都、崇明等知县。著有《碧城仙馆诗钞》八卷、《颐道堂诗选》十四卷、《西泠怀古集》十卷等多种。]

[22] 镌印于《吉堂文稿》卷首，款识："吉堂先生五十三岁小像。改琦。"参见何延喆：《改琦评传》，天津人民美术出版社1998年版，第170页。

[23] 陈文述《自题青崖放鹿图》(《颐道堂诗选》卷十七)云："余一生落拓，爱游名山。徒以羁宦之身，浮沉人海，恒郁郁不自得。今春秋已逾四十有九矣。既乞广陵张子贞镌'太白一生爱入名山游'小印，摩挲寄意，又以'太白且放白鹿青崖间'二语，乞七芗、椒畦诸君合笔，作行看子。写真及白鹿童子者七芗，写青崖者椒畦也。图成即以青崖放鹿题之。"参见何延喆：《改琦评传》，天津人民美术出版社1998年版，第175页。

[24] 谢墉亦曾到过松江。见《春草堂集》卷十。参见何延喆：《改琦评传》，天津人民美术出版社1998年版，第185页。

[25] 署"嘉庆二年秋九日，衣云行人罗聘书于无所住庵"。

[26] 此图前押朱文引首印："小园"。下押朱文印："秋岳"，白文印："华嵒"。右下角押白文印："离垢"，左下押白文印："云谷"。自题："嗤余好事徒，性耽山野僻。每入深谷中，贪玩泉与石。或遇奇邱壑，双飞折齿屐。翩翩排烟云，如翅生两腋。此兴四十年，追思殊可惜。迩来筋骨老，迥不及畴昔。聊倚孤松吟，闭之蒿间宅。洞然窥小牖，寥萧浮虚白。炎风扇大火，高天苦燔炙。

倦卧竹筐床，清汗湿枕席。那得踏层冰，散发倾崖侧。起坐捉笔砚，写我躯七尺。羸形似鹤癯，峭兀比霜柏。俯仰绝坐埃，晨昏不相迫。草色荣空春，苔文华石壁。古藤结游青，寒水浸江碧。悠悠小乾坤，福地无灾厄。雍正丁未长夏。新罗山人坐讲声书舍戏墨。"

[27] 钱东，字东皋、呆桑，号袖海、玉鱼生。

[28] 有见于七芝《玉壶山房词选》卷下的《小重山》："玉鱼重摹高房山《山村隐居图》并录前人题跋于卷后。是图，房山当日为仇山村而作也。山村云：予方栖迟尘土，无山可耕。展玩此图，为之怅然。蒲庵云：崆峒外史得之，携以见示。恸伤前辈凋谢，不能无感今怀古之私。噫，玉渔已矣！对卷怆然，悲吟成调。浮动岚光胃活云。林深何处觅，隐仙人。房山泼墨画山村。仇池梦，空翠扫烟痕。猿鹤怅离群，草堂诗卷在，最思君。数峰江山碧氤氲。伤怀抱，蟹舍一灯昏。"参见何延喆：《改琦评传》，天津人民美术出版社1998年版，第179页。

[29] 蒋敬，字敬之，号芝舟，一号芸生，自称采芝生。仁和（今杭州）人。与郭麟友善。工绘事，山水师李流芳。

[30] 屠倬，字孟昭，号琴坞，晚号潜园老人、耶溪渔隐。钱塘（今浙江杭州）人。嘉庆戊辰十三年（1808年）进士，选为翰林院庶吉士，授江苏仪征县知县。在任期间，促进经济发展，审理大案公正清明，政绩显著。道光元年（1821年）擢为江西袁州府知府，不久改九江府，后因病辞归。屠倬从小勤奋刻苦，工诗古文，诗格优爽洒脱，与郭麐、查揆齐名。长书法，篆、隶、正、行，无所不精。山水画风沉郁秀浑，兰竹、花卉亦佳。篆刻专宗陈曼生，虽险劲不及，但苍浑过之；朱文布局灵活，善应变，印款用丁敬之法，有拙朴之味。曾名噪一时。著有《是程堂诗文集》。

[31] 黄鼎，字尊古，又字旷亭，号闲浦、闲圃，又号独往客，晚号净垢老人。江苏常熟布衣。擅画山水，向王原祁学习元人画法，尤其对黄公望研习较深。

[32] 今浙江海宁市，即硖石。

[33] 蒋光煦，字日甫，一字爱筍，号生沐，自号放庵居士，海宁人。诸生。少时豪饮好客，凡音律、博弈、杂艺无不为之。继乃专意收藏金石书画，积古籍十万卷，藏书楼名"别下斋"。俞樾称蒋光煦藏书甲浙江，藏书中多宋元刊本及旧钞本。蒋光煦还是一位著名出版家，所刻印的诸多书籍中以《别下斋丛书》最著名。所刻有《群玉堂英光堂残帖》、《别下斋丛书》、《涉闻梓旧》、《瓯香馆集》。

[34] 张廷济，原名汝林，字顺安、作田，号叔未、说舟、海岳庵门下弟子，晚号百寿老人，浙江嘉兴新篁人。卒年81。他是清嘉庆三年（1798年）解元，以后几次会试未中，遂家居从事学术研究和艺术创作。勤奋治学，精于金石考据之学，尤擅长文物鉴赏。富于收藏各类古器物，自商周至近代凡鼎彝、碑版及书画、陶瓷等无不搜聚，并于故里筑清仪阁藏之，其中不少钟鼎尊彝等青铜器是难得的罕见品，还收藏大量周秦以来的钱币，闻名古泉藏界；书画，能篆隶，由精行楷，初规摹钟王，50岁后出入颜欧间，晚年兼法米芾，草隶为当时第一流。又工诗词，风格朴质，善用典故。著名学督阮元督学浙江时，对张氏极为推崇，来往密切，定为金石交。

[35] 张辛，字辛有、受之。浙江嘉兴人，后期居住北京。布衣终生。善墨拓与刻碑。精篆刻，宗秦、汉，又取法浙派。早岁刻印受张廷济赏识，尚于张宅博观数千方汉印，得益颇大。印作刀法以切为主，布局稳妥，工整而无呆板之气。借诸家所藏铜器，墨拓成《丁未销寒集》。

[36] 王昶（1725-1806年），字德甫，号述庵，一字兰泉，又字琴德，江苏青浦人。体貌伟伟。肄业紫阳书院，时从惠定宇游，于是潜心经术，讲求声音训诂之学。是时沈尚书归愚为院长，选兰泉及王凤喈、吴企晋、钱晓征、赵升之、曹来殷、黄芳亭七人诗，称为"吴中七子"。乾隆十九年甲戌年进士，历任刑部主事、员外郎、郎中、通政司副使、大理寺卿、都察院左副都御史、江西按察使、云南布政使、江西布政使、晋刑部右侍郎。壬子顺天副主考。嘉庆元年，以授受大

典至京与千叟宴。十一年，年八十有三，病甚，口授谢恩表，自定丧礼，嘱阮元为神道碑文。六月初七日，鸡初鸣卒。公之扈驾巡山东、江、浙也，古帝王圣贤名臣陵墓祠庙尝分遣致祭。公在京师时，与朱筲河互主骚坛，有"南王北朱"之称，著述甚富。所至朋旧文宴，提倡风雅；后进才学之士，执业请益，舟车错互，屦满户外。士藉品藻以成名致通显者甚众。归田后，往来吴门，宾从益盛，与王西沚、钱竹汀艤舟白公堤下，朋簪杂沓，诗酒飞腾，望之者若神仙。著《金石萃编》一百六十卷。自《清代名人传略（中）》

[37] 钱大昕（1728-1804年），字晓征，又字及之，号辛楣，又号竹汀，江苏嘉定（今属上海市）人。钱大昕早年以诗赋闻名江南。乾隆十六年（1751年）清高宗弘历南巡，因献赋获赐举人，官内阁中书。十九年，中进士。复擢升翰林院侍讲学士。历任少詹事、广东学政等。三十四年，入直上书房，授皇十二子书。后因父丧返归故里，定居苏州。嘉庆初，仁宗亲政，廷臣致书劝出，皆婉言报谢。归田三十年，乾隆四十年（1775年）以后，潜心著述课徒，历主钟山、娄东、紫阳书院讲席，出其门下之士多至二千人。晚年自称潜研老人。钱大昕学问渊博，在文字、音韵、训诂、天文、历算、地理、金石等方面都有成就，参与编修《热河志》，与纪昀并称"南钱北纪"。一生著述甚富，后世辑为《潜研堂丛书》刊行。

[38] 严光（生卒年不详），一名遵。东汉初人，字子陵。本姓庄，避明帝讳改。曾与刘秀同学，刘秀即位后，他改名隐居。两次被召任谏议大夫不受，耕钓于富春山。年八十卒于家。严光是东汉隐士。《后汉书·卷九十三·逸民列传》载：严光字子陵，一名遵，会稽余姚人也。少有高名，与光武同游学。及光武即位，乃变名姓，隐身不见。帝思其贤，乃令以物色访之。后齐国上言："有一男子，披羊裘钓泽中。"帝疑其光，乃备安车玄纁，遣使聘之。三反而后至……论道旧故，相对累日……因共偃卧，光以足加帝腹上。明日，太史奏客星犯御坐甚急。帝笑曰：朕故人严子陵共卧耳。"除为谏议大夫，不屈，乃耕于富春山，后人名其钓处为严陵濑焉。

[39] 文天祥（1236-1283年），吉州庐陵（今江西吉安）人，原名云孙，字天祥。选中贡士后，他以天祥为名，改字履善。宝祐四年（1256年）中状元后，他又改字宋瑞，后号文山。历任签书宁海军节度判官厅公事、刑部郎官、江西提刑、尚书左司郎官、湖南提刑、知赣州等职。

[40]《松江邦彦图》画像为徐璋平生最得意之作，将其装裱成册，珍爱无比，舟车所至，常以自随。一次在渡江时不幸落水，人虽被救起，但随身所带心爱的《松江邦彦图》册失落江中。他懊恨累日，惋惜不已。后来渔民张网捞得送归，失而复得，徐璋欣喜万分。然因浸水，有画像模糊者，由其子徐镐（字寄峰）补绘续成，世称"徐本"。嘉庆年间，改琦曾为啸园主人沈古心临"徐本"一册，后世称"改本"。日后，有好事者辗转多摹，遂成数册，但"改本"乃为最佳临本。咸丰二年（1852年）沈氏家道中落，松江府娄县知县何士祁购得"改本"，建杰阁于郡学明伦堂右旁，命学宫每年春秋二季率士绅致祭。道光末年"徐本"《松江邦彦图》归澄华堂朱大韶收藏，后家道式微，遂将"徐本"典质于郡中名族韩渌卿，韩氏藏于南埭草堂。光绪元年（1875年）杨古蕴自保定莲池书院归松江，此时韩渌卿已去世，其子韩杨生请杨古蕴为"徐本"《松江邦彦图》补写简传。传至光绪十七年（1891年），仇竹屏、顾香远两太史都认为《松江邦彦图》荟萃松江一代名人，且画艺极工，为乡土之重要文献，允许勒石，以垂久远。姚光发写了《邦彦诗咏》言道："先朝耆旧见须眉，独仗徐熙笔一枝。百五十年镌石墨，千秋追媲武梁祠"，认为《松江邦彦图》可以与著名的武梁祠画像相媲美。于是借得"徐本"80余像，又得"改本"残册数像，请啸园沈恕曾孙沈紫骅校补，闵萃祥记略，沈寿康摹像，张叔木勾字，吴梅心监刻，历时年余完成刻石30块，嵌砌在府学宫明伦堂壁上。画像前勒有咸丰初年松江府娄县知县何士祁

所题"邦彦画像"隶书 4 字，以及华亭黄堂草书序文 37 行，倪承茂楷书序文 40 行（项应鋐书）。后镌乾隆九年（1744 年）三月徐璋隶书跋文（张叔木书）。陆锡熊楷书跋文 26 行，何士祁隶书跋文 30 行，仇炳台行书跋文 24 行（汤复苏书），并刻有 92 岁老翁姚光发楷书题诗 2 首 4 行（其孙姚肇瀛书）。最后为镌刻者娄邑朱少渔、平江席云山。民国二十三年（1934 年），一些关心地方文献的乡贤集资购得已流散民间的韩氏所藏"徐本"，藏于松江图书馆。三年后，"徐本"在上海文献展览会上面世，专家们将此画像册奉为至宝。不久，抗日战争爆发，松江县图书馆馆长雷君彦携带"徐本"《松江邦彦图》避难乡间。一天夜里遇盗劫，天明时发现画像凌乱散落于谷棚间，经整理已缺失 9 幅，惋惜之情，成为千古憾事。抗战胜利，雷君彦将"徐本"移交松江县图书馆筹备处。民国二十六年"八一三事变"发生后，松江屡遭日机轰炸，郡学堂宇被摧毁，幸存《松江邦彦图》石刻，于民国三十年移置醉白池，嵌列池南廊壁间，得以供人瞻仰。文化大革命初期，文物工作人员在石刻上涂以石灰，用作宣传画廊，这一珍贵文物才得以安然无恙。松江解放后，"徐本"几经辗转，最后终归南京博物院收藏。

[41] 出自《诗经·国风·郑风》中的《羔裘》："羔裘如濡，洵直且侯。彼其之子，舍命不渝。羔裘豹饰，孔武有力。彼其之子，邦之司直。羔裘晏兮，三英粲兮。彼其之子，邦之彦兮。"彦，美士，俊杰。

[42] 上海松江醉白池南长廊壁上可见该作品的刻石 30 块，每方宽 67 厘米，高 29 厘米。画像中有 91 人，其中状元 3 名，进士 55 名，举人 10 名，诸生 7 名，贡生 2 名，武举 1 名，非科举出身而有一技之长者 13 名。著名者有书画家董其昌、陈继儒、沈度、沈粲、张弼、陆深、孙克宏、莫如忠、莫是龙、状元钱福、唐文献、张以诚，宰相徐阶，礼部尚书陆树声、孙承恩，刑部尚书张鏊，南明工部尚书潘恩，松江诗派主将陈子龙、夏允彝、夏完淳、徐孚远，具有民族气节者李待问、沈犹龙、章旷等。遗憾的是我国古代著名科学家、农学家徐光启未入《松江邦彦图》册，据说因他信奉天主教，介绍西洋科学，被视为"异端"，排斥于"邦彦"之外。

[43] 《三辅黄图》卷五记载："武帝元鼎二年春起此台（柏梁台），在长安城中北阙内。三辅旧事云：以香柏为梁也。帝尝置酒其上，诏群臣和诗，能七言诗者乃得上。"本书相传六朝人撰写，作者姓名佚失，内容共分六卷，介绍秦汉时三辅的沿革治所，秦汉咸阳、长安城的宫殿、城池、苑囿建筑，以及社会风俗等，是研究秦汉历史的可贵资料。

[44] 枚乘作《梁王菟园赋》，记述了当时文士汇聚的盛况。梁孝王在梁园招揽天下文学之士与之游，司马相如、扬雄等人文会梁园。

[45] 横云山为松郡九峰之一，在松城西北二十余里处。相传为晋代文人陆云所居。山上多峭壁，有"联云嶂"、"丽秋壁"等景观；山旁有赭红色小山包，人称"小赤壁"。

[46] 据《春声书屋诗草》载："八月下浣，招史蒙山（本泉）、余花墅（燮）、唐采江（晟）、改七芗（琦）、顾浦鱼（鸿声）、云庄（骏声）集予春声书屋，重联诗会。"诗云："风吹归棹逐盟鸥，旧雨齐来觞仲秋。我辈自应花下醉，几人得向月中游。九峰不改登楼看，四韵先成刻烛酬（蒙山诗先成）。好是话多更漏毛，底须解辖闭门投。"敞启南荣接席谈，桂阴如幕覆书龛。怜心风味莼鲈好，谀世文章笔墨惭。知己不妨人得一，衔杯岂止影成三。莫令几社音歇，此事诸公力可担。"

[47] 李味庄（廷敬）仍居官上海，任苏松太兵备道，继续为风雅主盟。

[48] 据《洪北江先生年谱》载："八年（嘉庆）癸亥，先生五十八岁……十二月游游上海，借李观察廷敬及幕中诸客为消寒会，旬日返里。"据李筠嘉《春雪集》卷一载："十二月四日，消寒第三集，笋香招同味庄观察及何春渚、鲍竹坡、储香岩、林双树、褚文洲、改七芗、陆祁生、徐二卯并铁舟上人，哲昆复轩，吾

园小集。时余以明日旋里，承诸君子皆作诗相饯，醉中赋此留别。毗陵洪亮吉北江。"

[49] 钦善作《草堂旧雨歌》记其事，自《吉堂文稿》。

[50] 据钦善《吉堂文稿》卷二《龙潭修禊诗》后序云："嘉庆壬申三月，龙潭修禊，范棠、顾鸿声、改琦、顾子瀛、殷瑞、梅春、夏璇、高崇珊、姜皋、高崇瑞、周莲、潘兆熊、冯承辉、顾恒、毛遇顺、钦善凡十六人。春风无尽，芳草年年，今日无迹，明日复陈，以古人之贤，犹不忘情于此。计自永和而后，继之曲水，继之蓬池，诵遗文而追踪其事者，千余年来，水浚山涯，又不知几十百辈。其间或闻或不闻，要与兰亭俱逝，然则并陈迹而变无之，兰亭所谓，因寄所托者，将焉托也。仰视太虚，俯凭流水，四顾同列，曷以喻怀。怊怅久之，爰为后序。"

[51] 《吉堂诗稿》卷八："怡园作缨筍会，同会九人，改七芗绘图，题诗寄意：水亭四面杨花风，杨花树底樱桃红。新筍斑斑豆其绿，日长闲煞栽花翁。高阁送春春去久，春事春人一刍狗(此句怀梅小庚也)。光景流连到眼前，如豆青梅置沽酒。手把金樽无限情，耳边几阵鹍鸡声。浙西游子天涯梦，啼彻哥哥尚远行。(二句怀陆野桥也)游子天涯游不得，我作闲身尤逼仄。艾席蒗墙一亩官，半床书蠹杨家宅。鱼鸟亲人池馆边，少年情味暮年缘。新诗我亦书团扇，怀袖无香暗自怜。"

[52] 林苏门《续扬州竹枝词》。

[53] "泖东莲社"位于松江北门外市河西，为明代倪邦彦筑，初名倪园，清代为松江著名巨富太学生奉政大夫沈虞扬所有，称古倪园。太平天国战争中毁于战火。

[54] 《水龙吟·题泖东莲社图》词云："海天铁笛吹残，绿杉斜飐龙门雪。爬沙冷韵，倚阑听遍，梅花能说。西望垂虹，老仙一舸，飘然如叶。把珊竿收了，鲈香拾片，邀同赏、虎溪月。竹杖挑来吟篋，映疏林、人随寒蝶。烧猪有约，间寻莲宁，诗仍呈佛。前度横云，满山松雨，灯前凉别。笑推敲影瘦，僧参活句，种星星发。"

[55] 《渊雅堂全集·惕甫未定稿》。

[56] 清代褚华著《宝书堂诗钞》卷七有载："子白北上，

陈古华太史钱饮于七芗家，招同心香、心妙、瘦生、淡持、杏雨、秋圃，分韵赋诗，予醉甚先归寓斋，明日作以解嘲：我家茅屋临沧海，老树摇空青好在。闭门日夕向壶觞，人道疏狂宜痛改。岂知命占酒星多，又醉花前二十载。张侯文章艳珠琲，赋就蓬莱云五彩。当事皆知虞诩名，盘错厅才使为宰。辰溪太守祖道来，召客开尊罗脯醢。玉壶别馆夜烧灯，壁月衔花坐相待。四弦激越弹者谁，举座闻之兴添倍。醉酣起舞月影高，漏滴铜壶时过夕。深怀百罚力弗胜，逃遁欣窥门者怠。明朝送客客已行，空返津亭亦何悔。头衔既得醉乡侯，且让诸公调鼎鼐。鸾鸠自逸鹏自劳，任尔图南而后乃。"按诗前小序中所称瘦生即沈贰尹，字子鱼，号瘦生，海盐人。"年甫冠，即出游大江南北及荆梁齐鲁充冀间，为人司记室。喜习山水，无师承，兴到欲画，但以水墨自娱。巴思堂观察特激赏，与之订交。观察精鉴别，蓄古画甚富，且有挟名人妙迹就以辨真赝者，瘦生皆得饱览，日事临仿，由此兼悟设色法。然于南宫、房山两家墨戏尤癖好，心摹手追，至忘寝食也。迨官江南三摄县尉，每念昔贤，袁燮、孟郊、张旭遗风，不以秩碑自隘。旋摄吕城，贰尹量移平江主簿，梁芷林方伯雅重其艺，属画焦山还带图及邓尉探梅、慧山品泉诸图，咸惬其旨。每入见，辄论绘事，不以属吏待之。平生题画极多，随笔写之，皆清空洒落。有《亦吾庐吟草》。"(自《墨林今话》卷十五)

[57] 据《春雪集》卷一载："十三日，携樽吾园，饯北江先生。同集者，子潇、祁生、文洲、双树、铁舟、晴湄、影兰也。改琦七芗。"

[58] 自吴锡麒《有正味斋日记，南怀日记》、洪亮吉《卷施阁诗》卷十八。

[59] 黄自修，画史无名，辞书也未提及，生卒年不详。

[60] 《孟子·滕文公下》中所称的"处士"也就是隐士，指的是有才有德而隐居不仕的人。但这个"处士"，是指从来未做过官的人。先官后隐如陶渊明也叫隐士，却不能叫"处士"。

[61] 不仕，不出名，终身在乡村为农民，或遁迹江湖经商，

或居于岩穴砍柴。

[62]《辞源》，修订本，下册，商务印书馆 2006 年版，第 2966 页。贤：德才兼备。《书·大禹谟》："野无遗贤，万邦咸宁。"《墨子·尚贤上》："列德而尚贤。"

[63]《汉字源流》，谷衍奎编，华夏出版社，第 343 页。"贤"的演变：1. 有才德的，才德过人的：非独贤者有是心也，人皆有之，贤者能勿丧耳 / 贤良 / 贤惠 / 贤明 / 贤达。2. 有才德的人：野无遗贤，万邦咸宁 / 任人唯贤 / 选贤举能 / 时贤。

[64]《王力古汉语字典》，王力主编，中华书局，第 1332 页。贤：才德出众的。《论语·雍也》："贤哉！回也。"《孟子·滕文公上》："滕君则诚贤君也。"《周礼地官·乡大夫》："考其德行道艺而兴贤者能者。"用作意动，以为贤，崇尚。《论语·学而》："贤贤易色。"《韩非子·难三》："燕子哙贤子之而非孙卿，故身死为僇。"

[65]《古今汉语词典》（大字本），商务印书馆辞书研究中心编，商务印书馆，第 1566 页。贤人：1. 有才德的人。2.《三国志魏·徐邈传》："平日醉客谓酒清者为圣人，浊者为贤人。"《太平御览》卷八四四引《魏略》："太祖时禁酒而人窃饮之，故难言酒，以白酒为贤人，清酒为圣人。"后以"贤人"作为酒的别称。贤士：德行高洁而有才能的人。贤哲：1. 贤明睿智。2. 贤明睿智的人。

[66]《南史·何胤传》有载："胤以会稽山多灵异，往游焉，居若邪山云门寺。初，胤二兄求、点并栖遁，求先卒，至是胤又隐。世号点为大山，胤为小山，亦曰东山。"又有《南史·何求传》曰："世论以点为孝隐士，弟胤为小隐士，大夫多慕之，时人称其通，号曰'游侠处士'。"

[67]《新五代史·郑邀传》有载："郑遨字云叟，滑州白马人也……遨少好学，敏于文辞。昭宗时，举进士不中，见天下已乱，有拂衣远去之意……遨与李振故善。振后事梁贵显，欲以禄遨，遨不顾。后振得罪，南窜，遨徒步千里往视之，由是闻者益高其行……徒居华阴……与道士李道殷、罗隐之友善，世目以为三高士。遨种田，隐之卖药以自给……节度使刘遂凝数以宝货遗之，遨一不受。唐明宗时以左拾遗、晋高祖时以谏议大夫召之，皆不起。"

[68] 如嘉庆二十年乙亥（1815 年）改琦有句曲林屋及洞庭西山之游。游前与陈文述晤。陈文述在《颐道堂诗》卷十三载《送玉壶山人游洞庭西山》诗写道："君去游林屋，应登缥缈峰。溪烟春后碧，岚翠雨前浓。我欲移舟去，闲情病后慵。山程劳记取，他日访游踪。"诗中画中足见士人们陶醉其中的情景。嘉庆十六年辛未（1811 年）四月上浣，改琦与姜皋、梅小庚、殷星桥、沈屺云等游松郡九峰中之佘山、神鼍山（即细林山）、凤凰山。嘉庆十七年壬申（1812 年）四月，冯承辉约改琦、高崇瑞等数人游九峰三泖，有改琦《玉壶山房词选》卷下《摸鱼儿》小序记载。嘉庆十五年庚午（1810 年）仲夏后，改琦与李筠嘉、沈恕客苏州，并与王芑孙同游邓尉山之事有载于《春雪集》。《春雪集》卷三载："吾园主人借七夕、绮云枉过草堂，余亦过其虎阜（即虎丘）寓庐，遂同游邓尉，出示春渚小影，为题三绝句。长洲王芑孙惕甫。"见《改琦评传》。

[69] 此图根据曹丕与曹植兄弟在邺宫宴饮酬酢之诗而作，描述了兄弟间诗酒宴会、相洽无间的情境。（按：此"西园"指文昌殿西铜爵园。）《图画见闻志》载：《清夜游西园图》者，晋顾长康所画，有梁朝诸王跋尾处云，图上若干人并食天厨。唐贞观中褚河南装备题处俱在。其图本张维素物，传至相国张弘靖家。弘靖元和中忽奉诏取之。是时并钟元常书《道德经》一部同进内。后中贵人崔谭峻自禁中出，复流落人间。有张维素子困封泾州从事，秩满居京。一日有人将此图求售，周封惊异之，遽以绢数匹易得。经年忽闻款门甚急，问之，见数人同称仇中尉愿以三百素易公《清夜游西图》，周封惮其胁近，遽以图授之。翌日果赍绢至，后方知其伪。乃是一豪士求江淮大盐院，时王涯判盐铁，酷好书画。谓此人曰：'为余访得《清夜游西园图》，当遂公请。'因为计取之耳。及十家事起，后流落一粉铺家，未几为郭承暇侍郎阁者以钱三百市之以献郭

公。郭公卒，又流传至令狐相家，一日宣宗问相国有何名画，相国具以图对，既而复进于内。"《广川画跋》载："观郑彦庄所得《西园图》，此殆善于摹搨为工者。不知其取自何年而粉丹皆尽，惟卷墨仅可见。笔墨奇古，摆脱俗韵，其在人物态度，犹是当时风流气习可以想见。顾后世画工笔力不能到也。顾长康初以曹子建诗营此图，在梁朝入录为第一。逮唐褚河南得之，后入张惟素家，至弘靖进入。其后崔漂窃出，张周封得之，又为王庶人所藏。后此画入民居。郭承暇以重金购得之，而令狐楚复得以进。唐末兵乱，遂失所在。非赖摹传，将遂无见。"

[70] 唐代裴孝源著《贞观公私画史》有载。

[71] 此图记载南朝文会故事，据《壮陶阁书画录》载："南齐宗敬微《东林高会图卷》……作园亭景，此《西园雅集图》所本也。"

[72] 李公麟《石渠宝笈二编》，1087年作。

[73] 赵佶《式古堂书画汇考》，1108年作。

[74] 元代顾瑛著《玉山名胜集》卷二有载。

[75] 故宫博物院藏。

[76] 镇江市博物馆藏。

[77] 《日本现在支那名画目录》有载。

[78] 清代陆心源著《穰梨馆过眼录》有载。

[79] 米芾的《西园雅集图说》载："李伯时效唐小李将军为著色泉石，云物、草木、花竹，皆绝妙动人。而人物秀发各有其形，自有林下风味，无一点尘埃气，不为凡笔也。其乌帽黄道服捉笔而书者为东坡先生；仙桃巾紫裘而观者为王晋卿；幅中青衣据方机而凝伫者为丹阳蔡天启；捉椅而视者为李端叔；后有女奴云鬟翠饰侍立，自然富贵风韵，乃晋卿之家姬也。孤松盘郁，上有凌霄缠络，红绿相间，下有大石案陈设古器瑶琴，芭蕉围绕。坐于石盘傍，道帽紫衣，右手倚石，左手执卷而书者为苏子由；团巾茧衣手秉蕉箑而熟观者为黄鲁直；幅中野褐据横卷画渊明归去来者李伯时；披巾青服抚肩而立者晁无咎；跪而捉石观画者为张文潜，道中素服按膝而俯视者为郑靖老，后有童子执灵寿杖而立。二人坐于盘根古松下，幅中青衣袖手侧望者为秦少游。琴尾冠紫道服摘阮者为陈碧虚。唐中深衣昂首而题石者为米元章；幅中袖手而仰观者为王仲至。前有蓬头顽童捧石砚而立，后有锦石桥，竹径缭绕于清溪深处，翠阴茂密。中有袈裟坐蒲团而说无生论者为圆通大师；傍有幅中褐衣而谛者为刘巨济。二人并坐于怪石上，下有激湍潆流于大溪之中，水石潺缓，风竹相吞，炉烟方袅，草木自馨，人间清旷之乐，不过于此。嗟乎！汹涌于名利之域而不知退，岂易得此耶。自东坡而下，凡十有六人，以文章议论，博学辨识，英辞妙墨，好古多闻，雄豪绝俗之资，高僧羽流之杰，卓然文致，名动四夷。后之揽者，不独图画可观，亦是仿佛其人耳。见《宝晋英光集补遗》。

[80] 《支那名画集》。

[81] 日本冲绳县博物馆藏。

[82] 《国朝画征录》、《石渠宝笈续编》有载。

[83] 《日本现在支那名画目录》有载。

[84] 李白《春夜宴桃李园序》："夫天地者，万物之逆旅。光阴者，百代之过客。而浮生若梦，为欢几何？古人秉烛夜游，良有以也。况阳春召我以烟景，大块假我以文章。会桃李之芳园，序天伦之乐事。群季俊秀，皆为惠连；吾人咏歌，独惭康乐。幽赏未已，高谈转清。开琼筵以坐花，飞羽觞而醉月。不有佳作，何伸雅怀？如诗不成，罚依金谷酒数。"自中华书局标点本《李太白全集》。

[85] 丁关鹏，顺天（今北京）人，雍正四年（1726年）始成为宫廷画家，约卒于乾隆三十五年（1770年）后。

[86] 《清高宗实录》卷六载。

[87] 乾隆元年（1736年）二月，各省所举文士即有一百余人到京。六月，乾隆帝命内阁学士方苞主持选颁四书文，将明朝及清初的科举应试文章，选集数百篇颁布，以为举业指南。六年正月，又谕各省督抚学政，采访近世研究经学的著述，不拘刻本抄本，随时进呈。九月，在保和殿御试176人，命大学士鄂尔泰、张廷玉及吏部侍郎邵基阅卷。考取一等五名，二等十名。

乾隆帝亲自召见，授一等刘纶、潘安礼、诸锦、于振、杭世骏为翰林院编修。二等中由科甲出身的陈兆仑、刘玉麟、夏之蓉、周长发、程恂授为翰林院检讨，未经中举的杨度汪、沈廷芳、齐召南等授为翰林院庶吉士。乾隆二年（1737年）五月，举行定例的科举，考取于敏中等324人。赐进士及第三人，进士出身80人，同进士出身341人。殿试进士，原由主考官阅卷。乾隆帝亲自阅定前十名，诏谕主考官说："卿等所拟第四卷，策语字画俱佳，可置第一。所拟第一卷改置第二。所拟第七卷亦佳，可置第三。所拟第二卷改置第四……"乾隆帝亲自阅卷，决定名次，掌握了科举取士的权柄。同年，又亲自考试翰林、詹事等官，说："非朕亲加考试，无以鼓励其读书向学之心。"阅卷后，依文字优劣，定为四等，分别予以升降，以至休致。乾隆帝由此加强了对文士的选择和控制。见《高宗实录》卷四十。

[88] 苏六朋，字枕琴，号怎道人，别署梦香生、石楼吟叟、罗浮道人、浮山道士、南水村佬、南溪渔隐、云常道人、南水渔郎、逍遥道士、第七洞天樵子、七十二洞天散人（自《广东画人录》，谢文勇编，岭南美术出版社1985年版）。广东顺德县勒流南水人。善人物、山水、花鸟，肖像画、历史画、风俗画均能挥洒自如。苏六朋画人物师法元人物和清代画家黄慎。其画刚中见柔，能收能放，功力甚深，晚年专攻意笔人物，略有黄慎之风，常写道释、仙人及民间生活与市井风俗，形象生动逼真，运笔流畅，颇具奇思，作细笔者尤佳。与张维屏、黄培芳诸修禊，常由六朋绘图纪盛。

[89] 宋代董卣著《广川画跋》卷三载："此画旧传顾虎头，而画录不具，世有疑者……虎头笔墨，世人不复见，虽录其有可求者，亦莫察其真伪，特以其后世不可及故贵之，而画录乃出后人采缀，又未必能尽当时所见，世人何必信耳而不信目以自蔽哉！然画手筒古，笔圆成，窾窾色理，傍直向背，生意隐显，至与塑争胜，不似笔墨中来；至于神明焕发，意态随出，顾非画入三昧，不能到此地，纵非虎头，当亦是其流品耳。"

[90] 写武则天时文章四友：李峤、苏味道、崔融、杜审言。

[91] 《辞海》缩印本，上海辞书出版社1979年版，第1533页。

[92] 《晋书·谢安传》载："时苻坚强盛，疆场多虞，诸将败退继继。安遣弟石及兄子玄等应机征讨，所在剋捷……坚后率众，号百万，次于淮肥，京师震恐，加安征讨大都督。玄人问计，安夷然无惧色，答曰：'已别有旨。'既而寂然，玄不敢复言，便令张玄重请。安遂命驾出山墅，亲朋毕集。方与玄围棋赌别墅，安常棋劣于玄。是日，玄惧，便为敌手而又不胜，安顾谓其甥羊昙曰：'以墅乞汝。'安遂游涉，至夜乃还，指授将帅，各当其任。玄等既破坚，有驿书至，安方对客围棋，看书既竟，便摄放床上，了无喜色，棋如故。客问之，徐答云：'小儿辈遂以破贼。'既罢，还内。过户限，心喜甚，不觉屐齿之折，其矫情镇物如此。"

[93] 《史记·留侯世家》："上欲废太子，立戚夫人子赵王如意。大臣多谏争，未能得坚决者也。吕后恐，不知所为。人或谓吕后曰：'留侯善画计策，上信用之。'……留侯曰：'此难以口舌争也。顾上有不能致者，天下有四人，四人者年老矣，皆以为上慢侮人，故逃匿山中，义不为汉臣，然上高此四人。今公诚能无爱金玉璧帛，令太子为书，卑辞安车，因使辩士固请，宜来，来，以为客，时时从入朝，令上见之，则必异而问之。问之，上知此四人贤，则一助也。'……汉十二年，上从击破布军，归，疾益甚，愈欲易太子。留侯谏，不听。因疾不视事，叔孙太傅称说引古今，以死争太子。上佯许之，犹欲易之。及燕，置酒，太子侍，四人从太子，年皆八十有余，须眉皓白，衣冠甚伟。上怪之，问曰：'彼何为者？'四人前对，各言名姓，曰'东园公、角里先生、绮里季、夏黄公'。上乃大惊：'吾求公数岁，公辟逃我，今公何自从吾儿游乎？'四人皆曰：'陛下轻士善骂，臣等义不受辱，故恐而亡匿。窃闻太子为人仁孝，恭敬爱士，天下莫不延颈欲为太子死者，故臣等来耳。'上曰：'烦公幸卒调护太子。'四人为寿已毕，起去。上目送之，召戚夫人指示四人者曰：'我欲易之，彼四人辅之，羽翼已成，难动矣！

吕后真而主矣。'"

[94] 厉鹗《南宋院画录》卷七有详录:"吴海马远商山四皓图跋,尝观李伯时画《商山四皓图》,意趣幽远,笔力精妙,宛然千数百载如见其人。因念少时读西汉传,四君子避秦乱以去,采芝、赋诗若遗世者。至汉高(祖)欲易太子,大臣不能止。吕后用留侯计,延致四君子复出,遂从太子见上。此卷为马远作,余虽不能识,然韵度高古,亦足为佳。观其三人,离立矍铄,蒿目若深忧,攒眉若共语。一人仰空曳杖去之。岂计欲出山,三人已相唯诺,其一人尚未定耶。"

[95] 诗人李白虽仕于朝廷,但他蔑视权贵,不受羁绊,常借酒泄愤。《新唐书·李白传》有载:"李白字太白……白之生,母梦长庚星,因以命之。十岁通诗书,既长,隐岷山,州举有道,不应。苏颋为益州长史,见白异之。曰:'是子天才奇特,少益以学,可比相如。'然喜纵横术、击剑,为任侠,轻财重施……天宝初,南入会稽,与吴筠善。筠被召,故白亦至长安,往见贺知章,知章见其文,叹曰:'子,谪仙人也。'言于玄宗,召见金銮殿,论当世事,奏颂一篇。帝赐食亲为调羹,有诏供奉翰林。白犹与饮徒醉于市,帝坐沈香子亭,意有所感,欲得白为乐章,召人,而白已醉。左右以水颒面,稍解,援笔成文,婉丽精切,无留思。帝爱其才,数宴见。白尝侍帝,醉,使高力士脱靴,力士素贵,耻之,其诗以激杨贵妃,帝欲官白,妃辄沮止。白自知不为亲近所容,益骜放不自修,与知章、李适之、汝阳王琎、崔宗之、苏晋、张旭、焦遂为酒八仙。"这里的描述几乎把李白神化了,表达了人们的美好期冀。

[96] 杜甫《饮中八仙歌》曰:"知章骑马似乘船,眼花落井水底眠。汝阳三斗始朝天,道逢麹车口流涎,恨不移封向酒泉。左相日兴费万钱,饮如长鲸吸百川,衔杯乐圣称世贤。宗之潇洒美少年,举觞白眼望青天,皎如玉树临风前。苏晋长斋绣佛前,醉中往往爱逃禅。李白斗酒诗百篇,长安市上酒家眠。天子呼来不上船,自称臣是酒中仙。张旭三杯草圣传,脱帽露顶王公前,挥毫落纸如云烟。焦遂五斗方卓然,高谈雄辩惊四筵。"

[97] 张师厚,字天骥,隐居徐州云龙山,自号云龙山人宋代隐者。宋神宗元丰年于东山建亭,因自驯二鹤出入山中经过此亭,故名"放鹤亭"。《放鹤亭记》曰:熙宁十年秋,彭城大水,云龙山人张君之草堂,水及其半扉。明年春,水落,迁于故居之东,东山之麓。升高而望,得异境焉,作亭于其上。彭城之山,冈岭四合,隐然如大环,独缺其西一面,而山人之亭,适当其缺。春夏之交,草木际天,秋冬雪月,千里一色。风雨晦明之间,俯仰百变。山人有二鹤,甚驯而善飞。旦则望西山之缺而放焉,纵其所如,或立于陂田,或翔于云表,暮则傃东山而归,故名之曰"放鹤亭"。郡守苏轼,时从宾佐僚吏,往见山人,饮酒于斯亭而乐之,挹山人而告之曰:"子知隐居之乐乎?虽南面之君,未可与易也。《易》:'鸣鹤在阴,其子和之。'《诗》曰'鹤鸣于九皋,声闻于天。'盖其为物清闲放,超然于尘埃之外,故《易》、《诗》人以比贤人君子,隐德之士。狎而玩之,宜若有益而无损者;然卫懿公好鹤则亡其国。周公作《酒诰》,卫武公作《抑戒》,以为荒惑败乱,无若酒者;而刘伶、阮籍之徒,以此全其真而名后世。嗟夫!南面之君,虽清远闲放如鹤者,犹不得好;好之则亡其国。而山林遁世之士,虽荒惑败乱如酒者,犹不能为害,而况于鹤乎?由此观之,其为乐未可以同日而语也。"山人忻而笑曰:"有是哉?"乃作放鹤招鹤之歌曰:"鹤飞去兮,西山之缺。高翔而下览兮,择所适。翻然敛翼,宛将集兮,忽何所见,矫然而复击。独终日于涧谷之间兮,啄苍苔而履白石。鹤归来兮,东山之阴。其下有人兮,黄冠草履,葛衣而鼓琴。躬耕而食兮,其馀以汝饱。归来归兮,西山不可以久留。"

[98] 唐代诗人杜甫《观公孙大娘弟子舞剑器行》并序中有载:"大历二年十月十九日,夔府[夔府:唐太宗贞观十四年,夔州(今四川奉节县),曾设都督府,人

也称夔府]别驾元持宅,见临颍李十二娘舞剑器,壮其蔚跂,问其所师。曰:'余公孙大娘弟子也。'开元三载(一作五载)余尚童稚,记于郾城观公孙氏舞剑器浑脱,浏漓顿挫,独出冠时。自高头宜春、梨园二伎坊内人。洎外供奉,晓是舞者。圣文神武皇帝初,公孙一人而已,玉貌锦衣。况余白首,今兹弟子,亦匪盛颜,既辨其由来,知波澜莫二,抚事慷慨,聊为《剑器行》。往者吴人张旭,善草书书帖,数常于邺县见公孙大娘舞西河剑器,自此草书长进,豪荡感激,即公孙可知矣。昔有佳人公孙氏,一舞剑器动四方。观者如山色沮丧,天地为之久低昂。㸌如羿射九日落,矫如群帝骖龙翔。来如雷霆收震怒,罢如江海凝清光。绛唇珠袖两寂寞,晚有弟子传芬芳。临颍美人在白帝,妙舞此曲神扬扬。与余问答既有以,感时抚事增惋伤。先帝侍女八千人,公孙剑器初第一。五十年间似反掌,风尘澒洞昏王室。梨园子弟散如烟,女乐余姿映寒日。金粟堆前木已拱,瞿唐石城草萧瑟。玳弦急管曲复终,乐极哀来月东出。老夫不知其所往,足茧荒山转愁疾。"另唐郑处海《明皇杂录》载:"时有公孙大娘者,善舞剑。能为邻里曲及裴将军满堂势,西河剑器,浑脱遗,妍妙皆冠绝于时也。又曰开元中,有公孙大娘,善舞剑器,僧怀素见之,草书遂长,盖壮其顿挫势也。"

[99] 张彦远《历代名画记》载:"开元中,裴旻善舞剑,吴道玄观旻舞毕,挥毫益进。时又有公孙大娘,亦善舞西河剑器,浑脱,张旭见之,因为之草书。"

[100]《庄子·外篇·天运》载:"孔子行,年五十有一而不闻道,乃南之沛见老聃……老聃曰:'子来乎!吾闻子北方之贤者也,子亦得道乎?'孔子曰:'未得也。'老聃曰:'夫白之相视,眸子不运而风化;虫,雄鸣于上风,雌鸣于下风而化;类自为雌雄故风化。性不可易,命不可变,时不可止,道不可壅。苟得乎道,无自而不可;苟失于道,无自而可。'"《史记·孔子世家》载:"孔子生鲁昌平乡陬邑……鲁襄公二十二年而孔子生,生而首上圩顶,故因名曰丘云,字仲尼,姓孔氏……孔子长九尺有六寸,人谐谓之'长人'而异之。鲁复善待,由是反鲁。鲁南宫敬叔言鲁君曰:'请与孔子适周。'鲁君与之一乘车两马一竖子俱,适周问礼,盖见老子……"另外,《史记·老庄申韩列传》亦载:"老子者,楚苦县厉乡曲仁里人也,姓李氏,名耳,字伯阳,周守藏室之史也。孔子适周,将问礼于老子。老子曰:'子所言者,其人与骨皆已朽矣,独其言在耳。且君子得其时则驾,不得其时则蓬累而行。吾闻之,良贾深藏若虚,君子盛德,容貌若愚,去子之骄气与多欲,态色与淫志,是皆无益于子之身。吾所以告子,若是而已。'孔子云,谓弟子曰:'鸟,吾知其能飞;鱼,吾知其能游;盖,吾知其能走。走者可以为罔,游者可以为纶,飞者可以为矰。至于龙,吾不能知其乘风云而上天?吾今日见老子,其犹龙邪?'"

[101] 武帝即位,征四方士人,东方朔上书自荐于朝:"臣朔年二十有二,长九尺三寸,目若悬珠,齿若编贝,勇若孟贲,捷若庆忌,廉若鲍叔,若此可以作天子大臣矣。"武帝见其书而"大伟之,命待诏公车",诏拜为郎。后任常侍郎、太中大夫等职。从此开始了五十余年伟帝智臣同兴汉室之喜怒哀乐生涯。东方朔为西汉武帝时代的一个杰出人物,他性格诙谐,言辞敏捷,滑稽多智,常在武帝前谈笑取乐,"然时观察颜色,直言切谏"(《汉书·东方朔传》)。武帝好奢侈,起上林苑,东方朔直言进谏,认为这是"取民膏腴之地,上乏国家之用,下夺农桑之业,弃成功,就败事"。自《汉书·东方朔传》。

[102] 东方朔原有集2卷,久佚;明人张溥编有《东方太中集》,收入《汉魏六朝百三家集》中。武帝太始四年(公元前93年)东方朔卒,享年62岁。陵县的"颜子碑"全名"汉太中大夫东方先生画赞碑",西晋文学家夏侯湛撰文,唐代著名书法家颜真卿书。

[103] 蒋星煜《中国隐士与中国文化》,中华书局(上海),1947年版。见《民国丛书》第四编,第3册,上海书店。

第三章 清代中后期文士题材人物画的艺术表现

文士题材的人物画作品到清代中后期，因其自身取材和社会职能的变化，形成了相应的艺术语言，主要表现在画面形式、人物造型和笔墨语言这三个方面。当我们对自雍正以降直至道光末年的文士形象作品进行梳理之后，就会发现无论表现何种内容，也无论作者立意何在，都要落实在绘画语言的表述中。因此，对形成视觉记忆的艺术元素进行量化分析与总结，有助于我们从绘画自身的审美特质中挖掘现象背后的本质规律。

在大量的图本收集和比对的过程中，我们发现，不同的表现内容所呈现出来的艺术面貌虽有千差万别的样式，画家的构思与技法也因境遇、流派的不同各有特色。但是总的来讲，这一段时期的文士题材人物画虽然延续了前代的主要艺术表现方式和语言，但在不同层面上依然呈现出了许多改变以至创新。当我们通过时间的前后差异、空间地理的影响因素，画家复杂的身份处境等可变因素与作品一一对应的分类辨别归纳之后，艺术现象背后的本质内容就会渐渐浮出水面。

第一节　文士题材人物画的画面形式

"画面形式"的称谓源自西方，指关于绘画创作所形成的艺术样式、构架元素。人物画的画面形式在中国古代并没有笼统的命名，而是通过构思、立意、布局、章法等内容以不同的角度进行论述的。同时也散见于人物画论的篇章之中，杂糅于义理之内，不做单独的量化分析。下面就论文所涉猎的内容从构思与布局、主体与衬景这两个方面作一纵向的分析。

一、布白与时空

当我们发现，清代中后期的作品在画面的表现形式上既有对传统的继承，同时也不乏时代性的创新时，势必会提出一些相应的问题，作者采取了哪些不同的布局方式？布局的构想与作品的立意有着怎样的连带？画面中的诸多因素的设置是如何发挥作用的？画家自身的因素与作品的形成是否有着一定的关联？不同的题材内容是否有着相对主要的形式特征？将这些属于艺术规律性的因素从清代中后期文士题材人物画作品的众多个案中找到对应点，进行量化分析和归类，当是我们发现艺术本质和时代特色的关键环节。

清代方薰在《山静居画论》中有对经营章法构思布局重要性的明确论述：

> 凡作画者，多究心笔墨，而于章法位置，往往忽之。不知古人丘壑生发不已，时出新意，别开生面，皆胸中先成章法位置之妙也。一如作文，在立意布局新警乃佳，不然，缀辞徒工，不过陈言而已。

创作的构思是画家通过主观情思，按照所要创作的主题内容，根据反映在头脑里的现实生活酝酿结构、细节，设计表现等手法的艺术活动。充分的构思活动会使画家能动地表达出符合或比较符合自己理想的作品。就中国人物画来说，也就是必须通过以上这一系列构思活动，才能把头脑中的观念形式的形象，转化为视觉的艺术样式，从而使其载体得到实现，这就是画面的布局。因此清代沈宗骞在《芥舟学画编·布置》有言：

> 凡作一图，若不先立主见，漫为填补，东添西凑，使一局物色各不相顾，最是大病。先要将疏密虚实，大意早定，洒然落墨，彼此相生而相应，浓淡相间而相成，拆开则逐物有致，合拢则通体联络。自顶及踵，其烟岚云树，村落平原，曲折可通，总有一气贯注之势。密不嫌迫塞，疏不嫌空松。增之不得，减之不能，如天成，如铸就，方合古人布局之法。

这里既强调了构思的重要性，也表明了布局的关键意义。

清代中后期出现的文士题材人物画从画面的构图上看，有半身像、单人全身像、一主一仆像、多人群像、衬景人物像以及接近山水点景图式的山水人物等等多种表现形式。如此繁多的艺术样式其根本在于中国传统的艺术时空观念总是把时间和空间有机地结合起来，从而展现出一种独特的章法布局观。空间是特质形态的并存序列，时间是物质形态自身状态的交替序列，它们都是物质形态间普通的外部联系的一个方面。画家对物质及物质形态之间联系的不同理解，导致了个性化"时空"观念的产生。"乾坤万里眼，时序百年心"，杜甫这两句诗，精辟地表达了古人代表性的的时空观念。正因为中国人自古以来是用心来感应天地万物的，故对时空的表达在画家笔下运用得自如而随心所欲，自然以心感悟天地万物、以心去把握广阔深远的时间和空间，同样被运用到了人物画的欣赏上。清代画家正是延续着这条前人积淀的观照方式描绘他们心中的文士的。

人物无背景像，是最代表文士肖像画构图的基本程式，人物往往安置于画面下部正中央，作正面像。徐镐所作《张昀像》、改琦所作《顾亭林像》均是如此。除半身像外，全身像则更为常见。嘉庆七年壬戌(1802年)贾崧摹《李东阳像》(图118)、潘恭寿临仇英《东坡像》(图119)、道光十二年壬辰(1832年)费丹旭摹《武林厉鹗、杭世骏、金农、丁敬像册》等对前人肖像画的临习摹写，都可以看做是清代画家对传统像赞式构图方式的继承。在创作中我们会看到徐璋作的《陈继儒像》(图120)、改琦作的《渔洋山人像》(图121)等一系列名人肖像。这些仅写人不绘景的人物画将刻画的关注点直接引向人物本身，单纯的画面形式和突出的人物形象使观者将欣赏的中心投注到人物的相貌、神情、体态、动作等方面，从而获得对主人公身份、性格、气质等潜在信息的自我判断。这种构图方式在当时为世人所作肖像写真创作中显得极具难度，其中的难点就在于，如何通过具体而带有局限性条件的形象表达不可观却可感的抽象信息，无疑与画家对主人公的刻画关系最为密切，这一点我们将在下一节有关人物造型的内容中寻求答案。但除了造型的设定和细节的描画就真的没有其他的因素参与到画面的内容上吗？当然有。其中与画面布局紧密相关的另两个因素在此

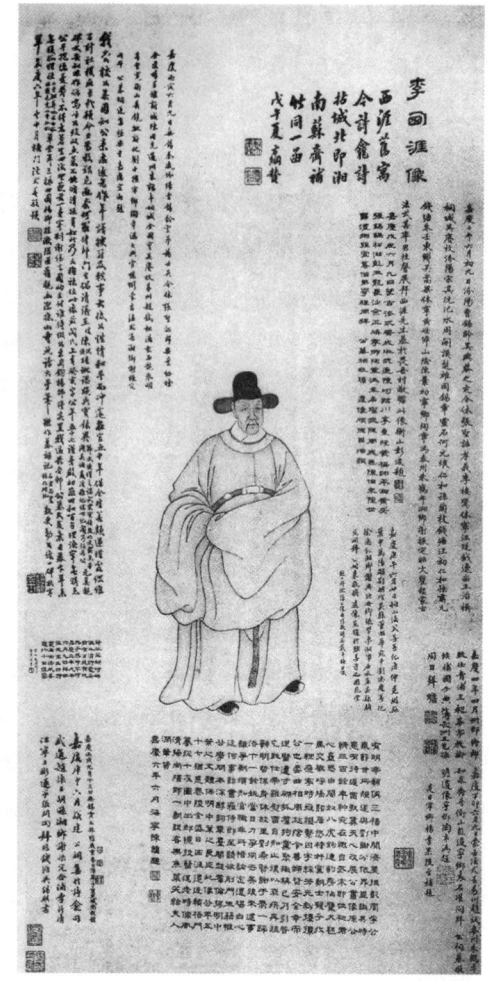

图118　　　　图119

时期就是道具和题跋。

　　小到衣服配饰、生活用品、文房四宝、团垫怪石,大到鞍马动物等都是这一时期画家在画文士题材人物画时常用的道具,当然我们在带有衬景的人物作品中会发现此类内容会更为丰富庞杂。这些"道具"的使用并非捡来就用的随意行为,而是经过画家精心挑选和反复斟酌后刻意安排于画

图118
贾松华《李东阳像》
轴、纸、设色
130.2×60.8cm　1802年
上海博物馆藏

图119
潘恭寿临仇英《东坡像》
轴、绢、设色
104×30.5cm
湖北省博物馆藏

图120
徐璋《陈继儒像》
轴、纸、设色
49×22cm

图121
改琦《渔洋山人像》
轴、纸、设色

图122
王肇基《王文治抚琴图》
轴、绢、设色
54×26.4cm　1760年
故宫博物院藏

图120

面上的,许多这样的"道具"因在日常生活中固定为某一身份的人所使用,而带有了公认的社会含义,常见的如手中捧书是文人雅士的标志云云;还有某些"道具"自身就暗含着一些特殊的象征意义,比如仙桃有长寿之意、斗笠有隐居之意、如意有吉祥之意、宗教礼器有得道之意、琴鹤有清廉之意等等;而另一些"道具"因在历史典故、风俗传说中成为"主角",于是被演化为具有某些特指含义的物品,如东坡得砚中的石砚、张果骑驴中的毛驴、苏武牧羊中的节杖、西山放鹤中的仙鹤等等。这些事物背后隐喻的抽象信息在中国千百年来的文化积淀,风俗习惯中成为众所周知且被人们认可的内容,画家将其巧妙地运用于艺术创作时就会达到事半功倍的效果。而作为一件优秀而意味深长的作品,还欲将人物与道具恰到好处地布局一处,并传达出令人遐思回味的意境,就要看作者在画面构图上的匠心了。

乾隆二十五年庚辰(1760年)王肇基作的《王文治抚琴图》(图122)是一幅极其清雅秀丽的文士肖像画。画家王肇基(1701-1751年),字履仁,

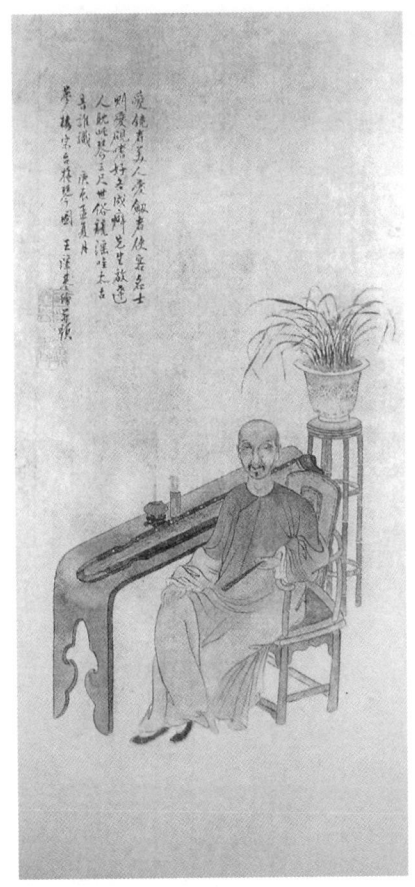

图122

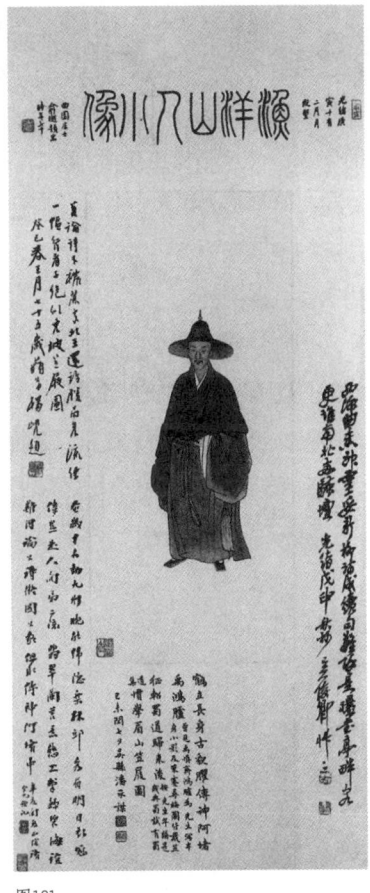

图121

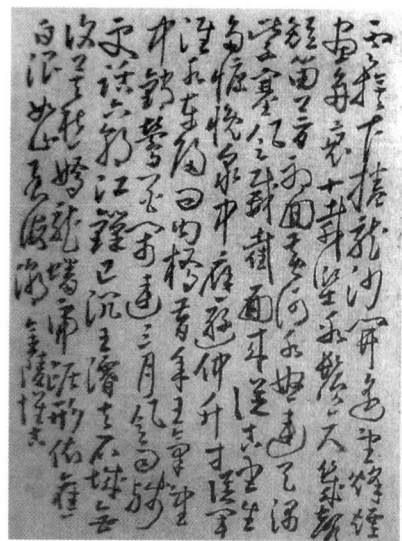

图123   图124

号镜香,浙江嘉兴人。工写真,写意花卉、禽鸟,秀韵天成,善白描人物。此图描绘的是有"淡墨翰林"美称的清代中期书法家王文治(1730–1802年)[1],绘制此图之年正值王文治科中进士及第,殿试一甲第三名(探花),时年30。王文治喜用淡墨,以表现潇疏秀逸之神韵,且精音律之学、善曲、在杭州时曾帮人制作新曲,教习歌伶,乾隆四十五年(1780年),清高宗南巡,应聘编迎銮乐府九种:《三农得澍》、《龙井茶歌》、《祥徵冰茧》、《海宇歌恩》、《灯燃法界》、《葛岭丹炉》、《山酝延龄》、《瑞献天台》、《瀛波清宴》,于西湖行宫演唱供奉。家有家乐班子[2],筑"梦楼"为演奏家乐之所,亲授歌童度曲习唱,随班外出,颇似李渔。《清史稿》列传二百九十《艺术二》载"王文治,喜声伎,行辄以歌伶一部自随,辨论音律,穷极幽渺。客至张乐,穷朝暮不倦"[3]。杨恩寿《词余丛话》卷二载:

图125

> 王梦楼先生以书法名海内,性喜词曲。行无远近,必以歌伶一部自随。客至,张乐共听,穷朝暮不倦。其辨论音律,穷其要眇。

图123 黄慎《书画十二开》 33.5×24cm 1737年 册、纸、设色 广东省博物馆藏

图124 黄慎《陶渊明诗意》 113.5×54cm 1757年 轴、纸、设色 广东省博物馆藏

图125 黄慎《隽不疑试剑图》 174×93cm 1783年 轴、纸、设色 故宫博物院藏

图126 朱鹤年《王士禛石帆诗意图》 67.5×54.8cm 1807年 轴、纸、设色 故宫博物院藏

图127 罗聘《筠圃独立图》 85×39cm 轴、纸、墨笔 山东省烟台市博物馆藏

长洲叶氏撰《纳书楹》，遍取元、明以来院本，审定宫商，世所称《叶谱》也，其中多先生所纠正。论者谓"叶谱功臣"云。

画家以高古细劲的线条勾勒形象后，又以雅致的色彩多次进行渲染，使画面形成薄中见厚的艺术效果。图中风流潇洒的王文治正时而立之年，手把折扇悠闲地坐于太师椅上，他宽额瘦面蚕眉凤目，神情亲切气质娴雅。其身后的琴案上置一古琴，这是主人公精通音律擅长抚琴的暗示。王氏乾隆五十九年，参与订正叶堂所编《纳书楹曲谱》[4]，现江苏省衢州博物馆藏古琴曲谱《纳书楹曲谱全集》书首有"长洲叶堂广明订谱丹徒王文治禹卿参订"字样，可见王文治与作者叶广平交情甚深，从中也证实了其精音律的记载。花架上的幽兰为画面增添了书卷之气。王文之书风妩媚动人，又不失俊爽豪逸、风神萧洒，笔端毫尖流露出的清秀和才情，在画中通过古琴和兰草起到了恰到好处的烘托作用。此外，还有乾隆四十八年（1783年）

图127

图126

黄慎作《骑驴采梅图》(1734年)、《书画十二开》(1737年)(图123)、《陶渊明诗意》(1757年)(图124)、《对弈图》(1765年)、《隽不疑试剑图》(1783年)(图125)，徐璋作的《顾正心像》、《吴嘉允像》，朱鹤年作《王士禛石帆诗意图》(1807年)(图126)等作品也都是很好的范本。

罗聘作《筠圃独立图》(图127)是一幅布局极妙的佳作，图中的主人公筠圃先生侧立于画面下方，他手拈胡须、神情专注地眺望着远方，眉目间传达着一种深沉的冥思状态，衣带没有明显的飘拂表明了空气中宁静的气氛，在人物身后，画家点点两笔小草，暗示了人物立于陡坡之上的环境，并且将人物安置于画面中央靠左边的纸面上。试想筠圃独自一人在一个无风的丽日登高远眺将是何等的开阔之境，然而，画家有意地设置了陡坡和面前局促的空间以及人物上方大片的空白，会给观者带来什么样的心理感受？一种逆境、压抑、茫然之感油然而生，这就是画面中布局的魅力所在！当我们带着这样的心理暗示回到对人物的品读时，对主人公的性格、心情、气质、境遇就会有了更为具体的揣测和判断，画中的意境因而实现了。像这样的作品还有许多，例如我们可以从黄慎作的《二老行春图》(1732年)(图128)中感受到春意的喜悦，也能从王树穀作的《弄胡琴图》(1723年)中聆听到音乐的旋律……由此我们可以总结出布白在人物画作品中的重要作用，如乾隆三十四年己丑(1769年)吴沄的《方观承等小像》(图129)就是一册画面布白十分讲究的无衬景人物像册。作品共计十二开，每册都将所绘人物题跋其名号，有"方太保观承、刘侍郎藻、邓侍郎钟岳、周许川天度、吴布衣颖芳、郎布衣衍邰、李征士锴、柯郎中□□、孙秀才穀、周

图129

图128

图130

文学原、诃林僧圆德、上官布衣周、赵御史青藜、水云道人吴沄",落款"乾隆己丑冬抄"。有的一开仅绘一人,有的则两人共绘于一图,画中使用了大面积的空白,使人产生了无限的联想。老子所谓"有之以为利,无之以为用。有无相生,计白当黑"的道理,在绘画创作中正是布白的使用,画中留有适当的空白能使观者展开充分的想象,从而对艺术形象和意境等进行积极的再创造。清初画家笪重光在《画筌》里有言:"空本难图,实景清而空景现;神无可绘,真境逼而神境生;位置相戾,有画处多属赘疣;虚实相生,无画处皆成妙境。"可见,"空白"与有形的物像等内容都是艺术品的有机组成部分,虚实相生是艺术创作意境中的规律。

《铁保像》(图130)是画家丁以诚为当时著名书法家铁保绘制的一幅坐像,约作于嘉庆末年,图右侧中部题:"外祖铁梅翁先生自题行乐图",钤"葆氏鉴定"印。左侧中题:"甥葆琦敬藏",下钤"葆卿书画"、"金吾故吏"印。画面上部有铁保自题一则,末识:"庚午三月余客轮台,十行箧中捡得小照一幅,戏题二截句。铁卿"。左钤"梅庵"、"铁保私印"。"庚午"为清嘉庆十五年(1810年),铁保时年58岁。此图虽未必作于是年,但其下限则可以确认。作者丁以诚,《画人补遗》作丁以诚,字义门,江苏丹阳人,寓汉口最久。其父丁皋,与卢见曾(1690–1768年)同时。以诚传真守其家法,兼工山水,下笔丘壑,多有深致。卒年八十余。续著《传真心领》行世。画作的主人公铁保(1752–1824年)[5]是乾隆三十七年(1772年)进士,道光元年致仕,官至两江总督、吏部尚书、浙江巡抚,一生在朝为官,历经近五十年宦海沉浮,最高时官居一品,退休时仅为三品衔。铁保优于文学,长于书法,词翰并美,是旗人中第一书家,与成亲王、刘墉、翁方纲,称为清四大书家。图绘铁保着蓝袍黑履,头戴冠帽,左手自然弯曲作捻髯状,右臂倚案,手持砚瓦,面相端严,双目有神。这幅作品依然保留了波臣派惯用的肖像构图方法,以人物为主,适当配以衬景来烘托主人公的身份和性格特点。人物右侧的木案上置砚瓦两块、宝剑一柄。《清史稿·铁保传》中称:铁保居官为人慷慨论事,高宗(即乾隆)谓其有大臣风;及居外任,自欲有所表现,倨傲,意为爱憎。他做事敢作敢当,

图128 黄慎《二老行春图》 144.5×67cm 1732年 轴、绢、设色 天津市历史博物馆藏

图129 吴沄《方观承等小像》 30×25cm 1769年 十二开 册、纸、设色 天津市历史博物馆藏

图130 丁以诚《铁保像》 126.7×67.4cm 轴、纸本、设色 画面左下角作者款署:"丹阳丁以诚写"。下钤"丁以诚"、"义门"印二方。

率意天真，每每替部下承担责任。可见，图中以砚、剑两件道具来表现一位满族官员、书法家的性格十分恰当。另外，边角上小楷字的落款格式也是这一时期肖像画中常见的格式。同时作者在画中的题跋，也是一个十分重要的布局因素，画家不仅要考虑跋文的内容、字体、行气，还要充分考虑到整个题跋、落款在画中的构图位置，面积大小等等。

图131

相对于丁氏精致的描绘，苏六朋的《马上续残梦图》(图131)堪称写意画中典型的成功范例，画家自题："马上续残梦，马嘶时复惊，心孤多所虚，僮仆伴我行，栖禽未分散，落日照荒城，莫羡居花间，溪边人已耕。"落款："雨亭二兄先生雅属怎道人六朋"。作品只绘隐者坐于马上低首含胸面带笑意，马上人物位于画面左下角，与右上方的长款题跋形成对势，隐士背对画纸重心似要移出画外，加上跋语中"栖禽"、"落日"等景物的描述，使人感受到一个生动的高隐之士洒脱浪漫的情怀。又如华嵒作《唐寅像》(1743年)(图132)、《梅花图十二开》(1741年)(图133)、黄慎作《采茶图》、《杂画十二开》(1766年)、无款作《罗聘像》(1797年)、罗聘作《陶渊明像》等，也都加上题跋的呼应，带有了典型的文人画特征。

衬景意境的营造在人物画中是实像与虚像的矛盾统一，因此，虚实相生也可以认为是人物画时空观念的一个重要的内容。道光十三年癸巳(1833年)费丹旭、汤贻汾为海楼合写《楼观沧海日图卷》(图134)将人物绘于长卷一端，另一边则描绘了海上生日的壮丽图景，观景之山脉楼宇也在其中，全画好似电影的蒙太奇手法，将两个时空之内的场景融于一图，既清晰地刻画了观景之人的相貌深情，又展现了所观之景的盛况。画家在进行创作时运用布白原则使画面上既有实境，即物理中的时空，又有虚境，即意识上的时空。但二者相比较，古人更注重进行深层次上意识时空的营造，造成一种虚中有实，实中有虚，虚实相生的奇妙艺术境界，使画面中的形象与境界活起来，并且使得观者通过这一现象与境界的表现而联想得很深很广。清代华翼纶观画家之作有悟于《画说》载："画有一横一竖，横者以竖者破之，竖者以横者破之，便无一顺之弊。又，气实或置路，或置泉，实处皆空虚。此王鹤舟[6]为余言之，确有至理。"中国画的散点透视观使

图132

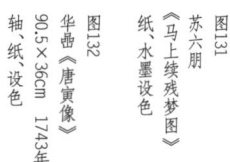

图131 苏六朋《马上续残梦图》纸、水墨设色

图132 华嵒《唐寅像》1743年 轴、纸、设色 90.5×36cm

观画者的视线是流动的，于空间的展延中表现了时间的流动。赋予绘画以诗歌般表现时间承续、流动的特性，使绘画具有诗歌的功能，画家不是以"生理之眼"观看自然之势，而是以"心理之眼"观照天地景观。经过心灵的意识化，空间结构就在建构的过程中呈现出来。

感觉经验告诉我们：任何付诸感官的载体都是有限的。因此在画家们看来，满足视觉的具体时空仅具有流动性、暂时性，只有永恒的"道"所具有的那种生生不息却又无法把握到的时空才是真实的。在画面上的一切因素不应当仅仅成为满足感官需要的可感时空中的存在物本身，因而它们并非是艺术所要描绘的真正时空，这就决定了作品表达的内容不只包括感官世界，更多的是人的内心思维和情感。这一点与绘画的写实性与否不做

图133
华嵒《梅花图十二开》
册、纸、墨笔
25.2×32.7cm 1741年
上海博物馆藏

图134
费丹旭、汤贻汾为海楼合写《楼观沧海日图卷》
卷、绢、设色
42.4×150.5cm 1833年
重庆市博物馆藏

直接对应，贯穿于本文涉及到的所有作品之中，成为清代中后期人物画作者内心情愫释放的媒介。

二、配角的设置

"主体"是指事物的主要部分，为属性所依附的实体，人物画中当然就是作品的主人公或主要角色。"配角"则是相对于主体来说的，指艺术活动中的次要角色，在人物画中就是次于主人公的起陪衬烘托作用的人物。此时为文士所作的画中，就出现了大量带有"配角"的人物肖像作品。最多的就是一主一仆的形式，画面表现为以所绘主人公为中心人物，一旁配以一小童相映衬，小童或侍立一旁或与主人对话状。在一些构思更为巧妙的作品中，画家将童子侍者描绘成煮茶、洗砚、捧书、甚至瞌睡的情景，不仅暗示了主人公的身份嗜好，更从主仆二人的关系及人物间形成的氛围里感受到中心人物的性格气质心态等内容。例如雍正五年(1727年)黄慎作的《寿老图》(图135)绘一年迈文士闲坐于横石之上，白髯拂胸，俯首作沉吟状；石后不远处一个顽皮的童子趴在那里仰面看着老者，老人慈祥地对着孩子面带笑意，十分亲切祥和。两人眉目传神，衣纹折落刚劲。一组人物处于画面一角，留下了大片令人遐思的空间。类似的陪衬式人物，在清代中后期的文士题材作品中出现得非常频繁，肖像作品如此、文士生活题材甚至典故史实的创作中比比皆是。"配角"的加入不仅不至喧宾夺

图135
黄慎《寿老图》
27.5×64.3cm 1727年
轴 绢 设色
(日)东京国立博物馆藏
左上角钤「黄慎印」、「恭寿」。

主,还能起到烘托主题的功效,分析其中缘由:其一是这种情况比较符合当时的社会风俗中文人士夫的真实生活情况;其二是童子形象较小,不会使得画中两人物的描绘显得均衡;其三是童子或侍者对主人服侍恭谦的样貌有助于烘托主人公的品性、气质、地位等潜在内容。如前述李坚作《太白醉归图》就是利用了内监侍童各不相同的表情动态反衬了李白的性情,提跋"偶向长安酒市话,春风千里倩人扶。金銮殿上文章客,不减高阳旧酒徒。诗中无敌酒中豪,四海飘萧一锦袍。千文醉鬼无处著,青山矶上月轮高。"更是将酒仙的潇洒脱俗描写得畅快淋漓。

由此我们发现,在以人衬人的清代中后期肖像画构思中,还出现有多人衬托一人的精彩之作。这种肖像画的特点是,画中人物繁多却只为映衬一位主人公,作品往往带有一定的行乐主题。描绘多人的难度在于,如何将主人公与众多人物在构图上区别对待,使画面有序而富于变化。比如前述为数众多的《李白春宴图》证明了画面布局的重要意义,要想在众多宾客中把作为主人的李白突出出来,需要画家在人物的布局、动态和环境的掩映中表明主与次之间的关系。下面就画家费丹旭所作的三幅作品为例,让我们看看画家是如何在不同意境内容的作品中把握配角在画面中的作用的。

道光二十三年癸卯(1843年)费丹旭作的《好消息图卷》(图136)为纸本,设色,纵44.7厘米,横169.5厘米的长卷。此画是费丹旭为海楼[7]创作的冬景肖像,描绘了海楼和身边的五位侍女在梅树丛中的行乐场面。主人公被安置于画面的最左边,他朗目阔鼻、面颊丰润,虽已人到中年,但不失风度,

图136

图136 费丹旭为海楼作《好消息图卷》 1843年 44.7×169.5cm 卷、纸、设色 重庆市博物馆藏

正温文尔雅地坐于石上，静听侍女吹箫。海楼左腿叠于右腿之上，一手扶膝，一手轻捻髭须、面带微笑的样子，使人感受到乐曲的委婉悠扬。坐于主人公对面的乐女，身微前倾，神情专注，柳眉轻扬，描画得十分生动。另两侍女分别立于海楼和乐女身后，好似听得入了迷，画家将二人处理为一露一藏，显得富于节奏。作者又在画面右侧绘以侍女顽皮地背对海楼戏梅弄花，树后的小婢女偷偷注视着她的举动，这样的安排，不仅活跃了画中人物间的气氛，同时使作品有开有合，有松有紧，成功地衬托了主人闲适的生活情趣。画史载费丹旭写照如以镜取人，尤精补景仕女，以潇洒自然、简淡柔美称胜，观此画当非虚言。作品补景也相当精彩，几株墨梅虚实相映、各有姿态，画中繁花如簇，暗香浮动，朱砂低篱，花青新竹，虽用笔不多，却为全卷景色、人物平添动人的气氛，足见画家用心良苦。此图自题"癸卯嘉平初吉，海楼先生属写。西吴费丹旭"。钤"晓楼"白文印，可知作品是应嘱之作。

费丹旭另有一幅为海楼而作的肖像，题为《倚栏图卷》(图137)，作于道光十一年辛卯(1831年)。图写海楼先生于夏木丛丛、垂柳荫荫、水波鳞鳞的湖面旁，曲栏蜿蜒深入，阁檐高榭临风之景。水阁中，主人左手捻须，右臂倚栏而坐，身前古书数函，似在读书之余凝神远眺，回味书中的内容。竹榻左近，一书童持扇在侧，举止恭谨，回廊深处，二童子捧书抱琴而来，低声絮语。作者自题，"倚栏图。辛卯长夏为海楼先生作，吴兴费丹旭。"书法雅秀，有恽南田韵致。钤"晓楼书画"白文印一方。作品并未明示画中文人就是海楼先生，但从题跋和画家与海楼的往来中，可以推测，此图当为作者为海楼所绘的生活类题材的肖像创作。此图亦为多人陪衬式的人物画，与《好消息图卷》不同的是，展现了主人公书斋清静闲适的雅趣，表现了人物博学善思的文人情怀。费丹旭曾多次为海楼先生写像，除前述两幅之外，另有道光十三年癸巳(1833年)与汤贻汾为海楼合写的《楼观沧海日图卷》，由此人的几个不同的生活场景中我们不难推断，海楼当为一地位显赫的富有之士，热爱诗文艺术，与画家晓楼来往丛密。

道光十九年己亥(1839年)秋日费丹旭为姚梅伯作的《忏绮图卷》(图138)也是一幅构思巧妙的多人陪衬人物肖像。此图为作者应姚燮(又名俊

图137
费丹旭为海楼作《倚栏图卷》
1831年
卷、纸、设色
45.5×150.5cm
重庆市博物馆藏

图138-1 图138-2
费丹旭《忏绮图卷》(及局部)
31×128.9cm 1839年
卷、纸、设色
故宫博物院藏
自识："忏绮图。已亥秋日为伯仁兄属写。晓楼费丹旭"。
钤"子苕"朱文方印。另有跋语："香销月冷溯兰因，衍欲与君同忏悔，欢如坠雨窥如尘。"梅伯大兄属题帧首并佣一绝，黄寿凤，"竹林社"章。
落款："咸丰纪元九月"。

庄)之嘱而绘，寓有忏悔以往年佳人簇拥行乐的生活之意，为作者38岁之作。图绘身形修长的姚燮盘坐于蒲团上，12位美人在旁侍候，有的持纸，有的捧书，有的托剑，有的抱琴，她们各个纤弱秀雅、楚楚动人，不难看出失意文人姚燮矛盾而复杂的心情。画家着意刻画了主人公姚氏的面部，以淡墨勾轮廓，赭色烘染结构，表现出结构的明暗凹凸之感，衣纹线条略有顿挫变化。而仕女形象则采用优美细劲的线条和淡雅的设色，反映出作者仕女画的典型风貌。本图的难度在于如何将众多人物安排于一个环境中，

图137

图138-1

图138-2

既不显凌乱或局促，又能传达出萧瑟哀婉的气氛。作者将唯一的男主人安置于画面中央，在一片梅树环抱的空地间显得格外醒目；其身旁相侍的八位婢女动态各异地拥簇着中心人物，起到了衬托主角的作用；离主人较远的画面右侧，有四位婀娜的侍女向姚氏缓行而来，使画面平添许多动感。全画人物安排有聚有散，有藏有露，有动有静，极富变化。另外，梅树在画中也被表现得虚实相映，疏密有致，与画中人物的掩映和遮挡，成功地制造了作品轻盈闲雅的氛围，为烘托主题起了最为关键的作用。

当然，仅以画中的空白、道具和配角从侧面衬托人物是不全面的，且无衬景式的布局总是带有太多的不确定性，要想更为清晰地表现复杂的内容情节还需加以适当的背景环境，尤其是有利于描写雅集、故事等题材的展开，因此，画家也必然要在构图的经营上花费更多的心思。

三、主体与衬景

清代的许多画论中都有人物画中布景方面的论述，蒋骥《蒋氏游艺秘录》"写照布景"篇，丁皋《写真秘诀》"旁背俯仰"章、"衣冠补景论"，沈宗骞《芥舟学画编》"图中安顿布置一切之物""人物家布置景色""人物辅佐"等节，都谈到了背景的陪衬作用。

张赐宁作《李文藻听泉图像》是一幅配景肖像画（图139）。主人公李文藻[8](1730–1778年)，字素伯，号南涧，山东益都人，是一代清官，问民疾苦，一生清贫。卒年49岁，年长画家十余岁。画家张赐宁(1743–1821年)，字坤一，号桂岩。河北沧州(今沧县)人。初游历江南，后任南通州管河州判，晚年流寓扬州。工诗擅画，得王宸(1720–1797年)指授。画中人物约40余岁年纪，据此推测当为画家青年时期的作品，画面笔墨浓郁，带有极强的动感，一派生机之景扑面而来。李文藻坐于郊外的松林之间，乱石跌宕中一股清泉倾泻而下，泉边的主人公手捻胡须侧耳倾听入了神。展现在我们面前的是一位黑脸大汉的形象，其方脸阔鼻，浓眉虎目，络腮胡须的样子好似一位骁勇的武将。然而正是如此粗旷的形象与涓涓柔泉的

对比，才产生了意想不到的视觉对比，使人由此感受到了主人公内质中儒雅温婉的一面。在这幅作品中，衬景环境的创意和描绘成功地揭示了人物的内心世界。此外，张桂岩另写有《纪晓岚像》[9]。

嘉庆十二年丁卯(1807年)万承纪作《吴荣光松盤搅胜图像》(图140)则以繁密的山景衬托人物。画家万承纪(1766-1826年)年长吴荣光七岁，号廉三、廉山，字畴五，江西南昌人，是钱坫的弟子。乾隆副贡，以明经佐楚戎幕，颇箸猷略，官至海防南河同知，署淮扬道。其绘画则得北宋诸家之长。吴荣光(1773-1843年)[10]，字伯荣，又字殿垣，号荷屋，晚号石云山人。吴荣光一生为官恢宏大度，官至湖广总督，且对有才之士格外器重，皆咸罗而致之幕下。另外，吴氏工于金石书画，精鉴赏，对碑帖考鉴造诣极深。此画中的主人公被作者安置于层峦叠嶂的山林之中，避日遮天的松柏和潺潺的山泉使画面带着浓郁的静谧之气，吴荣光戴笠披褐如同一位隐者立于山涧边，好似静听泉音，若有所思。为了突出人物形象，作者将主人公的衣帽处理成白色，使其看上去好似山中仙人、林间的圣贤。在人物与衬景的比例上，作者也将人物适当地夸大了些许，产生了真实中的意象表达。画中山水风格工巧繁缛、华丽典雅，有小李将军之风。

清代恽格于《瓯香馆画跋》中云："高简非浅也，郁密非深也。以简为浅，

图139
张赐宁
《李文藻听泉图像》
卷、纸、设色
55.5×126.8cm
山东省博物馆藏

图140
万承纪
《吴荣光松盤搅胜图像》
轴、纸、设色
167.7×43.8cm 1807年
故宫博物院藏

则迂老必见笑于王蒙；以密为深，则仲圭遂阙清疏一格。意贵乎远，不静不远也；境贵乎深，不曲不深。一勺水，亦有曲处；一片石，亦有深处。绝俗故远，天游不故静。古人云：'咫尺之内，便觉万里为遥。其意安在？'"前文述及的著名人物画家费丹旭就是一位擅长以繁简不同的造境方式表现人物画题材的文人，且其后期所作技巧日趋成熟。他的肖像画往往以景衬人，清丽雅致，和谐自然，道光八年(1828年)作《太鹤山人小像》(图141)就是一幅完美的代表之作。画中盘腿坐于竹林间的正是经学家和诗人端木国瑚(1773-1837年)，字子彝，又字井伯，号鹤田，晚号太鹤山人，浙江青田人。嘉庆年间举人，道光十三年(1833年)进士，官内阁中书，曾受到督学阮元的知遇。因精于《周易》和堪舆，道光年间官内阁中书，专门为朝廷相吉地。著有《周易指》、《太鹤山人诗文集》，咏有《晓发芙蓉村》《马鞍岭》等诗七首。端木国瑚生性安静、恬淡，画家以细劲的笔调、高古的色调描绘人物于清幽的翠竹之中，石间溪泉潺潺，精致的衬景正恰到好处地刻画出中年的太鹤山人的道骨仙风。与之对照，晓楼于道光二十二年(1842年)作《刘喜海像》(图142)中的配景则表现出一派生机盎然的画面。主人公刘喜海(1793-1852年)[11]是嘉道时期的金石学家，字燕庭，山东诸城人。为刘统勋[12]

图141

图142

图141 费丹旭《太鹤山人小像》 40×72.8cm 1828年 轴、绢、设色 浙江省温州博物馆藏

图142 费丹旭《刘喜海像》 56.7×152.7cm 1842年 卷、纸、设色 上海博物馆藏

的曾孙、刘墉的侄孙、刘镮之的长子,祖上是名至实归的书香门第、名门望族。刘喜海曾在陕西、四川等地做官,服官20余载,所至不名一钱,胸罗卷轴,家承赐书,独酷嗜金石碑刻款识,纵横满几。辑《苍玉洞题名》、《长安获古编》,撰《古泉苑》、《海东金石苑》等。作品描绘在树林掩映中的刘公坐于草庐之内,临窗远眺一片湖水,波光粼粼的水面合着沙沙作响的树叶为主人公带去丝丝凉意。全画喻静于动,烘托出人物内心世界的一片清凉。

另外,高士题材的绘画在构图上也自成风调,画家虽着眼于高士形象的神情刻画,不多作情节性的铺陈,但背景往往会点缀有典型性的景物,如松树、柳条、竹林、丛菊、山岩、溪泉等,以烘托人物的精神气质。君子爱竹之"高风亮节",自古传为佳话。《晋书·王徽之传》有载:

> 徽之字子猷,性卓荦不羁,为大司马桓温参军,蓬首散带,不综府事……时吴中一士大夫家有好竹,欲观之,便出坐舆造竹下,讽啸良久。主人洒扫请坐,徽之不顾,将出,主人乃闭门,徽之便以此赏之,尽欢而去。尝寄居空宅中,便令种竹。或问其故,徽之但啸咏指竹曰:"何可一日无此君邪!"

翠竹虽无国色花香,但青翠秀丽,足以令人心旷神怡。清代的士人题材作品中不乏以竹为衬景的画作,用以烘托人物的清高品性。尤其是肖像画表现得尤为突出,如华冠的肖像画《绿筠请书图》(图143),符曾的肖像画《竹里勘书图》(图144),余集、吴坚合作的肖像画《秋帆像》,道光八年(1828年)费丹旭作的《太鹤山人小像》,方士庶作《补郑燮像》皆以竹为衬景。最具代表性的就是方士庶所作的《补郑燮像》(图145)。郑燮(1693-1765年)是以画竹闻名画坛的扬州画派代表人物,号板桥,江苏兴化人。幼年家贫,但颖悟好学、性狂放落拓。乾隆元年进士,做过山东范县和潍县知县,后因请求赈助农民而得罪豪吏,告疾罢官归,居扬州以诗书画自适。郑板桥一生爱竹、敬竹,以诗画写竹、咏竹来勉人和自勉。在少年时代,板桥读书于真州毛家桥的时候就喜欢白天在竹林中闲步,迷恋其中的美妙意境。他爱竹成癖，为了深入揣摩竹子的特点，他在自己的家门口种了许多竹子。风中雨中倾听竹的声音，日里夜里观看竹的影子，诗中酒中对竹抒发感情。由于他熟悉、了解不同季节竹的生长规律和形态，发现与捕捉到竹子千姿百态的形象。故其所绘竹子体貌疏朗、笔力瘦劲，自有一番超凡脱俗的风格，时称"郑竹"。"郑竹"清瘦、挺拔孤直，借以寄情遣兴，表现他的孤傲、刚正，倔强不驯之气。画家作郑燮之像以竹为衬是必然的，也是最贴切的，正如板桥在乾隆二十九年(1764年)所作的《竹石图轴》题云：

  盖竹之体，瘦劲孤高，枝枝傲雪，节节干霄，有似乎君子豪气凌云，不为俗屈。故板桥画竹，不特为竹写神，亦为竹写生。瘦劲孤高，是其神也；豪迈凌云，是(其)生也；依于石而不囿于石，是其节也；落于色相而不滞于梗概，是其品也。

看似赞扬竹子的品格，更表明了其人的风骨。再如余集、吴坚合作的肖

图143 华冠《绿筠请书图》 38.2×87.6cm 卷、纸、设色 辽宁省博物馆藏

像画《秋帆像》(图 146) 也是将毕沅[13]先生绘于竹林之中。毕沅(1730-1797年),字缕蘅,一字秋帆,自号灵岩山人,镇洋(今江苏太仓)人。乾隆二十五年(1760年)进士,官至湖广总督。毕沅精通经史,旁及语文学、金石学、地理学,并善诗文,一生著作颇丰,在其幕宾的襄助下,搜求善本古籍,校勘辑佚,编纂了许多有价值的著作,尤其在经学与史学方面作出了很大贡献。另外,在其抚陕期间,曾勘了各州府、县志,调查了关中的名胜古迹状况,留下了《关中胜迹图志》等珍贵的第一手资料。同时,在他的主持下,整修了西安碑林、华岳庙,翻修了司马迁祠,修缮了苏东坡祠,重建了西安灞桥等。毕沅虽官至极品却性情儒雅温和,礼贤下士,"江左人才半归幕府",著名学者邵晋涵、程晋芳、洪亮吉、孙星衍、章学诚等名士云集身边。我们在作品的跋语当中便足见与主人公性情的对应之处:

玉版参来住石头,一春风雨倦登楼,阿谁独占箟簹谷[14],竟日摊书拜小侯。不须只用报平安,兀坐相忘万个攒,暂倚偷闲供著述,浮筠昨夜集青鸾。幽篁盘石镇相于,阅尽人间未见尽,我

图144

图145

图144
符曾《竹里勘书图》
33.7×98cm
卷、绢、墨笔
浙江省杭州市文物考古所藏

图145
方士庶《补郑燮像》(局部)
96.6×46.3cm
轴、纸、设色
故宫博物院藏

图146

亦有怀欣赏在,可容避俗结吾庐。三径宁须问主开,瑶编哦罢定衔杯,□材自愧难收拾,且索逢人说项来。

题奉。秋帆学长先生政。东畲万承波印。

其中"筼筜"、"幽篁"皆点到了作品表达的是一个竹林的环境。画中数竿青竹在清风中绰约多姿的风神传达出竹子不卑不亢、清高脱俗的内在品性。竹子清瘦隽逸的外在形貌通过深浅墨色的虚实互衬,加强了画面层次感,扩展了空间。山石的描绘也映衬出竹子的秀润娴静。全图以简洁的笔墨营造出清逸的境界。

可见,古人十分注重以物喻人、以景衬人的艺术法则,清代布颜图《画学心法问答》中就有这样一段内容:

图146
余集、吴坚作《秋帆像》
68×79cm
轴、绢、设色
浙江省杭州市文物考古所藏

问：画中笔墨、情景，何者为先？

曰：山水不出笔墨、情景，情景者境界也。古云："境能夺人。"又云："笔能夺境。"终不如笔、境兼夺为上。盖笔既精工，墨既焕彩，而境界无情，何以畅观者之怀？境界入情，而笔墨庸弱，何以供高雅之赏鉴？吾故谓笔墨、情景，缺一不可，何分先后？

问：画中境界无穷，敢请夫子略示其目。

曰：境界因地成形，移步换影，千奇万状，难以备述。子欲知其大略，吾姑举其大略而言之。如山则有峰峦岛屿，有眉黛遥岑；如水则有巨浪洪涛，有平溪浅濑；如木则有茂树浓阴，有疏林淡影；如屋宇则有烟村市井，有野舍贫家。

若绘峰峦岛屿，必须云藏幽壑，霞映飞泉，曲径俨睹麋游，藤阴如闻鸟语；茅茨隐现，不无处士高踪；怪壁横披，讵乏长年至药？绘之者须取森森之气，穆穆之容，令观者飘然有霞举之思。

若绘眉黛遥岑，必须桥横野渡，柳覆长堤，疏林远透天光，螺髻遥连汉影。直道迢迢，恰宜行人策蹇；津途弥弥，不乏贾客扬帆。绘之者须取落落清姿，遥遥淡影，令观者旷然有千里之思。

若绘巨浪洪涛，必须一摆之波，三叠之浪，之字之势，虎爪之形，荡荡若动。绘之者须墨飞屑气，笔走奔雷，令观者浩然有湖海之思。

若绘平溪浅濑，必须坡径遥通野屋，长烟远带疏篱，荷叶田田，蒹葭簌簌。中妇倚蓬门而待归艇，老翁扶疏柳而瞰游鳞。断井萧条，荒湾冷落。绘之者须取漠漠烟光，溶溶水色，令观者有悠然濠上之思。

若绘茂树浓阴，必须苍槐蓊葱，青松挺特，鸦翻翠影，帘拄疏篱，老火腾威，林阴无暑，叶密密，风飕飕。绘之者须取蒸蒸之色，郁郁之容，令观者有爽然停骖待晚之思。

若绘疏林淡影，必须落木远下秋山，薄雾横拖野汀，新红不禁夜雨，脱枝尤带宿霜。断岸烟微，野桥风冷。绘之者须取清商之气，灏素之容，令观者凄然而动闾里之思。

若绘野舍贫家，必须径绕黄桑，门临碧水，夫耡妻馌，定是冀缺之家；女笑童欢，必非冤农之户。村姑荆钗绾发，临破窗而嘻嘻以缫纺；老翁短袂披肩，坐土墙而欣欣以向日。牧牛东转，荷锄西归。瓢饮清泉，盆餐麦饭。或场头高卧，或月下闲谈，情景凄绝，萧疏有致。绘之者须取羲皇之意，太古之情，令观者倏然有课农乐野之思。以上情景，能令观者目注神驰，为画转移者，盖因情景入妙，笔境兼夺，有感而通也。

古人讲"景少意长"，这个"景"字并不单纯指风景，也包括画面一切形象在内。以景造境、用景衬人的山水图像由于有了作者思想的寄托和感情的倾注，使画面形成一种情景交融而富有感染力的艺术境界，一树一石不仅限于画面存在的实际形象，还会成为"升华"于物象之外的一种虚境。在许多表现高隐内容的作品中，画家甚至把人物描写得很小，就如同山水画中的点景人物一般，可见人与景的互动关系在清代已被很广泛地运用到了人物画中。如此看来，人与景的关系在清代中后期的文士题材绘画中表现得尤为突出，随着清中期以降文士政治功能的日渐弱化，使人们转向在文化功能上寻求个性与思想的宣泄，无论艺术风格是张扬还是柔媚，都无一例外地反映出功名意识的淡化和文化意识的增强。于是，造景的选择便自然地趋向对山川自然的回归，竹、石、江、海、松、泉等成为画家常用的布景内容。

四、小结

清代中后期的文士题材人物画的画面形式由于作者的身份主要集中于中下层文士乃至文人画家之中，当然也包括部分士大夫和宫廷画师，但总的来讲没有脱离开"士"这一传统儒家文化的载体，因此表现出鲜明的士阶层思想意识。这一时期的文士面对日渐衰败的社会局面以及自身际遇状况，表现出了功名意识的淡化，在重视传统诗文绘画的同时，也将艺术的探索寻求于儒学之外的释道思想，于是，在创作的道路上在延续了元明清初绘画构架的基础上走向多样化。传统的诗书画的一体化至此达到了空前广泛的境地,画家往往通过题跋来抒情记事,甚至跋语也成为了画面中不可缺少的"形象"。人物形象与道具、布景的安置也相对较为自由大胆,在时间与空间的意象表达中呈现出较强的创造力。另外,画家常喜利用具有代表性或隐喻性的事物暗示人物的身份、性情及好恶,同时也从某个角度表达了画家对是人是物的主观理解和价值判断。由此,从图像学的角度进行分析为我们提供了对历史人物真实情况的了解,也洞察到清代中后期一百余年中文士阶层的社会心理特征。

由此我们可以理解到,清代文士题材人物画中艺术境界的构成主要来源于作者在"实"与"虚"间关注的主观情怀和由此设计出的情景交融的画面。从而在此基础上,使观者在领会之余如影随形地加以想象和发挥,将这一艺术境界完善得更加清晰,人物形象就更加鲜明。

第二节 文士题材人物画的文士造型

人物画对于形象的构思,本质上与其他艺术创造一样也属于人的认识活动范畴,是以认识客观事物的普遍规律为基础,完成从现象到本质、从感性认识到理性认识的深入过程。画家们慎重地选择了人物造型的意象图式,并且力图通过这种选择表达参与现实人生的姿态,这是清代中后期绘画史符合一般性规律的部分,但同时也呈现着其时代的特征。

就前文所述的内容,我们可以得出两个推理:其一是,任何一个时代的产物都具有与其相关联时代的承继性,全然的雷同和截然的不同都是不合逻辑的,因此清代中后期人物画中的文士造型应该在具备中国历代文士造型创作规律的基础上有所发展,这一点我们将从"象形与传神"的角度加以探讨;其二是,当我们达成艺术造型形成的因素源自对象与艺术家两者的共识后,因人心属可变因素,人物画造型的多样性于是成为必然,但是,画家不是孤立地生活于只属于自己的真空状态中的，会受到社会和他人的影响或干扰，从而具有了相对的从众性，因此，我们可以试将千差万别的文士造型根据其主要特征归纳为几种类型，这一点我们将在"造型与范式"的部分加以分析。

一、象形与传神

"形"与"神"的关系，在人物画里多是指人的造型和神韵之间的关系。这本系先秦以来一直争论的问题，精神能否脱离形体独立存在成了论争的中心。而"形"与"神"作为中国传统绘画的核心范畴，就是由我国古代哲学中的"形神论"而衍发的。清代初期以后艺术界由于受到哲学上"形神"观的影响，把"传神"上升为终极的审美理想，使在人物画创作中，对"神"的强调和表现达到了宋代之后的又一个巅峰。清代中后期的人物画，在形神的质与用方面也各有侧重。既有以神为质、发挥"不似之似"形神观的画家，也有强调神韵寓写形之内的作品。但是应该看到，无论是形质神用，还是神质形用，在具体的把握中，都不同程度地重视了审美主体与审美客体间两者的统一。在此，在象形与传神这个问题上对于清代中后期人物画中的文士形象来说，应该从两种内容分别加以分析，一种是根据真实人物所作的写真肖像，一种是其他题材的人物画。

首先谈谈文士题材的肖像画。

人物画中因为有了肖像画从而使其更有了自身独特的个性和独具的创作要求。肖像画描绘的对象必须是客观存在的、具体的、特定的人物，是在现实生活中或历史上实际存在的真人。唐张彦远于其《历代名画记》明确谈道：

> 以忠以孝,尽在于云台。有烈有勋,皆登于麟阁。见善足以戒恶,见恶足以思贤。留乎形容,式昭盛德之事。具其成败,以传既往之踪。

图147-1

图147-2

可见肖像画在中国古代的主要作用是为真人写貌留影，或作为纪念、供奉、鉴戒的图像，因此，描绘客观实体必然是它的最基本属性。清代范玑《过云庐画论》明确指出肖像画的特质：

> 画以有形至忘形为极则，唯写真一以逼肖为极则，虽笔有脱化，究争得失于微茫，其难更甚他画。

为准确把握人物的外貌特征，古代肖像画论总结出许多写真原则。认为形似逼肖应着刻画最具个性特征的人物面部，而面部最重要的则是五官，当然重要结构也须顾及，此外，还谈到人物的笑容、气色、手势、动作等外部形态诸因素。在衣冠器具方面，也强调必须符合历史真实。清代后期的丁皋便是以其《传真心领》，总结前人的写真经验和方法，开创了写真理论的先河，对后世影响极深。丁皋，字鹤洲，出生于清嘉庆年间，丹阳人。继承家学，尤擅人物写真，在父亲丁思铭的教诲之下，以曾祖丁雨辰和祖父两代人所积家学为基础，撰写了人物画法25篇，编为《芥子园》第四集，由大雷居士倪模作叙，画谱附有丁皋之父丁思铭所积传真家学——《写照提纲》以及丁皋本人的自序和写真秘诀小引。此书图文并茂，丁皋在总结前人写生经验的基础上，结合丰厚的家学传统经验，形成写真秘诀定格，专论写生之法，与人规矩，与人生巧，成为艺苑之津梁，图绘之宝鉴。他在《芥子园画谱·人物》自序中对什么是人物传真作了恰到好处的阐释，认为传真就是写人物的真实面貌。所绘的人物形象，看上去俨然可即，虽时隔百年之久，人隔千里之遥，但展画于前，恍若遇见其人。此外沈宗骞的《芥舟学画编》也对肖像画法作了极其详尽的总结。

实际上，任何理论都是在反复实践的基础上升华提炼出来，再经过反复的实践加以验证的，或许徐璋就是一位颇具代表性的实践者。徐璋(1694-？年)，字瑶圃，是清代中期杰出的肖像画家，沈韶的高足，画技高超，曾被荐入宫廷当画师，尤以首创生纸画像著称于世。他一生画了许多肖像，《松江邦彦图》册(图147-1、图147-2)，就是徐璋流传下来的具有历史

图147-1 徐璋《松江邦彦图》之《沈犹龙像》1743年 册、纸、设色

图147-2 徐璋《松江邦彦图》之《顾正心像》1743年 册、纸、设色

和艺术价值的肖像力作。《松江邦彦图》不仅善用古法，且有所创新。除用线条勾勒外，又用淡墨或颜色渲染晕托，使人物面部浑然有立体感，画中人物须眉鬓发历历在目，栩栩如生，并兼有工笔之美。徐璋将部分画像绘于素绢，大部分画在生纸上，生纸画像要求技巧高度熟练，落墨要绝对准确，尤其讲究用笔，在勾画人物面部和服饰上不拘于程式章法，而重笔墨变化，求取整体效果，充分发挥笔墨效能，使其所画人物具有"韶韵之致"的情味。《娄县志》载"（徐氏）壮年遍觅缙绅家先代画像，酷意临摹"，这为他摹绘松江明人肖像做了积累和准备。据彭蕴璨《画史汇传》所记，《松江邦彦图》是徐璋"摹云间往哲像，始于大学士全公思诚，终于陈黄门子龙，共一百十人，凡胜国二百七十年中，忠孝、廉节、文章、理学，悉登于册"。徐氏摹绘的明人肖像的动因，在陆锡熊乾隆五十年为图册题识中曾提到：因他"尝以松江为衣冠渊薮，明代士大夫焯炜缇油，项背相望，而遗像未有裒集成图者，乃竭一生心力，广搜博访，手自临摹，久之积成若干幅……"。摹绘这许多名人的肖像，虽多有底本可据，但却是经过徐氏的再创造，他不仅求其身份、年龄、五官、手足和躯体特征等的真实形肖，更在人物的精神、气质和性格方面着力地加以刻画。如果用南宋陈郁《藏一话腴》中的一段内容加以总结，徐璋正是以作品应证了理论家的说法：

  写照非画科比，盖写形不难，写心惟难，写之人尤其难者也。夫帝尧秀眉，鲁僖、司马亦秀眉；舜目重瞳，项羽、朱友敬亦重瞳；沛公龙颜，嵇叔夜亦龙颜；……窦将军鸢肩，骆宾王亦鸢肩；杨食我熊虎之状，班定远乃虎头；司马懿狼顾，周嵩乃狼抗。若此者写之似足矣，故曰写形不难。夫写屈原之形而肖矣，倘笔无行吟泽畔，怀忠不平之意，亦非灵均。写少陵之貌而是矣，倘不能笔其风骚冲淡之趣，忠义杰特之气，峻洁葆丽之姿，奇僻赡博之学，离寓放旷之怀，亦非浣花翁。盖写其形必传其神，必写其心，否则君子小人貌同心异，贵贱忠恶，奚自而别？形虽似何益？故曰写心惟难。

如此说来，古人并没有忽视"真"的内部层面的意思，那就是"神似"。人物画"写真"中的"真"多是用来说明描绘"真实"、"逼真"之意。《历代名画记》引葛洪《西京杂记》对汉毛延寿的评语中有："为人形，丑好老少，必得其真"，这里的"真"无疑是逼真的意思。然而细究其意，"真"的概念里既包含了对象外形的肖似，同时也包括了神韵内涵的再现。于是，"真"不仅等同于"貌似"，已和审美对象的生命、气息、精神特征联系起来，具有了"形"与"神"统一的内涵。就如沈宗骞在《芥舟学画编·传神·总论》中曾指出：

  传神写照……不曰形、曰貌，而曰神者，以天下之人形同者有之，貌类者有之，至于神则有不能相同者矣。作者若但求之形似，则方圆肥瘦，即数十人之中，且有相似者矣，乌得谓之传神？……故形或小失，犹之可也，若神有少乖，则竟非其人矣。

因而"传神"也成了人物画范畴里的又一称谓。

  不过肖像画所传之神有着极强的客观性和物质性应是不可否认的，因此，肖像画只有善于抓住深刻体现内在精神的外形特征，捕捉最能反映人物性格和感情的瞬间表情、神气和动态加以集中突出，才能做到以形写神。陈郁在《藏一话腴》中早有言："夫善论写心者，当观其人，必胸次广，识见高，讨论博，知其人，则笔下流出，间不容发矣。"也就是说，要写出人物的内心世界就必须认真观察对象，以博大的胸怀和深刻的洞察力全面、细致、由表及里地剖析对象，做到深知其人、感情相通，才能在下笔时自然而然地描绘出人物的神韵。沈宗骞也指出："传神者当传其神之正也，神出于形，形不开则神不现，故作者必俟其喜意流溢之时取之。"[15] 从而强调了形与神的密切联系。古代画论中提出的"晤对通神"、"取之象外"、"迁想妙得"、"笔不周而意周"等观点就是其意吧。上一章述及过的许多图例皆可窥其奥妙，如闵贞作《巴慰祖像》时着力描绘了巴氏深陷的眼窝和暗淡的眼神；罗聘作《丁敬像》时夸张了修长的脖颈和圆隆的鼻头；焦秉贞作《张照像轴》时突出的是书法家宽大的额头和狭长的俊目；徐璋作《独树图》时重点表现了人物额上密布的皱纹；姚元之作《汤金钊行乐图》时有意描绘的是汤氏下垂的眼袋和紧锁的双唇……可见，"眼睛"当然是传神的重点，但并非唯一的途径。有经验的写真家在"取神"的过程中，是善于根据不同对象捕捉、选定表现其精神、性格特征的不同重点的。这是因为"人之神有属于一处者，或在眉目，或在兰台，或在口角，或在颧颊。有统属一面者，或在皮色如宽紧麻绉之类是也"[16]，所以画家在"取神"时从不放过任何可资的地方。作者们在"取神"方面，精于把握"巨"、"细"关系，并不能囿于一个方面，善于捕捉、选定表现人物精神性格特征的重点，成功地表现了人物的精神、气质和性格特征。因而这就需要对人物面部具有整体的把握，注意它的整体特征。离开了整体，作为重点的局部也就失去存在的意义。既要取"神"，但如离开作为整体的"形"，那么"神"也就无由而"取"之了！

在肖像画的作者中可能最具争议的就是产生于雍乾间以扬州画派为代表的文人画家了，评论界经常以"不求形肖但求意似"的观点将他们创作风格一以概之，实是一种不够全面的臆断！首先，扬州画家每个个体都有其自身的造型风格和气质，确有乖张狷狂的，但也有儒雅温润的；再者，不求达意的抒写多见于花鸟书法和一般性人物画作，而肖像画中虽有提炼，却并未脱离"形肖"的范畴。此外，同一画家的不同创作时期也对形与神关系的把握各有侧重。现以画风最具个性的罗聘为例，来对扬州画派文人画家的写实能力加以澄清。

浙江省博物馆藏乾隆年间罗聘作的一幅水墨肖像画《金农像》(图148)。画幅上的金农，方头大耳，五官饱满，浓眉下垂，最为有趣的是在光光的后脑勺上梳着一根细如鼠尾的小辫子，与硕大的头颅形成强烈的对比，给人一种幽默感。画面中的金农表情平和、安详，敦厚的身体稳坐在横卧的石头上，人与石几乎融为了一体。据史料记载，乾隆二十二年(1757年)，25岁的罗聘以诗为礼，正式拜金农为师，他们之间的感情，不是一般师徒关系可比的。设想画家没有对老师深入的观察和亲切的体会，很难

图148
罗聘《金农像》
轴，纸，设色
113.7×59.3cm
右上篆书题："冬心先生像"
诗堂由袁长题。

图149
罗聘《蕉阴午睡小像》(局部)
轴，纸，设色
92.8×38.6cm 1760年
上海博物馆藏

做到这样写意传神。冬心称,"聘得予风流七字之长"。其画既继承师法,又不拘泥于师法,笔调奇特,自创风格。据说罗聘作画,常请金农署名,于是"时人争购之"。先后客京城逾 20 载,虽名动公卿,却清贫如故。乾隆二十八年(1763 年),77 岁的金农在扬州佛舍谢世。老师病中,罗聘尽心侍奉,死后料理丧事,两年后又在杭世骏的资助下,护送老师的灵柩归葬浙江临平黄鹤山,弟子之谊超过亲子之情。老师死后,罗聘开始独立卖画为生,但总有一桩心事不能释怀:金农的部分诗作和砚铭,生前虽已汇刻成《冬心先生集》和《冬心斋砚铭》,《画佛题记》也在金农 76 岁那年由罗聘和另一弟子项均刊刻印行,可是还有不少诗作流散各地,未能汇集。循着老师生前的足迹,搜寻遗稿,编成《冬心先生续集》,成了罗聘的一大心愿,最终使金农的著作得以传于后世。师生的情谊如此深厚且往来如此密切,可以推想罗聘对老师的观察一定形神俱在心间了。比如前述罗聘为金农画的《蕉阴午睡小像》(图 149)中金冬心自题曰:

图149

图148

诗弟子广陵罗聘，近工写真，用宋人白描笔法，画老夫午睡小影于蕉林间，因制四言，自为之赞云：先生瞌睡，睡着何妨。长安卿相，不来此乡。绿天如幕，举体清凉。世间同梦，唯有蒙庄。

他对弟子的这幅画，对自己的形象，显然是极为满意的。金农对学生罗聘的喜爱，我们从他付与罗聘的自画像中可以得到印证，题记说：

……聘年正富，异日舟屐远游，遇佳山水，见非常人，闻予名欲识予者，当出以示之，知予尚在人间也。

此外，对于两峰的写真能力，我们通过金农的自写小像就能看得一目了然了。金农于乾隆二十四年(1759年)曾作《自画像》(图150)一幅，右侧漆书长题：

图150

古来写真，在晋则有顾恺之为裴楷图貌，南齐谢赫为濮肃传神，唐王维为孟浩然画像于刺史亭，宋之望写张九龄真，朱抱一写张果先生真，李放写香山居士真，宋林少蕴画希夷先生华山道中像，李士云画半山老人骑驴像，何充写东坡居士真，张大同写山谷老人摩围阁小影，皆是传写家绝艺也。未有自为写真者，唯《云笈七签》所载唐大中年间，道士吴某引镜濡毫自写其貌。余因用水墨白描法自为写三朝老民七十三岁像，衣纹面相作一笔画，陆探微吾其师之。图成远寄乡之旧友丁钝丁（敬）隐君，隐君不见吾近五载矣？能不思之乎？他日归江上，与隐君杖履相接，高吟揽胜，验吾衰容尚不失山林气象也。

乾隆二十四年闰六月立秋日金农记于广陵僧舍之九节菖蒲憩馆。

长达三百字的跋语边叙边议，不仅历数了写真之名家名作，也抱怀自信的表明为自己写真之举的历史价值，同时抒发了对好友丁敬的思念之情，交

图150
金农《自画像》
131.4×59cm 1759年
轴 纸 墨笔
故宫博物院藏

代了作画的目的。金农,原名司农,字寿门,又字吉金,号冬心,别号稽留山民、曲江外史、昔耶居士、苏伐罗吉苏罗、金二十六郎、百二砚田富翁、龙梭仙客等。其号甚多,因画而异如画竹号稽留山民,梅号昔涯居士,画花鸟号龙梭仙客,画人物号耻春翁,画马号冬心先生,画佛号心出家盦粥饭僧,画山水号曲江外史。浙江仁和(今杭州)人。少时与丁敬、杭世骏、历鹗同窗共读,20岁受业于吴县宿儒何焯(1661-1722年),乾隆元年(1736年)被保举博学鸿词科而未被选中,故心情抑郁,游遍齐、鲁、燕、赵、粤等地,大开心胸,所作诗文书画气概不凡。年50后方始作画,客居扬州以卖画为业,性情古怪,终身不仕,以"布衣"为乐。在扬州八怪之中,金农修养最为广博深厚,藏书千卷,精鉴赏。他好古力学,能为诗与古文,精于鉴赏金石、书画。凡画竹、梅、鞍马、佛像、人物、花鸟、山水,俱造意新奇,苍劲朴拙,风格高逸,尽脱时俗。金农工隶书,笔法朴厚;楷书自创一格,号称"漆书"。篆刻,得秦汉法。由此可见,冬心虽大器晚成,却因扎实的文化素养而傲居扬州群雄之首,他以金石意味入画所创作出的笔墨拙朴而艺品隽永的自画像,堪称清代自写肖像中之上品。画中金农如寿星般的方头大耳、梳一细如鼠尾的小辫儿、浓眉下垂落腮长须,长袍及地持杖缓行,作品以水墨白描兼减笔的手法真实地描绘了一个个性十足、傲世脱俗的文人形象。画面笔墨古雅隽逸,气格清新而稚拙,造型意趣横生,在洗练之中透露出深厚的文化底蕴和写实功底。画家"疏髯高颡"的外貌特征生动地表达出了金农癖古嗜奇、性情迂怪的气质。金农的自写之像看似逸笔草草,实则形神兼备,与罗聘的两幅肖像对照,无论从人物的体貌特征到容貌细节以致神情气质,都相差无几。

如果有人认为金、罗二人本为师生,画必有所近,且又同为扬州画派风格之列,故仅以两人作品互作比对不足为证,那么著名人物画家费丹旭的《金农像》应是更为客观的参照了。道光十二年壬辰(1832年)费丹旭摹有《武林厉鹗、杭世骏、金农、丁敬像册》,分别绘四人之貌,合成一集,其中有一册就是金农之像(图151),此外晓楼另有摹《武林四征君像》(图152),画中也有冬心先生。将两画进行比照,推测人物动态、形貌皆出一稿,只是一为单人肖像，一为四人群像而已。细观两幅作品中的冬心，皆是方头大耳、须长眉浓、面型体态也与金、罗二人作品中的形象别无二致。由此可证，罗聘肖像作品的人物造型同样遵循了以形写神、形神并重的创作思路，只是在主观意兴心绪的表达上更具有概括提炼的表意审美特征。像罗聘的《两峰道人蓑笠图》、华喦的《新罗山人小影》、黄慎的《漱石捧砚图》都属此类作品。

图151

形似与不似是相对而言的，因判定的标准而断之。扬州画家在艺术上或多或少地顺应了扬州市民阶层的好尚，突破了传统的、宫廷的形似标准，形成和发展了神似基础上的形似新径。故仅以"不求形肖"来概括扬州画家的人物造型是不够恰当的。首先，他们大多出身于知识阶层，有的经过科举从政，但终以卖画谋生，生活清苦，有相近的生活体验和思想感情。其中金农、汪士慎、黄慎、罗聘终生不仕，郑燮、李方膺一度任过小官，却都先后被黜。他们愤懑官场的腐败，比较了解民间的疾苦，对炎凉世态深有体会，因此，在画中我们能够在朴实真切的造型中感受到画家对民间文士阶层日常生活的关注和体察。其次，他们在艺术上都重视个性的张扬，力求创新，在绘画中表现形神关系方面都强调神韵，善于运用具有艺术化的造型表达人物形象背后的鲜明的个性。

扬州画家的肖像使我们反思历代被人们争议的象形与传神的关系问题。绘画艺术不等于照相术般的描摹真实，它不仅具有时间性和空间性，同时还要加上人的主观思维的能动性，因此，在对象基础上的改变是必然的，也是艺术创作自身的要求。于是"象形"就理所当然地被人们冠之以一定的标准，既然标准是人定的，因此也只能以一种相对的认可方式存在。故我们在这个逻辑达成共识的前提下，再去看扬州画家的肖像画作品吧！如果相对于当时接受西方再现对象的宫廷肖像画来说，扬州画家的作品在人物的生理结构的表现上是不够"象形"的；如果相对于传统写真之法的要求来说，扬州画家的作品在人物的细节描绘上也不够精准；但从中国古代画论"以形写神"的标准来看，扬州画家其实做得很好。诚如沈宗骞在《芥舟学画编·传神总论》所言：

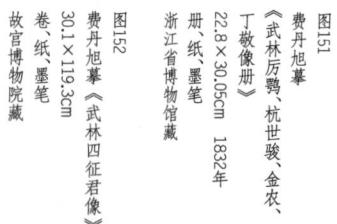

图151 费丹旭摹《武林厉鹗、杭世骏、金农、丁敬像册》 22.8×30.05cm 1832年 册 纸 墨笔 浙江省博物馆藏

图152 费丹旭摹《武林四征君像》 30.1×119.3cm 卷 纸 墨笔 故宫博物院藏

图152

画法门类至多，而传神写照由来最古，盖以能传古圣先贤之神，垂诸后世也。不曰形、曰貌，而曰神者，以天下之人形同者有之，貌类者有之，至于神则有不能相同者矣。作者若但求之形似，则方圆肥瘦，即数十人之中，且有相似者矣，乌得谓之传神？今有一人焉，前肥而后瘦，前白而后苍，前无须髭而后多髯，乍见之或不能相识，即而视之，必恍然曰：此即某某也，盖形虽变而神不变也。故形或小失，犹之可也，若神有少乖，则竟非其人矣。然所以为神之故，则又不离乎形。

古代的画论和扬州画家们的肖像作品反映了传统肖像画领域两个值得探讨的问题：一是，"以形写神"是一个形神并重的概念，孰轻孰重因标准而异，但始终不能偏颇其一；二是，象形与神似是相辅相成的，二者不可分割对待，具有互动互利的性质，一以言之就是，形以载神、神以衬形。

还要特别澄清的是关于古代先贤历史人物肖像画的形神问题。一般的历史人物图像不宜归入肖像画范畴，但画家若能认真依据文献记载，尽可能找到有参照价值的形象资料，在衣冠服饰方面也基本符合历史真实，并通过异于他人的外貌刻画使作品中的人物从气质、性格、装束到道具、环境，都具有鲜明的时代气息,则可称为一幅历史人物肖像画。对历史人物肖像画的创作,古人有很多论述,方薰《山静居画论》曰:"写古人面貌,宜有所本,即随意为图,思有不凡之格。"当然,如果是与画家生活时代接近的时期的人物,还多数有章可循,如徐璋的《松江邦彦图》,可若是更为早前时代的人物,要想"肖似"则是很困难的了,毕竟因中国古代行文多以比拟之辞为之,因而在文献资料的记载中寻求答案也只可意会了。因而,此类肖像在无法苛求形似的情况下,神似便成为画家以神概形的变通之法,造型的意味中更多的强调反映精神本质的特点。成功的历史人物肖像画,无不具有这种典型化特色。另外,历史人物肖像以表彰为主的功能到了清代已经很大程度的弱化了,画家们遂使形象带有较多理想化的因素。由于描绘对象属于已经逝去的历史人物,画家无法亲眼目睹,其形象依据多凭借文字记载,因此,图像多有想象的成分。于是,想象的成分通过典型化造型的描绘被理想化了。关于这一时期人物造型的典型化,我们将在下一节中具体分析。

清代范玑《过云庐画论》云:

画人物,须先考历朝冠服、仪仗、器具制度之不同,见书籍之后先,勿以不经见而裁之,未有者参之。若汉之故事,唐之陈设,不贻笑于有识耶?

可见,对于形似的要求在清代也并非仅限于以真实人物为素材的肖像画,就如清人松年《颐园论画》也认为:

如画晋人,其衣冠器用以及风俗,必须一一遵照晋朝制度,如此方谓之人格合派,非读书不能知也。以此类推,各有朝代,不可忽略,所以人物难于山水花鸟以此。再画人之面目,贵贱仙凡,各传风神气度,行坐悲喜,无不逼肖,始得谓之能品。若夫千人一面,毫无区别,喜怒悲欢,未能传出,此匠人之作,诚所谓画家下乘,难称名贵大家也。[17]

那么，我们再来讨论一下在清代中后期，除去肖像画以外的其他人物画对于形神关系的把握情况。

涉猎文士内容的人物画包括雅集图、故事图、高士图、日常生活、历史典故等题材，画家通过概括、综合甚至想象，创造出非特定的、类型化的，甚至虚构的人物形象，因而区别于肖像画的造型特征就是可以不求形似，或遗形求神，得神韵于形似之外。清代郑绩在《梦幻居画学简明·论肖品》中谈道：

> 凡写故实，须细思其人其事，始末如何，如身入其境，目击耳闻一般。写其人不徒写其貌，要肖其品。何谓肖品？绘出古人平素性情品质也。……写武侯如见韬略，写太白则显有风流，陶彭泽傲骨清风，白乐天醉吟洒脱，皆寓此意。

因为在中国艺术的时空观中"形"是一种横断时空中物象特征的静止形式，它是瞬间的，随时间流逝的。因此，"形"是有限的，那些给感官提供界限的物象在表现无限的宇宙时显得不很得力，而那些无法用感官把握到的变幻莫测的而又永恒的物象才是宇宙精神之所在。这一点在清代中后期的高士图中表现得尤为突出。

值得强调的是重意取神的艺术倾向并非等同于逸笔草草，清代中后期文士题材人物画中呈现出来的文士形象，无论工笔或是写意并未流于千人一面的概念，可以看出画家在创作构思之时是十分用心的。例如黄慎的《漱石捧砚图》（图153）就是一幅以写神自居的肖像画。此为作者好友漱石的肖像画，画面空灵、洗练，不作背景，漱石手捧石砚身穿布衣，侧身而立，目光炯炯有神，笔法跌宕豪放，墨色清润，赋色淡雅，形象生动，左上画家自识"写神不写真，手持比结邻，何处风流客，吾家大度人"。虽然我们不能对照出所绘人物的真实原形，但在每个艺术形象的表征上都能找到

图153

图153
黄慎《漱石捧砚图》
85.2×35.7cm
轴，设色
钤"黄慎"白文方印、"恭寿"朱文方印，裱边有郑燮、金农、史鼎、明中等二十七家或题诗或题记，及钤印五十六方。

具有突出特点的细节描绘，画家又通过人物的神情、体态、举止、动作等的编排描写，使每个观者在心中引起了对于生活经验的联系，从而获得对该人物形象性格、气质、身份、修养上的认可。这种真切的感受正是画家意匠经营的人物造型自身所传达出来的。这就是那些背景不着一笔一墨的高士作品依然能够传达隐逸山林田园之境的奥秘。在这里，情感表现使艺术形象的"真"不仅包括有形似的一面，还有画家主观表现的一面。倡性灵说的袁宏道认为"出自性灵者则为真诗"[18]，清袁枚"诗难其真也，有性情而后真"[19]，都是从心灵、从情感的角度出发的。此期的人物画也具有同样的倾向，时人所谓的"真气"、"真意"、"真趣"、"真人"、"真心"、"真性"、"真性情"、"真精神"等，显然都是对于"真"在主观精神方面的发挥。相反，在文人画家眼里那些以形真论画的院体画家，则被贬以"画院俗子"和"众工"之虞。对"真"的这种主观角度的解释，也可反证明清文人自我意识的增强。不过这并非意味着就绝对地排斥对形的再现性因素的描绘，不过是对主体意识的强调罢了。画家们要使自我融入一个时空当中，就要摆脱世俗间枝枝节节的"形"的缠绕，于是"不似之似"作为"形"与"神"的和谐，成为了以高士图为代表的非肖像人物画的思维定式。

在对形神关系的把握上，由于有不同的侧重，才有了以宫廷画家为代表的以形为质、以神为用的形神统一；和以扬州文人画家为代表的以神为质、以形为用的以神衬形。清代中后期的人物画在写形与传神的把握和表现方面，就是上述形神观的具体体现，概括说来是一个不同画家在形与神的表现上各有偏重的时代，反映在文士题材上的人物造型上的正是此时区别于山水和花鸟画科造型的主要特征。当然，需要强调的是，人物肖像画中的"真"的主客问题是互相消长的，相对来说人物画的主观成分多一些，而肖像画的主观成分太多自然会失去对象客观之真。因此，从历史的大趋势来看，此时的肖像画还是从比较重视表现客观物象真实性的"状物"，逐渐向着表现物象的概括性和内在的精神特征发展；由表现物象本身的精神（生命、气息），发展为托物寄情，表现画家自己的思想感情，并渐由"取神"，发展为"表意"，从"神似"发展为"意似"的审美境界。

图154

图154
韩戚《和靖赏梅图》
170×96cm
轴、绢、设色
南京市博物馆藏

图155
黄慎《林和靖爱梅图》
94.3×110.1cm
轴、纸、设色
南京市博物院藏

图156
华喦《林和靖梅鹤图》
（局部）
170×100cm
轴、绢、设色
安徽省博物馆藏

二、造型与范式

沈宗骞《人物画法》中有言道：

> 写忠孝仁慈令对者发性情之感。山林肥遁，须潇洒而幽闲。钟鼎贤豪，须雅丽而典则。才华文士，可知廊廓雄姿。农圃呈时世之升平。原野识湖山之放浪。

说明当时之人十分注重人物造型所传达出的审美感受，且它是与人物的身份气质一一对应的。不过在对同一形象的表达上又因为艺术家个体的不同理解，而产生了迥然不同的造型。试看，韩咸作的《和靖赏梅图》(图154)是一幅人物造型奇崛的作品，画中的林和靖披一大氅，缩首而立，正捧梅观赏。人物面型奇长，鼻直唇丰，眼窝深陷，眼圈乌青，圆目寿眉，络腮胡须，可谓略带丑怪之相。当我们把这个艺术形象与黄慎作《林和靖爱梅图》(图155)中的林和靖作一比较，会发现黄慎笔下的形象表现为另一种形貌气质。画中和靖是一位五官端正、瘦鼻长髯的老者，平易朴实的姿容下透露着儒雅高逸的风姿，与韩咸的造型相比，少了超拔的个性，多了平实而端严的睿智。而画家华嵒在表现相同题材之时却又是另一番情形了，华嵒《林和靖梅鹤图》(图156)中的主人公秀逸潇洒，轮廓柔和，剑眉细目，流动的线条间呈现了一个清雅高洁的隐者形象，比之黄慎作品更具柔媚飘逸之姿。由此可见，以形传神的作品因"形"之不同而会"神"之有异。造型于是成了人物画的又一个重要组成因素。

图155

图156

"造型"一词在《现代汉语词典(试用本)》[20]中具有两个方面的解释：一是"创造物体形象"；二是"创造出来的物体的形象"。由此可知，"造型"包含两层内容，一个是作为过程的"造"，一个是作为结果的"型"。就人物画的具体范围而言，"造"的部分就包括创造人物的形象的过程，而"型"的部分则包括被创造出来的人物的形象。因此，讨论清代中后期人物画中的文士造型，势必要从过程到结果的全面加以分析。

　　"范"在《辞源》[21]里是"模型"的意思。而在《现代汉语词典(修订本)》中，除了"模子"，还有"榜样"、"范围"、"限制"之意。"式"，《辞源》[22]解释为"规格，榜样"。当"范"与"式"和为一词时，应是一名词无疑，试解为"具有一定范围并被规定的榜样"。如果把"范式"放到人物画的造型创作领域讨论，则可套用为"具有一定代表性并被归纳了的人物造型样式"。

　　通过以上对"造型"和"范式"两词的解析，我们可以明确接下来将要在文士造型领域讨论的范畴。如前所述，清代人物画以情感表现为其主要特征造型观，使画家强烈的自我精神一方面体现在对人物神情举止的传达上，另一方面更是体现于人物造型自身的审美归纳中。这种创作方法虽历代有之，但因时代的不同各有所异。人物造型的主观表达昭示着清代画家文人对"真实"概念的重新解释。

　　纵观清代中后期文士题材的人物画图像，虽然人物形象各具特征，但总有一些造型在审美特征上表现出相近的意趣，有的端严儒雅、有的阴柔秀逸、还有的超拔奇崛……是否可以在人物造型中找到一些规律？当然没有任何一个人物造型只具有单一的一种审美特征，而且每个欣赏者都带有自己内心的审美尺度，或许当某个人物造型呈现面前时，一个人看来是端严儒雅，而另一个人却认为用阴柔秀逸概括更贴切，但每一个艺术造型总有着比较主要的审美倾向，代表着画家对表现对象的审美观察，更昭示着画家自身的艺术感受、审美理趣、情感思想，甚至人生哲学。下面就以现存世的120幅清代中后期人物画的范围作为我们的参照依据，将文士造型的主要审美特征概括地分为三种类型，或许会得到许多意想不到的结果。

虽然其中的作品不能还原真实而全面的历史情况，但依然可以作为我们了解和整理这段人物画史的开端，其中做出的量化结果虽是一家之言，但至少可为我们从宏观上把握艺术从现象到本质的研究工作做出些许参照。

第一类是端严儒雅型，这一类人物在造型上表现了人物一种端庄、稳重、深沉、肃穆、儒雅的审美气质，带有古代中国阳刚中隐含着蕴藉的男性美。在笔者收录的120件作品中共有42件为此类型审美趋向的，其中作品最多的画家是华嵒、黄慎、苏六朋和徐璋。包括：

华嵒作《苏米对书图》(1725年)

华嵒为国符作《桐荫问道图》(1727年)

华嵒作《金谷园图》(1732年)

华嵒作《柳岸松风图》(1746年)

华嵒作《三高士图》

华嵒作《二老谈道图》

华嵒、丁皋、黄溱合作《桐华嵒主像》

华嵒作《松石人物图》

黄慎作《王乐圃松荫读书图》(1740年)

黄慎作《李泌赏海棠图》(1753年)

黄慎作《韩魏公簪金带围图》(1754年)

黄慎作《八月梅花图》

苏六朋作《东山报捷图》(1837年)

苏六朋为翼元作《桐荫听颂图》(1838年)

苏六朋作《太白醉酒图》(1844年)

徐璋作《独树图》(1750年)

徐璋作《石星源像》(1755年)

徐璋作《高凤翰披褐图》

费丹旭作《竹笑兰言图》(1847年)

张崟、王州元、尤诏、屠璇、何恬、石廷辉、吴九思、朱文景、伊大麓、奚冈合作《玫园行乐图》(1791年)

张崟作《桂荫凉适图》(1819 年)

蒋峰作《宋贤捡玩图》(1740 年)

张宗苍等作《黄鼎像》(1744 年)

上官周作《探梅图》(1746 年)

范润作《八子拾玩图》(1747 年)

闵贞作《钱陈群六十小像》(1758 年)

茅麟作《泉石清流图》(1773 年)

罗聘作《邓石如登岱图》(1795 年)

姚元之作《苏东坡像》(1801 年)

顾隽作《白居易像》(1821 年)

蒋莲作《献寿图》(1837 年)

刘彦冲作《听阮图》(1845 年)

冷枚作《松荫读易图》

高岭作《蕉荫清兴图》

徐镐作《张昀像》

范荣作《湖曲老人像》

茅麐作《藤荫读书图》

万岚作《包世臣像》

朱兰甫作《李唐观瀑图》

顾洛、奚冈作《柳阴人物图》

王素作《包世臣像》

第二类是阴柔秀逸型，这一类的人物造型温婉、柔媚、闲逸、内敛，带有女性化倾向，是古代中国男性内质中阴柔婉约一面的较为极端的图像显现。在 120 件作品中共有 55 件为此类型审美趋向的，其中作品最多的是费丹旭、改琦、华喦和华冠。包括：

费丹旭作《陈云柯像》(1833 年)

费丹旭作《携孙索笑图卷》(1834 年)

费丹旭作《殷树柏一乐图像》(1837 年)

费丹旭作《松下沽酒图》(1847年)

费丹旭作《臧卿秋隐盦填词像》(1847年)

费丹旭为楚江画像(1848年)

费丹旭作《秋芦泛月图像卷》(1848年)

费丹旭作《果园感旧图》(1849年)

华嵒作《自画像》(1727年)

华嵒作《人物故事图》(1737年),

华嵒作《吴石仓像》

华冠作《西园重到图》(1767年)

华冠作《永忠图像卷》(1778年)

华冠作《闲过竹院图》(1791年)

改琦作《商山四皓图》(1819年)

改琦作《人物故事图》

改琦作《采莲图卷》

改琦作《簪胜图》

方士庶作《补郑燮像》

方士庶作《补林泉高逸图》(1734年)

李世倬作《为赵俊飞画像》(1732年)

李世倬作《逍遥胜迹图十二开》(1746年)

金廷标作《高贤遇隐图》

金廷标作《莲塘纳凉图》(1754年)

顾洛作《补松壑听泉图》

顾洛作《盟沤图》

冷枚作《醉月图》

冷枚作《赏月图》

刘彦冲作《鹤听琴图卷》(1842年)

刘彦冲作《杂画》八开。

焦秉贞、蒋廷锡作《张照像轴》(1726年)

莽鹄立、蒋廷锡作《允礼小像轴》

罗聘作《人物》

蒋峰作《翰墨和鸣图》(1731 年)

余颖作《陈月溪观潮图》(1733 年)

高凤翰、叶芳林作《玉山特立图》(1740 年)

上官周作《杂画十二开》(1745 年)

范润作《八子拾玩图》(1747 年)

沈朗作《戈纪二老比肩图》(1759 年)

付雯作《老子像》(1765 年)

万上遴摹《宋荦五十四岁像》(1787 年)

潘大琨、冯桂芬、罗聘作《法式善四十四岁像》(1796 年)

顾鹤庆作《瓜州徐园十六景》(1815 年)

钱杜作《山水人物图册》(1822 年)

虞蟾、王素作《拨阮图》(1822 年)

黄钺作《补黄钺八十像》(1829 年)

蔡升、王礼作《幼樵像》(1845 年)

吴冠英重摹张穆祖父《泗州府君立像》(1847 年)

阙岚、万上遴作指画《东坡笠履图》

余集、吴坚作《秋帆像》

徐梁作《爱莲图》

尤绍、汪恭作《随园女弟子图》

长荫作《行乐图》

陈俞作《何琴山像》

王润作《校礼图》

马咸作《立履图》

第三类是超拔奇崛型,通过较为夸张的形象表现某种与众不同的人物特征,无论形成的艺术造型怪诞、幽默、奇谲或如何非比寻常,都是为了将人物无法言述的特殊气质以可视的图像呈现出来的艺术手法,这是画家一种极具艺术感染力的心绪表达。在 120 件作品中共有 23 件为此类型审美趋向的，其中作品最多的是黄慎和苏六朋。包括：

苏六朋作《三酸图》(1832 年)

苏六朋作《西山采薇图》(1834 年)

苏六朋作《含饴弄孙图》(1837 年)

苏六朋作《听泉图》

苏六朋作《停琴听阮图》

黄慎作《相琴图》(1725 年)

黄慎作《进爵图》(1759 年)

黄慎作《接福图》

黄慎作《苏武牧羊图》

罗聘作《易安像》(1798 年)

罗聘作《丁敬像》

华嵒作《秋林读书图》

华嵒作《逍遥公像》

上官周作《人物故事图册》之一《庐山观莲图》

高凤翰作《文选楼草斌图》(1739 年)

陈撰作《屈原》(1729 年)

张四教作《新罗山人像》(1767 年)

无款作《罗聘像》(1797 年)

改琦作《仿陈洪绶赏梅图》(1827 年)

吴东槐作《东方朔像》

曹树德作《陈祈年小像》

傅雯作指画《观泉图轴》

韩咸作《和靖赏梅图》

以上的统计所呈现出来的结果，十分有趣。第一点：在三种审美类型中第二类"阴柔秀逸型"为数最多，占据近 50% 强；第三类"超拔奇崛型"所占比重最小。第二点：每种类型中都有相对集中的画家，当然这与画家一生中的作画总数有关，也不能排除所选作品的偏颇之处，但不能不作为一种值得探讨的问题。第三点：每一类型所包含的题材内容上有趋向性的不同，如"超拔奇崛型"中表现当时在世的人物肖像内容就比较少，而另两类反之。第四点：把不同审美特征一一对应于人物作品之后会发现，在对人物抽象内质方面的表现和作者主观感受的表达上，三种类型按排序依次递增和越发鲜明。

图157

在这一分类比较的过程中我们遇到的最大问题就是，事实上是很难把一幅作品绝对地定位于其中一个单一的造型审美类别中，许多作品之中都具有两种甚至两种以上的审美取向，但总有一个为主要倾向的现象。例如刘泳之作《听阮图》(图157)，从图中款识可知此画是刘彦冲以其八兄为描绘对象绘出的。图中文人身着高冕宽服，抱膝而坐，正听一位歌女弹奏阮琴。似闻阮音清扬，四处芳草如茵，梧桐枝叶繁茂，又配以湖石、芭蕉、翠竹，清幽异常。人物用线细劲圆润，颇有古意，设色妍丽明快。草地以大面积花青渲染，以重色细笔根根绘出，间以浓淡的变化，形成雾动云涌之感。梧桐近乎淡墨白描，更有幽深清丽之意。整个背景有一种缥缈空灵的虚幻意味，衬托出人物笔墨的写实生动；画中人物的表情动态，又反衬阮音的悠扬动听。虚实相辅，以有写无，形成脱俗越尘的艺术效果。在这样的意境衬托下，人物作椭圆面型，凤目剑眉，鼻直唇薄，三绺墨髯飘然胸前，他身型适中略有富态，举止儒雅之至，在端庄温虞之间含带着些许俊秀，这一人物形象已经是带有丝毫阴柔之气的儒士了。虽然我们最终还是把《听阮图》中的文士形象归在第一类之中，但是对于这一形象审美分类上的争议是不可避免的。又如乾隆五年庚申(1740年)高凤翰、叶芳林作《玉山特立图》(图158)，作品描绘的是扬州画派的怪杰罗聘，画中人物面型长圆，瘦鼻丰唇，剑眉笑目，神态亲切温和。人物披一大氅，作削肩瘦硬之姿，尽显秀逸潇洒之气。图中有高凤翰题赞为：

图158

图159

　　两峰先生五十七岁像赞曰。玉山矗苍雪，舞中有伟人，岸然
　　清古现，潇洒以端庄，亦慈祥而严武，于戏先生其殆，激之不浊，

图160

扬之不清，所谓人中之龙，文中之虎者欤。

从画家对所绘人物罗聘的溢美之词中足见当时文士对人物品第的好恶，而这种"潇洒""端庄""慈祥""严武"是在一种阴柔之气的造型中实现的，因而还是将其归为第二类阴柔秀逸型的艺术造型中。不过这些争议并不会为我们分析艺术表象到本质的联系带来太多的障碍，正如李可染先生所云，好的作品正是把多种矛盾统一的作品。因此，我们还是可以带着比较之后的结果再次回到具体的造型图像中，去更为深入地分析每种造型与审美类型的对应关系。

宫廷画家冷枚作《松荫读易图》(图159)中的文士形象是一个极其代表第一类端严儒雅型特质的艺术造型，画中人物方脸宽颌，大耳垂肩，圆目蚕眉，鼻头圆润，双唇丰腴，三缕墨髯当胸飘浮，眼光深邃而祥和，散发着一种博学之士特有的典雅通达之气。这是一张描绘精细的院本人物画，虽人物原型无从考证，但足以代表清代正统派儒生形象的典范。《广弘明集·十五》南朝宋谢灵运《佛影铭序》有言："容仪端庄，相好具足。"故端庄是指容貌端正庄重。儒雅，是风度温文尔雅、兼寓富有学问的意思。北周《庾信·庚子山集一》之《枯树赋》曰："殷仲文,风流儒雅,海内知名。"《尚书序》言："汉室龙兴,开设学校,旁求儒雅,以阐大猷。"《后汉书·七九上·儒林传·序》载："及光武中兴，爱好经书，未及下车而先访儒雅。"更将其引申为博学的儒士[23]。下面另有几幅文士画家的此类作品。

如雍正十一年(1733年)夏六月唐千里所作《董邦达像》(图160)。主人公董邦达(1699–1769年)[24]生于康熙而活动于雍乾时期，字孚存，一字非闻，号东山，富阳人。他自31岁起一生在朝供职，属文职官员，一度奉命内庭，故乾隆高宗弘历为之题咏者甚多，其工书，尤善画。画中的董邦达坐于垂柳掩映的书房之内，捧卷临窗远眺，目光炯炯，若有所思。屋外彼邻小河，一侍童踞于岸边洗砚，回首观望主人。画中柳枝轻浮，似给炎夏带来阵阵凉意。唐千里作此画之时，正是董邦达35岁成进士，改庶吉士之年，正值其仕途伊始之际。从画面中不难对照出一个雄心勃勃的文

图157
刘泳之《听阮图》(局部)
78.7×137cm
卷、纸、设色
故宫博物院藏

图158
高凤翰、叶芳林《玉山特立图》(局部)
112×50cm 1740年
轴、绢、设色
山东省烟台市博物馆藏

图159
冷枚《松荫读易图》(局部)
绢、设色

图160
唐千里《董邦达像》(局部)
94.2×68.7cm 1732年
轴、绢、设色
故宫博物院藏

士，在他的儒雅外表下透露着自信的音容气息。

乾隆五十六年辛亥（1791年），张銮、王州元、尤诏、屠暶、何恬、石廷辉、吴九思、朱文景、伊大麓、奚冈合作《玫园行乐图》（图161），此图裱边上的题跋甚多，从玫园先生后裔的言语间得知此图绘于先生离世之后，众亲友表达缅怀之情所为。因此部分跋语乃是表达见图如见人的哀思，如：

> 母尝论亲谊属尊，金台乐溯共昏晨。风微不道成销歇，笑貌于今尚逼真。遗业箕裘允克肖，传家诗礼洵能循。披图一段林泉致，慨想当年为怆神。嘉庆丁巳孟秋奉题。玫园表母舅大人遗照。颖畬甥黄嘉谟。

而更多的是玫园先生生前的亲友们借画以赞人的生动词句，不仅说明画家的丹青妙手再现了人物的音容笑貌，更是肯定了人物造型所传达出来的气质精神与主人公十分吻合。例如余集写道：

> 满帧秋光思不禁，主人高坐此云岑。清标逸似三霄鹤，画手

图161
张銮、王州元、尤诏、屠暶、何恬、石廷辉、吴九思、朱文景、伊大麓、奚冈合作
《玫园行乐图》
58.1×92.6cm 1791年
轴、绢、设色
辽宁省博物馆藏

> 纷如百衲琴。岂是黄王留合作,都从泉石结同心。山中若许招裴頠,好订鸥盟共入林。

在题赞中玫园被形容为"清标逸似三霄鹤",足见对其人品气质推崇之至。黄嘉敬的题跋中更是把长辈赞颂得如同仙人一般:

> 图中古貌宛如前,迥忆光仪感逝泉。德比竹梧芳共仰,悲馀风木孝堪传。乡园何自瞻归鹤,丰采原应次列仙。传志勒成遗范在,我钦珠咳七年先。

铁斋荣柱的言辞中,则将人与景比,表达了先生胸怀博大、气度非比寻常的性情,文中写道:

> 予耳玫园先生久而未之识也,壬子秋识其兄兰畬于岫云丛林,风雨过从相得甚欢,兰畬殁后敬展玫园遗照。益信子瞻不能专美,使予景行之私愈不能之也,乃为之赞曰:先生之躯,九尺东方,先生之德,积厚流光。唯山与水,胸怀所藏。绿竹猗猗,苍松蹇蹇。落日吴越,秋风茂苑。鸥鹭无言,白云自返。难兄难弟,华萼连卷。古人往矣,山水依然。披图对止,予缅其贤。

又如纪昀将其称之为"高人"[25],唐景灿将其称之为"幽人"[26]皆是无比敬仰的赞誉。细观画中人物,面型长方,颇有福相,笑目平眉,带着和善之气,鼻肥髭黑,体态魁伟,真是一位儒雅坦荡的君子之像。这样的仪态万方之人,势必使人观后留下洒脱又不失端严的审美印象,于是许多跋语就是阐发了对人物品藻的异己之见[27],这些时人的所思所悟、所感所言都真实而清晰地表达了清代中后期文士的好恶和情思,同时暗示了主人公儒雅的风范,反映了艺术造型对人物精神境界的视觉启发作用,同时验证了审美形象所呈现出来的审美感受与造型之间的对应关系。

再如王素[28]为清代学者、文学家、书法家包世臣(1775-1855年)[29]的画像(图162)是一幅取景独特的半身人物肖像,在写真上方的题跋记其时年78岁,以此推测该作品应为咸丰二年壬子(1852年)所作。画家精心刻画了包世臣的五官和神情,采用凸凹画法,结构清晰准确,衣纹以墨笔粗线一挥而就,又不失人体结构毫厘,与头部的刻画产生了鲜明的对比,成功地表现出一位睿智通达的学者形象。万岚作《包世臣像》局部(图163)与之相对照,形貌真可谓一般无二,足见两位画家皆是根据客体固有的形态在象形的基础上传达出对象神韵气质的儒雅端庄。

图162

《独树图》(图164)是徐璋用生宣所作的衬景肖像画。李锴[30],字铁君,自号焦明子、豸青山人,铁岭人,是朝野相闻的著名隐士。此图作于乾隆十五年(1750年)春正月二十,正是这一年朝廷下诏举经学,朝臣多人举荐李锴,他以年老多病为由而推却。老人身着长衫,安坐于一株参天古树之下,身边溪水潺潺。已近暮年的李锴鼻直口阔高颧长脸,五缕长髯飘然胸前,面容俊朗神情恬淡,毫无病容。作者将人物置于一片茫茫草原之中,苍劲的古树衬托出主人公脱俗潇洒的出世态度。

图163

通过以上几幅具有代表性的人物画作品的分析,我们不妨试着总结一

图164

图165

图162
王素《包世臣像》(局部)
横幅、纸、设色
26.9×51.1cm
上海博物馆藏

图163
万岚《包世臣像》(局部)

图164
徐璋《独树图》
卷、纸、设色
33.7×57cm 1750年
故宫博物院藏
跋曰:「独树图,豸青山人李锴自题。」

图165
茅鏖《藤荫读书图》(局部)
绢、设色

170

图168

图167

图166

下透露出"端严儒雅"气质审美的造型所呈现的造型特征：天庭饱满，地阔方圆，鼻健眉浓，体格健硕。这些只是一般性的特征，具体的特点因人而异。由于有了相对规律性的造型思路，画家往往将它们运用于对先贤人物或文士故事、高士图中虚拟的人物形象中去，于是我们因此而获得了相应的判断。茅麐作《藤荫读书图》(图165)和黄慎作《李泌赏海棠图》(1753年)(图166)两幅作品，一为工笔一为写意，却都很符合我们所总结的基本造型特征，并同样获得了端严儒雅的视觉印象。而且我们在黄慎的高士题材作品中会发现画家曾多次使用了该种造型，表现一种颇具高雅洒脱气质的文士形象，如黄慎作《爱梅图》(1724年)、《整冠图》(1728年)、《人物》(1731年)、《书画》(1743年)、《广陵花瑞图》、《韩魏公簪金带围图》(1754年)、《人物故事十二条屏》(1753年)、《铭砚图》、《采茶图轴》、《赏梅图》等等，举不胜举。此外，在肖像画中我们不难看出，诸如费丹旭道光年间作的《夏鼎像轴》(图167)、华冠乾隆年间作的《永瑢像轴》(图168)、佚名乾隆年间作的《王宸像》(图169)、丁皋乾隆年间作的《靳荣藩像卷》(图170)、吴俊道光年间作的《兰坡友古图像卷》(图171)等作品的主人公形象都呈现出这种样范。从这一推理中，我们是否可以得出一个假定性的结论：艺术形象之范式的形成源自于艺术家对真实生活中人物由精神到表象的形象总结，所积淀的造型之主要特征作为一种审美形象的范本运用于对新的形象的创造中去，从而获得由形似到传神的心理过程。

图166 黄慎《李泌赏海棠图》(局部) 1753年 238×132cm 轴、纸、设色 南通博物院藏

图167 费丹旭《夏鼎像轴》(局部) 道光年间 106.7×50.8cm 轴、纸、设色 故宫博物院藏

图168 华冠《永瑢像轴》(局部) 乾隆年间 115.8×47.6cm 轴、纸、设色 故宫博物院藏

带着这样结论的假设,让我们再去看一看第二类阴柔秀逸型的艺术造型。

蔡升、王礼合作《幼樵像》(图172)绘于道光二十五年(1845年)。画中人物刘嘉琛[31],字幼樵,直隶天津县人。刘幼樵一生腹藏锦绣,淡泊名利,曾撰联"无事此静坐,有福方读书",以此剖白心迹。此图系蔡升和王礼遵嘱为四川提学使刘幼樵所作,绘青年幼樵泊舟放鸭的闲逸生活。主人公手持钓竿坐于棚船上,衣着素雅而飘逸,身旁高大的柳树和在池中追逐嬉戏的群鸭使画面富有自然的野趣,表现了主人公的性情和追求。人物部分的作者蔡升(1791年后–1860年),一名升初,字可阶,浙江德清人。善写真,得曾鲸法,兼工花卉树石。卒年近70岁。其描绘的刘幼樵用笔古秀,人物面部经多层渲染,赋色高雅,具有肖像画的特征,非貌似者可比。图中幼樵面型清瘦,下颌消尖,鼻直眉浓,凤目薄唇,略有病容,其体态柔弱,作肖肩细臂状。人物的神情举止间散发着一种安逸闲散和幽怨的气息,

图169

图170

图171

图172

图169
佚名《王宸像》(局部)
33.5×107.6cm
卷、纸、设色
乾隆年间

图170
丁皋《靳荣藩像卷》(局部)
36×131.8cm 乾隆年间
卷、绢、设色
故宫博物院藏

图171
吴俊《兰坡友古图像卷》(局部)
34.8×95cm 道光年间
卷、纸、设色
故宫博物院藏

图172
蔡升、王礼《幼樵像》(局部)
12.5×49cm 1835年
轴、纸、设色
故宫博物院藏
自识「幼樵三兄先生属蔡丈可阶写照,秋言礼补图,时乙巳三月」。钤「秋言书印」白文方印。

图173

是阴柔秀逸型审美造型的典型形象。

陈俞所作《何琴山像》(图173)秀雅清新,作者将人物绘于碧山青溪之间,主仆二人于山中煮茶读书,十分恬淡闲逸。主人公为一消瘦体弱的中年文士,眉清目秀鼻高唇薄,三缕青须飘然胸前。裱边跋一云:

> 慧眼宁拘,州子传神。却在个中,君百情深。秋树我为,心醉春风。淡淡和为,石色潇潇。可是茶馨,想像业阴。道上传来,此景分明。寿北弟张文深。

另一云:

> 众木萧森九月秋,塞鸿南去水东流,天高正可舒青眼,诗健方知易白头,缕缕茶烟潭外起,林林枫叶坐来收,寄情何必无怀际,一卷能销万古愁。圣翁老学长先生属题。熊学仪。

两段文字都未对人物的形貌品性表达直白的赞美之情,但是通过秋景的描绘和煮茶的清雅,暗示了何琴山是一位崇尚隐逸、情感细腻的文人雅士。

以轻盈瘦弱之形表现文士温润秀逸之态,是清代中期以后出现的一种标志性的艺术造型,在推崇隐逸之风的大背景下整个社会审美中似乎对病态、柔婉的形象报以同情和欣赏的态度,以至于文人趋近于自怜幽怨的情

图173 陈俞《何琴山像》 卷、绢、设色 31.5×55.1cm 广东省博物馆藏

图176　　　　　　　　　图175　　　　　　　　　图174

绪在绘画作品中表露无疑。其中最具代表性的人物画家就是费丹旭。道光十七年费丹旭作《殷树柏一乐图像》(图174)，绘人物作于环境清幽的书斋之内，形容瘦硬而精神矍铄，长脸高颧，蛾眉结鼻，最具特征的就是高高的额头，凸显出睿智之像。图中有黄安涛[32]的题跋。殷树柏(1769-1847年)字曼卿，号云楼，晚号嫩云，又号西畴桑者，所居名一多庐，秀水（今浙江嘉兴）贡生。他是清代中后期的一位书画家[33]，卒年79。这是一幅应嘱之作，因此画中的主人公也有题记曰："一乐图。苕溪晓楼费君丹青绝妙，兼擅写照为余作行看，子因忆苏子美[45]有笔砚精良，人生一乐语，遂以名其图云。"落款："道光十七年丁酉八月十有八日。云楼老朽。时年六十有九。"这是一幅记录着当时文士的交往、心态、境遇、价值取向和整个社会审美的艺术作品。画家的艺术形象成了文人心智的载体，作品题跋成了提炼艺术形象的解析，当千百年后的人们再次品读作品之时，依然能与生活于那个时代文士的精神对话。可见艺术可感的视觉形象对人物气质的表达皆因造型方式的不同，会产生截然不同的审美取向，并为文字的模糊表达加注了真实可感的注脚。如费晓楼作《陈云柯像》(1833年)(图175)、《臧卿秋隐盦填词像》(1847年)、《楚江画像》(1848年)、《果园感旧图》(1849年)等作品中的肖像都是具有鲜明女性化造型特征的人物，代表了典型的费氏造型，同样运用于其他文士题材的人物画中，如《携孙索笑图卷》

图174
费丹旭
《殷树柏一乐图像》(局部)
1737年

图175
费丹旭《陈云柯像》(局部)
85×59.5cm
1833cm
轴、纸、墨笔
故宫博物院藏

图176
王岗《厉鹗像轴》(局部)
108.2×49cm　乾隆年间
轴、绢、设色
故宫博物院藏

(1834年)、王岗作《厉鹗像轴》(乾隆年间)(图176)、《秋芦泛月图像卷》(1848年)(图177)等等。当一种造型特征所蕴涵的意蕴得到一定的认可之后，就会带来普遍性的心理暗示功能。许多画家在作故事画或创造虚拟人物形象时往往也会运用人们已经接受的带有固定含义的人物造型传达与之对应的气质审美。

再看乾隆十九年甲戌(1754年)金廷标作《莲塘纳凉图》(图178)。此图描绘的是唐代诗人杜甫五律《陪诸贵公子丈八沟携妓纳凉晚际遇雨》二首之一的诗意。原诗中有"竹深留客处，荷净纳凉时。公子调冰水，佳人雪藕丝"两联句。画家描绘了莲池边的一片密竹林荫前，一公子与美妓乘凉之景，所绘景物正与诗意相互对应。此画笔墨工细，衣褶以浓墨勾勒，略似折芦描法，笔势十分流畅。山石似用小斧劈皴，锋棱多姿，墨色富于层次。右下自题"乾隆甲戌秋日柞溪金廷标写"，旁钤"二黟"白文长方印。画家金廷标(？–1767年)，字士揆，乌程(今浙江湖州)人，乃是画家金鸿之子。乾隆二十二年(1757年)第二次南巡时，因呈《白描罗汉图》册而入内廷。工人物、山水、花卉，擅长白描法，在继承传统方面颇具功力，深受乾隆器重。画中的公子悠闲地靠坐在石几旁边，身形极其瘦削，似有病态，人物细

图177 费丹旭《秋芦泛月图像卷》(局部) 43.9×101.6cm 1848年 卷、绢、设色 故宫博物院藏

目蛾眉，鼻直唇薄，十指尖尖，作欲取物状。神情气质间流露出安逸闲适的生活状态，俨然是作者以古人之句抒现世之情的图像显现。金氏在供职的十年间共创作80余幅画，多属人物故事。比如他的《高贤遇隐图》(图179)也是一幅表现柔婉秀媚的文士形象的故事画，作品颇具宋人笔韵。这幅作品的内容与"子路问津"的典故有关，《论语·微子》载：

> 长沮、桀溺[34]，耦而耕。孔子过之，使子路问津焉。长沮曰："夫执舆者为谁？"子路曰："为孔子丘。"曰："是鲁孔丘欤？"曰："是也。"曰："是知津矣！"……且而与其从辟人之士也，岂若从辟世之士哉。

讲述的是孔子迷路，使子路问渡，道遇隐者，遭到冷遇，受其奚落，似有所悟。画中田边树下，子路容貌清秀温润，宽额圆脸，平眉凤目，正拱手拜问耕者，态度十分恭谦。此画虽没有刻意描绘子路的容貌细节，但在农夫装扮的隐

图179

图178

图178
金廷标《莲塘纳凉图》
1754年
绢本·设色
56.9×65.1cm
上海博物馆藏

图179
金廷标《高贤遇隐图》(局部)
轴、纸、设色
故宫博物院藏

176

者的对比下,尽显人物的儒雅秀逸之姿。

类似的情况在表现清雅秀逸形象的文士人物作品中比比皆是,总的来说,其造型特征表现为:眉目清秀、面型圆润或削尖,体态柔弱。有些形象表现为飘逸清丽之姿,而有些则幽怨似有病容,这一点往往因画家而异因作品而不同。从整体上来讲在阴柔秀逸类型的人物形象中,同样表现出艺术造型与审美范型的互动关系,验证了我们在第一类形象分析之后得出的结论。

最后我们从最具艺术表现力的造型类别超拔奇崛型的人物作品中看看是否有着相同的规律。而这一类型的造型是否有着较为统一的造型特征呢?超拔,有提升、脱离、摆脱,高出一切之意[35];奇崛,是奇特突出之意,因此这一类型的人物形象显示为与众不同的造型。"扬州八怪"之一的罗聘是此类型作品最多的画家之一,如他曾于乾隆二十八年癸未(1763年)作《丁敬像》(图180)就是一例。本幅篆书"丁敬身先生像",诗堂袁枚题,左面合裱丁敬诗,裱边有吴昌硕、存道居士题跋,暂不详录。丁敬是罗聘的恩师,金农的知友,卒年71,作品正是表现了丁敬晚年的形容。丁敬(1695–1765年),字敬身,号砚林,又有钝丁、清梦生、梅农、丁居士、玩茶翁、龙泓山人、砚林外史、胜怠老人、孤云石叟、独游杖者等别号。浙江杭州人。好金石碑版,工书能诗,精于鉴赏,收藏颇丰。善切刀治印,印风苍劲质朴,后人推为"浙派"开创者,"西泠八家"第一人。著有《武林金石录》、《龙泓山馆诗钞》、《砚林集拾遗》、《龙泓山人印谱》等。本图没有作者署款,据裱边丁敬手书《送诗客罗君遁夫归扬州》诗及丁敬致罗聘书札,得知此像并非受命之作,而是罗聘出于对前辈敬仰之情,在杭州画成后携归扬州,留作纪念的。创作时丁敬68岁,罗聘31岁。丁敬身着长衫倚仗坐于石上,脑后几许白发,头颈伸得特别长,造型夸张,"怪"中见美,拙中含趣。袁枚在诗堂上题云:"看碑伸鹤颈,拄杖坐苔矶。"罗聘画中有诗,袁枚诗中有画,诗画呼应,相得益彰,表现出丁敬如闲云野鹤般的性格。此像构思造型别出心裁,使我们从青年罗聘的作品中就可以看出他发展了老师金农的肖像画法,追求文人画的天趣、人趣、物趣,为传统肖像画的艺术造型开拓出新的领域。

史料中发现罗聘曾为袁枚画像的记述。乾隆三十六年(1771年)39岁的罗聘首次进京，有感于人情世态，作《鬼趣图》八幅，讽世意味甚深，京城引起轰动，著名文人翁方纲、钱大昕、姚鼐、蒋士铨等皆有题诗。八年之后(1779年)，罗聘迫于生计到南京卖画，结识了袁枚，袁枚得以观赏《鬼趣图》，大为赞赏，亦题诗三首。在南京期间罗聘经济拮据，得到袁枚的资助，彼此甚为相知，于是有了罗聘为袁枚画像之事。据袁枚《戏题小像寄罗两峰》[36]一文，知《袁枚像》画好之后，引起了一场争论。争论的双方是袁枚家人与罗聘，双方都不肯让步。作为最了解袁枚体貌的家人，面对此像直言画的不是袁枚；罗聘则争辩画的就是袁枚。罗聘的人物画以意传神，所以据情理推测，此像在形似上大概是未下功夫，故家人实难认可。于是袁枚出面打圆场，发表了一番高论：

图180

我有二我：家人目中之我，一我也；两峰画中之我，一我也。人苦不自知，我之不能自知其貌，犹两峰之不能自知其画也。毕竟视者误耶？画者误耶？或我貌本当如是，而当时天生之者之误耶？又或者今生之我，虽不如是，而前世之我，后世之我，焉知其不如是？故两峰且舍近求远，合先、后天而画之耶？然则是我非我，俱可存而不论也。

图181

从中可以看出袁枚含蓄地表达了此画像确实不太像自己的意思，以使家人气平；但其论又给了罗聘很大的面子，且阐释了一番通脱、豁达的人生哲理：人凡事不可"过于执"，应该多角度地看待世间之物，所谓此亦一是非，彼亦一是非。其言中不无老庄意味。袁枚怕此图自藏被家人损坏，乃"托两峰代存"，认为罗聘"势必推爱友之心，自爱其画，将与《鬼趣图》等"，"共熏奉珍护于无穷，是又二我中之一我之幸也"！由此可见，两峰作肖像喜在形似的基础上通过对人物某些特征的夸张，表现为一种超拔奇崛的形象，从而突出主人公与众不同的性格和气质，这是一种艺术化的造型意识，由于每个被画对象千差万别的内质，表现出了截然不同的造型特征。

图180
罗聘《丁敬像》(局部)
60.7×108.1cm 1763年
纸，设色
浙江省博物馆藏
本幅篆书『丁敬身先生像』，诗堂袁枚题，左面合裱丁敬诗，铒经识字古先生。『瘦骨如龙被边吴昌硕题跋：秦汉难期殿有心刻画应□，舒眉欲逐被衣去，披古道气凝。相背浑疑被荷黉来。想见清。庄子被衣大悦行歌而去作披，武梁祠里几徘徊。之。)邂夫难下笔，已初夏拜下读一过谨题二绝丁句，安吉后学吴昌硕时客庵。』

图181
罗聘《易安像》(局部)
44×119.5cm 1798年
轴，绢，设色
美国高居翰藏

另有存道居士题跋，暂不详录。

图182

图183

　　嘉庆三年(1798年)初冬,罗聘幸遇老友易安,便绘制《易安像》(图181)以作临别纪念。这是罗聘更晚期一些的作品,图中人物面型甚长,细眼浓眉,鼻子也被画家夸张得很长,且大耳垂肩,作倾首嗅梅状,神情怡然,有却尘脱俗之风骨。老者以玲珑剔透的湖石为背景,更显超拔气概。画家由彼此的君子之交,联想到唐代诗人李白与孟浩然的友谊,特录太白诗于画端。罗聘晚岁信佛,画风渐趋平和中庸,而画中瘦硬古拙之趣,则得陈老莲真髓。自题:"官阁春风咏已传,横斜疏影自年年。梅花若论真知己,还让襄阳孟浩然。"落款:"不见翼庵七兄先生九年矣,嘉庆戊午初冬归舟,过长芦作此奉别。并题一绝以传,雪和,两峰弟罗聘。"从罗两峰的两幅肖像画可知,画家因所画人物的性格不同,故所创作的造型也就全然有别,事实上这些艺术形象也是因画家而异的。

　　另一个以造型奇崛著称的是清代后期画家苏六朋,他的高隐题材和故事题材作品中的文士形象时常以丑怪诡谲示人,如《西山采薇图》(1834年)(图182)、《听泉图》(图183)中的高士形象都造型奇特,或是翻鼻孔八字眉,

图182
苏六朋《西山采薇图》(局部)
1834年
纸、设色

图183
苏六朋《听泉图》(局部)
轴、纸、设色

或是虬须虎目，或是方头突额角，表情也夸张而神秘，完全不同于人们心中高逸隐者的相貌。

华嵒《秋林读书图》(图184)描绘的则是一种文雅中不失超拔的文士形象，画中的先生李孝廉优雅地坐于一片林荫之中，他左手捧书右手伏案好似看到了绝妙之处，一副惊喜之色，身边的书案上摆放着笔砚和数函待读的书籍，小童乖巧地站立一旁准备为先生呈书。人物作方头大脸，额短而眉剑，一双大眼炯炯有神，鼻圆唇厚，样貌十分不同寻常。作者自题：

> 李谧字永和，州举孝廉，公府二辟并不就。好音律，爱乐山水，一遇真赏，悠尔忘归，每日：丈夫拥书万卷，何假南面百城？弃产营书，手自删削，卷无复者四千余。

图184

从跋语中可以知道，这位李谧不但是位读书人，而且还是音乐家，又是出版家。他自己动手编书，又拿出许多钱来购藏，他爱书爱到连官也不肯出去做的地步，则与过去士人读书的最高理想"书中自有黄金屋，书中自有颜如玉，书中自有千钟粟"完全不一样，他完全是"书中只有阅读乐"。但是，画家这里并不只是描写一个死读书的呆子，而是在案边有意画了两棵高大的树，浓荫覆盖，几乎占了大半的画面，暗喻读书可以树人，树高千丈，满枝绿叶，这是书本的营养滋润茁壮的。画家通过对画中快乐读书的情景描述，用两棵参天大树，含蓄地讲述了一个千年不变的道理，使人在欣赏艺术的同时，感悟到了画外的精神境界。这种读书的唯美，实际上也是对旧时代文人为功名利禄而读书的一种否定。就这个意义上说，新罗山人这幅《读书图》，不失为有较高价值的精湛之作。

这些被夸张甚至略有变形的人物造型各具特色，绝少出现相似或雷同，因此我们很难将此类造型的特征规范为相对统一的样式，但都是突出了人物的某一部分形态，并通过强化了的表情，突现出人物有别于芸芸众生的性格和气质。所以，虽然第三类造型没有形成固定的某一种范式形态，但依然形成了人们心中可感可知的形神对应概念，这种抽象的范型也是我们

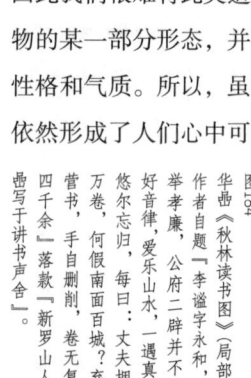

图184 华嵒《秋林读书图》(局部) 作者自题『李谧字永和，州举孝廉，公府二辟并不就。好音律，爱乐山水，一遇真赏，悠尔忘归，每日：丈夫拥书万卷，何假南面百城？弃产营书，手自删削，卷无复者四千余』落款『新罗山人华嵒写于讲书声舍』。

理解艺术形象内质的载体。

三、小结

经过以上例举的几类人物造型的分析和与之形成的形象范式之间关系的探讨，可以在清代中后期文士题材的人物画中得到以下结论：一、该时期的人物画作品延续着形神并重的传统人物画造型观念，并非逸笔草草的文人画作为主流，在写形与传神的侧重点上因绘画题材、作画目的、画家风格而各有不同。二、画家以各具特色的造型传达人物的气质神韵表现出了丰富多姿的审美样式，且形象个性越强烈者则更以神似为主。三、人物形象引发的审美思维模式，会以造型范式的样式运用于其对应审美类型的人物创作中，从而获得社会审美的普遍认可。

第三节 文士题材人物画的笔墨语言

清代中后期人物画文士造型的面貌无疑是各具特色的，造型观念的阐发如同一只无形的大手影响和凝聚着艺术创作的风格和人物造型的语言形式相近的艺术家，他们往往会形成各不相同的画派或有着一定的师承关系，并用自己独特的笔墨语言不断深化着各自的画派思想。在上一节得出的结论中我们已经明确，清代中后期画家形与神的把握上是统一而又各有侧重的，其侧重点就在于以具有艺术个性的形象传达人物的内在精神和性格。对画家而言，表现对象造型特征的理论固然重要，然而，如果不具备相应的艺术表现和笔墨效果，也难以创造形神具化的人物形象。在本小节中我们最后来谈谈在清代中后期文士人物画中呈现出来的笔墨语言。

清代布颜图在《画学心法问答》中说："气韵出于墨，生动出于笔。墨要糙擦浑厚，笔要雄健活泼。"可见中国画非常注重"笔墨"，尤其注重用笔的笔法，把用笔作为造型的基本手段，这一点人物画也不例外。沈宗骞《芥舟学画编》在《用笔》一节开篇便指出了用笔和笔法对于人物画传神的意义，他说：

> 世间之物无不可以状之者唯笔而已。夫以笔取物而欲肖之，非用笔得法者不能，况人之面貌尤为灵气发现之处，若徒藉凹凸苍黄白皙红润之色，不过得之形似而已，其灵秀韶韵之致，万万不能得也。

这里论述了笔法的两个层面的意思，一是笔法是表现形似的唯一途径；二是用笔本身呈现的审美理趣是人物画传神的关键，两者缺一不可。他特别强调的是，在笔的运用和表现上，其中的"韵致"对于加强表现人物的风神、气度是尤为重要而颇具统一性的。这一理论是依然延续着传统"骨法用笔"的理念而阐发的，而在清代初期以后出现了中西合璧画风流行的大背景下，外国画家进入内廷供奉，带来了西洋的写实技法，这无疑为传统人物画的笔墨表现带来了些许影响，这一点首先出现在画院的宫廷人物画中。受到西法晕染画法影响的宫廷画师如莽鹄立、丁允泰、丁瑜等人吸收外来的造型表现手段，创造了一种中西合璧的新型画风。但事实上，虽然郎世宁等人为适应皇帝的爱好和中国画的传统特色，对西洋画法加以改造，舍弃了光线影响下所形成的阴影、投影和强烈的明暗对比，仅以形体结构本身的起伏凹凸和比例准确的造型塑造人物，但与宫廷画师们的作品在笔墨的运用上依然具有本质的区别。对比两幅当时的人物画作品的差别，从笔墨的角度就足见其中的奥妙。故宫博物院藏的《允礼小像轴》(图185) 是一幅典型的院体肖像画，由满洲人莽鹄立写照，蒋廷锡补景。画中描绘的是康熙第十七子，封果亲王允礼，别号春和主人，善书画。此图写果亲王，身穿长袍，和蔼静穆，从容自若地坐于梧桐树下，人物面部用线勾出五官部位后，用赭色晕染，须发眉毛的深浅似受西洋绘画技法的影响，具有立体感和皮肉的质感，衣纹、梧桐、月季、翠竹用勾勒填色法，笔法工细，设色富丽。与其对照的是郎世宁所作的一幅《允礼像》(图186)，

图185 莽鹄立、蒋廷锡《允礼小像轴》
287.5×171cm
绢、设色
故宫博物院藏
署有"果亲王御照，都统兼理藩院侍郎莽鹄立谨写。"之款，并有"蒋廷锡谨补景"题记，不见著录。

图186
郎世宁《允礼像》
31.4×36.6cm
页、绢、设色
故宫博物院藏
有果亲王自题一首，并有"郎世宁谨绘"落款。

图中有果亲王自题一首,并有"郎世宁谨绘"落款。画中人物骑马戎装十分威武英俊,笔墨间强调对象的立体感和质感。画家以工整的墨线和细致的色晕来代替粗放笔触和块面色彩,使作品既具有笔墨韵味,又能为皇室所接受。相较之下,我们不难发现,莽鹄立本的《允礼像》讲求"皮肉明备,骨节暗全"的表现方法,并不像西方绘画那样要严格的按照人体和颜面的解剖关系作结构的刻画,其面部表现,除以线勾出基本结构之外,面部的起伏,在很大程度上是靠了用笔表现面部的皱纹、皮缕的方向特点来实现的。对照沈宗骞《芥舟学画编·用笔》中的内容:

> 面上皮缕及皱纹,皆应显其笔迹,凡下笔必依横竖。如额之缕横,故纹之粗细隐显不齐,而总皆横覆。至眉心则缕又竖,才过眉心至山根,则其缕又横。鼻山之旁,其缕又斜,自印堂插近鼻管,两颧之缕,从眼梢鱼尾纹分下,带笑则长而深,否则略见而已。鱼尾纹挑上则环到眉棱,接着额之覆纹。两颐之后皆依寿带分垂环向颏下。颔下之纹又横,项之两旁则又竖。写纹当以勾笔取之。写缕当以皴笔取之,故知写照唯用笔。

证实了中国画家在表现面部时主要是依靠勾勒间以皴擦的用笔方式,强调"墨骨"的理念。在表现中经过画家的概括与提炼,依据人物面部固

图186

图185

有的皱纹或皮缕用"线"来勾、皴出富有表现力的笔线，从而达到"无模糊着迹之弊，有圆和流润之神"[37]的艺术境界。这种用笔最为不着痕迹的院本肖像画如此注重笔法的审美和功能，就更不必说那些文人画家主观强化用笔特色的作品了。虽然我们将在后面的内容中具体讨论文士题材范围内的笔墨问题，但是否可以得出一个初步的结论：清代中后期的人物画依然承继着传统中国画对用笔、笔法的要求，并相应地发展了人物画笔墨与造型进一步的结合与统一。

当然，"笔"和"墨"是很难分开讨论的，沈宗骞在论述用墨中，对笔和墨的关系作了极精辟的理论概括。他说：

> 盖笔者墨之帅也，墨者笔之充也，且笔非墨无以和，墨非笔无以附，墨以随笔之一言，可谓尽泄用墨之秘矣。[38]

可见，在人物画中笔和墨的关系上，还是以"笔"为主、以"墨"为从的。沈氏同时指出：

> 夫传神秘妙，非有神奇，不过能使墨耳。用墨秘妙非有神奇，不过能以墨随笔，且以助笔意之所不能到耳。

也就是说作为肖像画，在"墨以随笔"方面，要想达到"欲寻墨之所在而不可得，不知皆墨之所成"的境界，必须做到随得自然，这是一个高于其他画科的要求。于是，沈宗骞进而从用墨的角度分析了当时出现的"西洋法"与传统中国人物画在美学观念上的本质区别，他说：

> 又今人于阴阳明晦之间，太为著相，于是就日光所映有光处为白，背光处为黑，遂有西洋法一派，此则泥于用墨而非吾所以为用墨之道也。

传统的中国绘画观察和表现人物，注重的是直观经验性的描绘，在审美反映中更多地侧重的是对主体内在情感与意志的感悟与抒写，而不注重对客体对象的某时某刻真实再现。即使是比较重视写实的肖像画，也是以线造型来表现物象固有的结构、五官和面色等内容。而在用墨方面则强调墨随笔痕，通过必要的用墨，帮助笔意所不能达到的意韵。由此说来，在下面的个案分析中，我们将以笼统的方式将笔墨融会于当时绘画所呈现的派别之内，对出现于清代中后期文士题材的主要作品及画家的笔墨演变作一归纳性的整理，从而将掩盖于画家个案和作品表象之下的时代艺术脉络呈现得比较清晰。

总体来讲，清代自康熙以后至道光朝的近130年中，文士题材的人物画由于受到政治、经济、文化等大环境的影响，出现了许多时代的新面貌，这一点体现在笔墨语言方面显得尤为突出。本文概括地归纳为三个方向：一是西洋技法的引进和明末"波臣派"的余绪；二是传统院体绘画和宋元文人画的发展；三是书法笔法的介入和书写式笔墨的创新。下面就这三种趋向的笔墨表现作一具体分析。

在第一个趋向中，西洋技法的闯入是这种笔墨变革的根本因素。西洋写实技术的传入始于明万历年间，意大利传教士利玛窦来华时带来了文艺复兴时期圣母像的画法，至明末清初，更多西洋传教士之善画者如郎世宁、艾启蒙、王致诚、安得义等人的到来，使人物画完全依照古法的笔墨表现一度有所减退。因此，西洋技法在清代中期的发展很重要的一个原因是发端于宫廷的。

而当回到这段历史的图像时，我们会发现如果仅从画家身份的角度出发来——对应笔墨语言的趋向又是不够全面的。让我们以宫廷画家群体为例。清代宫廷人物画创作题材广泛、包罗万象，文士题材的数量并不占多数，但从笔墨语言上讲可谓风格多样，同样也对院外和后世都产生了一定的影响。

雍正时期画院是在康熙画院的基础上调整、充实而发展的。康熙晚期翰林画家王原祁与一度曾参与院画创作的王石谷、杨晋等著名画家相继去世……雍正时只有王原祁门生唐岱在画院中显露头角，因功力有限，无所建树。胤禛又将冷枚、徐名世等人逐出画院，焦、冷一派受到冷落。郎世宁的徒弟查什巴、傅弘、王文志等也被遣回本旗。这样，雍正元年至三年院画家减少，创作不够景气。从雍正四年起，补充了一些画家，力量略有增长。雍正四年三月，画家丁裕、詹喜、丁观鹏、程志道、贺永清、王均、叶履丰；同年七月，画家张霖、吴桂、陈敏、彭鹤；七年十月，画家汤振基、戴恒、余秀、焦国俞等16人先后进入"画作"供奉。还增加了柏唐阿、王幼学、金保、徐玫之子等人。翰林画家有唐岱、高其佩、莽鹄立、唐英等四人。据《国朝院画录》记载，尚有谢淞洲、沈永年等人，曾供奉画院[39]。

据本文的不完全统计，清代的宫廷绘画到雍正、乾隆年间已经进入繁盛阶段，画院机构逐渐建立，制度日见严密，画家地位有所提高，创作十分活跃，题材内容和风格样式丰富多彩，各擅胜长，尤其是诸多外国传教士进入内廷供奉，带来西法，使中西合璧画风盛行一时。雍正至乾隆年间，有郎世宁、陈枚、丁观鹏、金昆、贺铨、唐岱、陈善、吴璋、张为邦、王劲学、戴正、福隆安、沈源、戴垣等；乾隆朝有孙祜、周鲲、张宗苍、金廷标、贾全、傅雯、贺清泰、姚文瀚、陆灿、李秉德、余省、袁瑛、陈士俊、王岑、王致诚、程志道、余穉、卢湛、吴械、艾启蒙、张雨霖、张廷彦、程梁、沈映辉、陆授诗、陆遵书、方琮、徐扬、王炳、杨大章、黄增、谢遂、安德义、潘廷章等，其中乾隆朝涌现出诸多名家，奠定了清代"院体画"的基调。至嘉庆以后宫廷绘画进入了衰败阶段，机构形同虚设，创作每况愈下，宫廷画家人数剧减，名家寥落，稍知名者，乾隆至嘉庆时有冯宁、华冠、沈焕、沈庆兰、庄豫德等，道光至光绪时有沈振麟、沈贞、沈铨、沈士杰、沈士儒、焦和贵、陈兆凤、张恺、屈兆麟等。本书涉猎的画家有郎世宁、莽鹄立、丁允泰、陈枚、金廷标、丁观鹏、张宗苍、孙祜、周鲲、冷枚、焦秉贞、贾全、傅雯、贺清泰、姚文瀚、陆灿、冯宁、华冠这18位。

但在整体上来看，清代中后期的院体人物画中以延续明代中叶的正德、嘉靖间注重色晕为特征的画法为主，加以西洋的凸凹画法，虽是以用色为重，但对于"墨骨"和用笔也都非常重视，寥寥数笔，脱手而成，却相当准确，有些部位的墨线，除作者有意运用晕染隐去外，即使通过色、墨的多次晕染，但"墨骨"还是依稀可辨，进而画家在画定五官轮廓之后，对面部的凹凸的晕染则又增加了层次。画家虽然在表现、描绘面部五官方面，还保持着一定的传统"程式"的技法，但已注意到面部的固有结构，画风由于受到西洋画法的影响也具有一定的写实意向。敷色注意到浓淡，面部凹凸部分，也略以淡墨晕染。"墨骨"多用淡墨，有些并以赭石复勾。我们从莽鹄立所作的《允礼像》中，就可以清晰地看到画家对西法与传统技法的巧妙融合。而且在这里，以借鉴西洋技法作画的"西学派"也只是院体画中的一类，如丁观鹏、莽鹄立、丁允泰、焦秉贞等宫廷画师就是此时期的代表人物，但他们的作品也并非每一张都以相同的笔墨手法进行表现。那些明显受到西洋技法影响的作品中，人物面部作凸凹法，如乾隆六年辛酉(1741年)孙祜、周鲲、丁观鹏合作《十八学士图》(图187)、乾隆年间丁观鹏作《夜宴桃李园》等。丁观鹏，顺天(今北京)人，雍正四年(1726年)与弟观鹤同时进入宫廷，乾隆三十五年(1770年)离开。善画人物、佛像、肖像，工白描，宗法明末丁云鹏，造型夸张，气质奇古。又曾向郎世宁、王致诚学习油画，故亦有中西合璧画法。他的佛画深得乾隆赏识，被擢升为一等画画人。

宫廷画师的人物画作品不仅受到西洋技法的影响，同时也包含传统式肖像画的深厚元素，并带有文人画的理趣，如前所述焦秉贞作《公孙大娘舞剑器图》、姚文瀚作《勘书图》、冷枚作《松荫读易图》、乾隆十九年(1754年)金廷标作《莲塘纳凉图》等。我们就以康乾年间从西洋画中吸收阴阳光影之法和透视法而闻名天下者的焦秉贞所作《张照像轴》(图188)为例，此画于雍正四年丙午(1726年)由蒋廷锡补景。这是一幅为书法家张照绘制的行乐图。画中的主人公张照(1691–1745年)，字得天，号泾南，又号天瓶，华亭(今上海松江县)人，官刑部尚书，卒谥文敏。图中我们从人

图188

图187

物的衣着气质和所处的环境中可以感受到一位清代文人闲雅清逸的生活片段，作为清代中期具有较高政治地位的文职官员，张得天能书擅画，且善作诗。其书工行草，初学董其昌，后乃出入颜真卿、米芾，运笔雄健，气魄浑厚，兼能画兰、墨梅。此外，张照又与梁诗正 (1697-1763 年) 等人奉敕编纂著录当时宫廷所藏书画的《石渠宝笈》[40]，从而与当时的诸多宫廷画师有所往来，并对书画作品多有研究和考据。为《张照像轴》绘舟船水阁人物的焦秉贞便有《池上篇画意图》轴著录于《石渠宝笈》，他是天主教传教士汤若望的门生，通天文、善画肖像，康熙时官钦天监五官正，以画"御容"称旨，供奉内廷，生卒年不详。清廷作画机构中多为西方教士、钦天监中主其事者众，焦秉贞经常与之接触，于是熟知西方画法。图中能够看出舟船案几的描绘就是采用了西洋的透视画法，自远而近，自大而小，不爽毫发。此外从对张照形象的刻画上也能了解到秉贞所画人物亦系采用了透视明暗画法，面部结构凸凹有致，结构清晰，为了与环境的笔调协调，作者又进行了平面化的处理，于是达到了真实与艺术的完美结合。为作品补景的是蒋廷锡 (1669-1732 年)，字南沙、酉君、杨孙，号西谷，又号青桐居士[41]。张庚《国

图187
孙祜、周鲲、丁观鹏《十八学士图》(局部)
38.1×1141cm 1741年
卷、绢、设色
台北故宫博物院藏

图188
焦秉贞、蒋廷锡《张照像轴》(局部)
80.8×73cm 1726年
轴、绢、设色
北京市文物组藏，一作首都博物馆藏

朝征画录》记蒋氏：

> 以逸笔写生，或奇或正，或率或工，或赋色、或晕墨，一幅中恒间出之，而自然治和，风神生动，意度堂皇。点缀坡石水口，无不超脱，拟其所至，直夺无人之席矣。

此图是一幅带有宫廷绘画风格的衬景人物肖像作品，画中快至中年的张得天身着蓝衫，手把羽扇悠闲地坐于小船之上，船后一小童摇桨驶船向岸边的亭阁而去，岸上竹柳掩映、塘中荷花竞放，一派恬淡清雅的景象。作品赋色清丽，在黄绢之上以墨笔勾勒，又将青绿石色重重尽染烘托出浓浓夏意，最后以粉色荷花点缀于水中船上，寓意了自古以来士阶层以物喻人的思维模式。荷花以清秀著名，大凡文人，对荷花都有着诉不完、道不尽的爱惜之情。所有写花的诗词歌赋中，尤数荷花最多。周敦颐以"出污泥而不染，濯清莲而不妖"，赞美了荷的高风亮节，将其比作"君子"；杜甫的"余红开似镜，半夜卷如杯"的形象比喻，描写了荷花的静美形象；孟浩然以"看取莲花净，方知不染心"，歌颂了荷花的冰清玉洁……由此可见，此幅带有衬景的人物肖像通过特定的生活情节和工致清新的笔墨，不仅真实地再现了主人公的形容气质，也艺术化地突出了当时上层文士的精神追求。这一点正暗合了清代中期以后延续"波臣派"技法创作人物画的文士画家的创作思路。

另一个西洋技法余脉的渗透就是来自于曾鲸和他的"波臣派"技法。曾鲸(1568-1650年)是明末著名的肖像人物画家，字波臣，福建莆田人，长期居住在南京。曾鲸画法有无西方影响虽在学术界有不同观点[42]，但至少17世纪利玛窦等人引进的西方绘画的写实表现手法，给结合传统表现手法且具有立体感的曾鲸"凹凸派"的出现创造了大环境。曾鲸在作人物时注重人物的透视效果和明暗关系，强调墨晕为主，在制作中不惜以丹墨数十次烘染、皴擦，然后略施粉彩，使人物富有极强烈的立体感，这在以往的肖像画中确实是没有过的，无疑发展了中国肖像画的笔墨技法，亦

图192

图191

图190

是传统手法的具体运用。此外，曾鲸所创造的画风与他的社会生活有着密切的关系。在他"挟技以游四方"的一生中，所结交的多是社会名流，除学者、志士、名医外，就是书画家，诸如董其昌、陈继儒、项子京、陈洪绶、张大风等，因而其画风超越流俗，注入了文人的审美情趣。如曾氏所画代表作《顾梦游像》(图189)，主人公是当时著名诗人顾隐亮，他善写行草，书同著名的文人黄道周、周亮工都极友善。画中人面部描绘得细致入微，肌肤和骨骼似可触及，而衣纹的勾勒则逸笔草草，笔意疏宕，笔之起处微呈钉头之状，介乎兰叶描和春蚕吐丝描之间，细而不散，起止有度。画中的顾氏独坐在山林间，脸上洋溢着悠然自得的微笑，反映出一种与天地精神独往来的人格魅力。这种形神合一的创作思想对后来的徐璋、费丹旭等画家均有很大影响。如丁皋作《客吟僧衣像册》(图190)、华喦作的《吴石仓像》(图191)、乾隆五年 (1740年) 黄慎作的《王乐圃松荫读书图》(图192)、乾隆十五年 (1750年) 徐璋作的《独树图》、黄鼎作的《醉儒图》、乾隆三十八年 (1773年) 茅麟作的《泉石清流图》(图193)、改琦作的《渔洋山人像》、华冠作的《绿筠请书图》、范荣作的《湖曲老人像》(图194)、嘉庆二十年 (1815年) 顾鹤庆作《瓜州徐园十六景》(图195)、顾洛作《补松壑听泉图》(图196) 等文士题材作品均能看到波臣画法的遗韵。为《顾梦游像》补景的是当时南京的张大风，山石以长线为之，笔致潇洒，与画中人物的笔墨格调圆融无碍浑然一体。这种一人写像旁人补景的多人合作人物画在清代十分流行，也成为文人雅集笔会的一种交流形式。华冠、张

图189

图189 曾鲸《顾梦游像》(局部)

图190 丁皋《客吟僧衣像册》 25.7×20cm 乾隆年间 册 纸 设色 故宫博物院藏

图191 华喦《吴石仓像》(局部) 107.1×50.3cm 轴 绢 设色 故宫博物院藏

图192 黄慎《王乐圃松荫读书图》(局部) 42.6×95cm 1740年 卷 纸 设色 故宫博物院藏

赐宁合作《西溪渔隐图》、乾隆五十六年辛亥(1791年)张崟、王州元、尤诏、屠倬、何恬、石廷辉、吴九思、朱文景、伊大麓、奚冈合作《玫园行乐图》、乾隆五年(1740年)高凤翰、叶芳林合作《玉山特立图》、道光二年(1822年)虞蟾、王素合作《拨阮图》(图197)等作品正是当时文士交往的艺术实证。

在清代，中西合璧画法的影响因被文人画家斥为工匠所为，故并没有得到普遍的提倡，当时的人物画法虽未远离传统，但已不满足于那种单一的用线勾勒和平涂颜色的方法，社会上的人物画尤其是肖像画领域乃是曾波臣画法传脉的天下，清初画家谢彬、金谷生、郭巩、廖大绶、沈尔调、沈韶等都是这一画法的重要传人，被称为"波臣派"。清代中叶，曾氏画法、画风由于其不仅含有凸凹表现的效果，也同时蕴涵了传统绘画的模式，更重要的是富于文人绘画的理趣，因此具有多方面的延展性，从而使其发

图193

图195

图194

图193
茅麟《泉石清流图》(局部)
132×50cm 1773年
轴、绢、设色
浙江省德清县博物馆藏

图194
范荣《湖曲老人像》(局部)
119×50.5cm
轴、绢、设色
浙江省博物馆藏

图195
顾鹤庆《瓜州徐园十六景》(局部)
40×1253cm 1815年
卷、绢、设色
镇江市博物馆藏

展日趋多样化，重要的人物画家有禹之鼎、徐璋、丁皋等。如禹之鼎绘人物面部多半用淡墨渴笔勾画而略加皴擦，所以显得笔致含蓄，全无描摹之迹。徐璋则是沈尔调[43]的弟子，当然属于"波臣派"的传脉。他作人物的画法是先以淡墨为骨，按照面部固有的结构，画出五官等各个部位的轮廓，然后以淡墨或檀子墨水[44]晕染出面部的凹凸；再依照面部的肤色，敷以淡彩，笼上薄粉。为了加强面部的立体感，并隐去笔痕，在各凹凸处，用淡墨晕染，有些作品再用淡墨合赭石、胭脂复勾五官轮廓；最后用墨以醒眉、眼和须发，达到墨与色的润合。这种画法十分注重表现面部的固有结构及其立体感，在笼过薄粉之后，再用淡墨晕染凹凸，略略隐去笔痕，以求没骨、敷色和淡墨晕染浑成一体，最后达到"墨随笔痕，色依墨态，成后观之，非色非墨，洽是面上神采。[46]"乾隆元年(1736年)徐璋因《织造图》被荐入画院，在宫廷为乾隆皇帝作画[47]。不过他在京师活动的时间并不长，不久便被乾隆委婉地辞退离开了宫廷，被迫回到江南，重操旧业，在不得志中郁郁地过了自己的一生。徐璋在北京虽然没有产生重大影响，但他回到家乡后却广受欢迎，尤其首创用生纸作肖像的方法，被后来的肖像画家继承下来。他的这一作画方法，改变了传统上用绫、绢、帛等丝织物作画的习惯，这一变革直接影响了海派画家任颐等人的创作，开启了中国肖像画用生纸作画的先河，引发了写意性中国肖像画时代的到来。徐璋的传世作品有乾隆十五年(1750年)作《独树图》、乾隆二十年(1755年)作《石星源像》和《高凤翰披褐图》等。

例如徐璋创作的《石星源像》(图198)，本幅无款识，据卷后李世倬题语知此图为徐璋所作。卷后有沈德潜(1673-1769年)、李锴、李世倬、介庵等题跋五则。题跋中以介庵所题最为重要，为研究此图的创作时间提供了重要信息。介庵题为一首集句诗，末识："乙亥夏四月为石星源老友六旬大寿，介庵福集句。"此处明确了此图创作于"乙亥"年夏四月，即清乾隆二十年(1755年)，系为石星源60岁生日而作。画中的人物动态与《独树图》中的李锴如出一辙，图绘石星源坐于湖边大树下，左手踞地，右手自然置于膝上，身旁树根处置琴一张，丛树环生，老树枯枝间生出些

图196 顾洛《补松鏊听泉图》轴、纸、墨笔、淡设色

图199

图198

图197

许嫩枝，为画面增添了一点新绿。人物置身于湖光山色间，环境自然清雅，又有古琴一张，恰当地表现出人物的品格特征。人物面部刻画精细，衣纹用笔简练，颇具表现力。树木山水之画法亦极精到，体现出作者多方面的艺术才能。以上述及的肖像的姿态其实原自于徐璋乾隆十二年丁卯（1747年）所绘的纸本水墨肖像《高凤翰披褐图》（图199）。从画中我们可以发现徐瑶圃在用笔方面也对前人之法有所改进，他很注意人物颜面、手足与衣着服饰用笔格调的统一，也不拘泥某种程式的描法，多视整体效果而定。他用生纸所作的《松江邦彦图》册，更是集中表现出对笔墨情韵的大胆追求。

至清代后期，继承"波臣派"余绪的画家们在曾波臣画法的基础上又有了新的变化。比如略晚于徐璋的华冠的画风则有了较为明显的变化，其作品以墨为骨，但由于多层的淡墨晕染，淡墨"墨骨"已多被隐去。有的甚至几乎不见墨骨全凭皴染。华冠作的《西园重到图》(1767年)（图200）、《永忠图像卷》(1778年)（图201)、《闲过竹院图》(1791年)等都代表了更为鲜明的文人情怀。而这种倾向到了费丹旭那里则成为曾鲸笔墨技法在传统文人白描笔墨上的根本性消融，其代表文士题材的作品有道光八年(1828年)作《太鹤山人小像》、道光十一年(1831年)为海楼作《倚阑图卷》、道光十二年(1832年)摹《武林厉鹗、杭世骏、金农、丁敬像册》、道光十九年(1839年)为姚梅伯作《忏绮图卷》、道光二十二年(1842年)作《刘喜海像》、道光二十二年(1842年)为子乔作《听泉图》、道光二十三年(1843

图197
虞蟾、王素作《拨阮图》(局部)
215×107cm 1822年
轴 纸 设色
湖北省博物馆藏

图198
徐璋《石星源像》
42×58.5cm 1755年
卷 纸 设色
故宫博物院藏
有沈德潜、李锴、李世倬、介庵等题跋五则。

图199
徐璋《高凤翰披褐图》(局部)
29.5×61.2cm 1747年
卷 纸 墨笔
山东省博物馆藏

年)为海楼作《好消息图卷》、道光二十九年(1849年)作《果园感旧图》等传世精品。

当时在朝为官的士人所作的人物画多带有波臣遗韵,笔法工细且有文人画意蕴,如道光六年丙戌(1826年)姚元之作《汤金钊行乐图》、屠倬作《补阮元像图景》、道光九年己丑(1829年)黄钺作《补黄钺八十像》。此外,兼作人物画的画家作人物画笔法有些也喜参波臣笔墨,笔法古雅,不落俗套,如乾隆五十六年(1791年)张崟等作《玫园行乐图》、嘉庆十八年癸酉(1813年)张崟作《郊坰散步图》、道光十年庚申(1830年)翁雒作《王昶、慧照上人、钱大昕像》。

如前所述,对于"波臣派"笔墨的继承与发展一定是具有多样性的,因此,有一批具有实力的专业画家,将墨骨的笔墨思路融于传统的人物画表现形式之中,既有波臣遗韵,同时上追唐寅、仇英,下继老莲笔法,呈现出画风细腻、笔墨古雅的新风尚。以清乾隆四十年(1775年)徐镐绘的《张昀僧装像》(图202)为例,作者徐镐为著名肖像画家徐璋之子,字奇峰,

图200-1

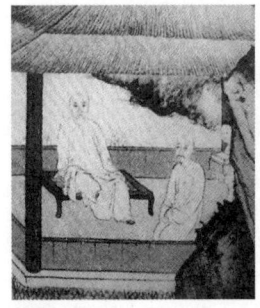

图200-2 图201

图200-1 图200-2
华冠《西园重到图》及(局部)
31×166.8cm 1767年
卷、纸、墨笔
辽宁省博物馆藏

图201
华冠《永忠图像卷》
38.1×58.2cm 1778年
卷、绢、设色
南京博物院藏
永忠(蕖仙)自题识

图202

娄县（今上海松江）人，画传家学，善写真，生卒年未详，活动于乾隆时期。此图是徐镐为同乡画家张昀所绘的肖像画，张昀，字友竹，善画山水，画风萧散。图中为一老者半身像，老者双手笼于袖中，身着僧人服，顶无发，面宠丰腴、眼光炯炯、白须飘逸，神态安详庄重。此图画法精工，作为徐璋之子，徐镐很好地继承了"波臣派"肖像画的表现技法，以准确的造型，细腻的晕染，将主人公恬静、儒雅、似僧非僧的神态和性格刻得淋漓尽致。人物面部刻画精彩，在淡墨勾出的五官部位上，用赭石和淡墨按结构由外到内多层渲染，既表现出了面部结构的凹凸体积感，又显现了皮肤的质感。灰色的袍服和红色的袈裟则采用平涂的方法处理，衣纹线条细劲，颇具表现力。此类半身肖像延续着前代帝王写真画的绘画模式，着重描绘人物的形容相貌，多以留影存形为目的，往往人物不做大的动态变化，多着正装，表情也肃穆安详，呈现出端庄、沉稳之姿。这种作品在传统方面主要是吸纳了明代中叶以来"江南派"[48]表现手法，在勾线的基础上不惜多次敷色渲染的表现手法，对于更加逼真表现像主的精神、气质和形象的肖似方面，比以前的单线勾勒然后以色彩平涂的传统手法更具有表现力，这是传统肖像画表现手法的新发展，在明代中期就已经非常熟练了，如浙江省博物馆藏明代无款《明人肖像册》12幅肖像作品，即是这一手法运用的典范。有此类画风出现在清中叶和之后的主要画家还有李世倬、苏六朋、蒋莲、改琦、罗聘、华喦、万岚、高凤翰、叶芳林、方士庶、费丹旭等人，作品如李世倬作《逍遥胜迹图十二开》(1746年)、罗聘作的《得子图》、《易安像》(1798年)，苏六朋作的《十八学士图》、《清平调》(1833年)（图203）、《东山报捷图》(1837年)、《桐荫听颂图》(1838年)、《太白醉酒图》(1844年)，改琦作的《吉金乐石图》(1819年)（图204）、《商山四皓图》(1819年)、《仿陈洪绶赏梅图》(1827年)、《西溪观梅图》、《玉鱼生像》(1823年)、《顾亭林像》、《渔洋山人像》、《采莲图卷》（图205），闵贞作的《巴慰祖像》，蒋莲作的《献寿图》(1837年)，华喦作的《松石人物图》，万岚作的《包世臣像》，方士庶作的《补林泉高逸图》(1734年)，高凤翰作的《文选楼草赋图》(1739年)，高凤翰、叶芳林合作的《玉山特立图》(1740年)，费丹旭作的《摹徐易、

图202 徐镐《张昀僧装像》 61.2×43.2cm 1775年 轴 绢 设色 故宫博物院藏

画面右下款署「乙未秋日徐镐写。」下钤「奇」、「峰」联珠印。本幅上方有张昀自题像赞一则，末署：「甘白张昀自题。」左钤「张昀之印」、「竭寅」印两方，首钤「赐锦堂」印。

图204

图203

陈洪绶授经图卷》(1849年)。这些作品，有些并非该画家的代表作，作品的笔墨风格有些也不是该画家的代表风格，但其笔墨特征为抒情性的凸显表现出对人物画传统的归附。

这样，我们很容易就可以过渡到第二种趋向。一些画家延续的传统画法除了上述的"江南派"以外，主要是发展了传统文人山水和花鸟画的笔墨技法在人物画上的运用，表现为人物作白描画法，兼以淡设色。如雍正年间王云作《西园雅集图》、华喦《竹溪六逸图》、王树穀作《四友图》、刘

图203
苏六朋《清平调》
236×101.5cm 1833年
轴、纸、设色
广东省博物馆藏

图204
改琦《吉金乐石图》
105×50.5cm 1819年
纸、设色
广东省博物馆藏

图205
改琦《采莲图卷》（局部）
27.4×201.2cm
横幅、绢、设色
故宫博物院藏

图206
改琦《簪胜图》（局部）
134.3×46.4cm
轴、绢、设色
广东省博物馆藏

图207
苏六朋《含饴弄孙图》
137×72cm 1837年
轴、纸、设色
广东省佛山市博物馆藏

图207

彦冲作《听阮图》(1845年)、蒋峰作《宋贤捡玩图》(1740年)、改琦作《人物故事图》四段、《簪胜图》(图206)等。像黄慎、苏六朋、闵贞的早期作品也有许多作白描画法,兼以淡设色,衣纹用笔富于变化,而面部刻画较为工细,如黄慎作《书画十二开》(1737年)、《簪花图》(1752年)、《伏生授经图》(1752年)、《人物图》、《宁王相马图》、《蹴鞠图》(1755年)、《春夜宴桃李园图》,华喦作《西园雅集图》(1732年)、《柳岸松风图》(1746年)、《春宴图》(1748年),苏六朋作《人物》团扇,闵贞作《钱陈群六十小像》(1758年)。

而更多的作品不仅绘人物作白描淡设色法,衣纹布景用笔富于变化,同时开始带有一定的书写意味倾向。华喦、罗聘、沈宗骞、王润、萧晨、王树榖、余集、蔡升、苏六鹏(中期)、曹树德、上官周等名家均有作品呈现。如华喦作的《沈瑜笃学图》(1731年)、《秋浦并辔图》(1737年)、《骑鹿图》(1739年)、《柏下仙鹿图》(1740年)、《刘讦游山图》(1746年)、《梅鹤图》、《秋林读书图》、《林和靖梅鹤图》,罗聘作的《金农像》、《筠圃独立图》、《丁敬像》(1763年),沈宗骞作的《和靖先生观梅图》,王树榖作的《弄胡琴图》(1723年)、《二老清吟图》(1729年)、《人物故事十开》(1732年),萧晨作的《东坡博古图》(1731年)、《东阁观梅图》(1737年),余集、吴坚合作《秋帆像》,王润作的《桐阴点易图》(1812年)、《校礼图》,苏六朋作《西山采薇图》(1834年)、《含饴弄孙图》(1837年)(图207)、《光颜却美图》,曹树德作《陈祈年小像》,蔡升、王礼合作《幼樵像》(1845年),上官周作《探梅图》(1746年)等等。同时,另一些兼作人物画的画家作人物画笔法富于书写意味,与其山水花鸟笔法统一和谐,如方士庶补景的《补

图206

图205

郑燮像》、张崟作的《桂荫凉适图》(1819年)。

　　再者,"士气"之文人"画家"与带匠气的职业"作家"、"行家"在明代可谓泾渭分明,是雅俗相对的,到了清初之后,这一分界在画家群体之中有所变化,形成了在文士画家的鉴赏领域中,一幅画之成败、高下、雅俗,乃至派属,全在于笔墨之表现上。笔墨不仅是画家造型的手段,更是表达心绪的主观精神的载体。其划分标准中,笔墨为重要因素,而不是画家的出身、地位。因而在冷枚、金廷标、华冠等宫廷画师之中也出现了白描淡设色且富于笔墨变化的作品就不足为奇了,如金廷标作《松下听泉图》、《高贤遇隐图》、冷枚作《平原猎骑图》、华冠作《绿筠请书图》等。为官文士的有些人物画作品又带有一定的文人书写式的笔法,作白描淡设色,如嘉庆六年辛酉(1801年)姚元之作《苏东坡像》。在技法形式的个性创造方面每个画家取法前人有不同的侧重,并逐渐走向综合各家之长,创立自我独立风格的道路。有一类人物脸部勾描简略行笔率放的画法,系从点景人物演化而来。另一种人物面庞清癯,眉目描绘较细谨,线条柔和的画法,可以看出汲取唐寅线描技法之长。三类人物衣纹确实参用了铁线描和行云流水描,呈现精整秀逸的风神。四类学习梁楷、牧溪和张风等名家的率笔人物画法,加以交融贯通,形成一种简率畅快的笔墨风格。人物的面相仅作简略的勾画,而凸现出洒脱放逸的神态,使高士图呈现更为清疏简放的格调。这些作品行笔十分地轻快自如,有时用淡墨浓墨复笔勾勒,有时用单线草草勾描,转笔或圆劲,或峻利,变化多端,极有起伏跌宕的韵律感。

　　文士人物画在学习传统技法的进程中,与山水画有同步相应的地方,但也有它自身发展的历程。其笔墨风貌丰富多样,既有工细谨严的白描,又有流畅劲锐的线描法,率意自如的工写兼具法和粗放雄肆的写意法,变化多姿。然总观之,这一时期的笔墨存在着一种主导的格调,即清俊潇洒的风格。这种潇洒并不流于佻巧,正如清方薰所指出的:"甜熟不是自然,佻巧不是生动,浮弱不是工致","运笔潇洒,法在挑剔顿挫,大笔细笔,画皆如此,俗谓之松动,必须辨得一种是潇洒,一种是习气"。因此,用笔无论细笔、粗笔,都极讲究笔法的挑剔顿挫,行笔貌似飘逸流利,但细细观之，每一笔都有波磔起伏的微妙变化，转笔每见顿挫，用笔看上去很轻松自在，然笔底蕴涵内力，锋正势圆。同时，笔法与墨法相结合，富有轻重、疾迟、畅滞、虚实、浓淡的跌宕变化，呈现笔墨的节奏韵律之美。一些画家力避甜熟，反为生拙，达到返璞归真的境界，构筑了清逸的情境，抒发高雅的诗意，讲求笔墨的潇洒俊迈。

关于这一时期笔墨变化的基础，早在宋代梁楷到明代徐渭的绘画中，就已显示出笔墨已经开始从造型功能中独立出来的趋势。而这样的观点，由于董其昌理论性的提倡而在清代蔚然成风。董其昌认为："士人作画，当以草隶奇字之法为之，树如屈铁，山如画沙，绝去甜俗蹊径，乃为士气。"而陈继儒于《白石樵真稿》里说得更直白："文则南，硬则北。不在形似，以笔墨求之。"虽然清人的派系观点到清中期已逐渐模糊，但品评鉴赏绘画的标准却依然如故。在这样的时代思想的背景下，尤其是在那些穷厄危困却又心志高远的文人艺术圈中，将真诚的情感灌注笔端表达对生命、对社会的理解，笔墨作为一种维系画家与读者之间情感传递的符号具有了独立的审美价值，而这一点在清代中期的人物画中几乎上升为画家个性和自我表现的极致宣泄。正所谓"笔情墨性，皆以其人之性情为本"[49]。如此说来，第三个趋向实际上是画家在继承传统的白描笔法的前提下，融合了书法的用笔规律，在绘画形式语言上的一大突破，笔墨自身的表现力在人物画这个造型要求最高的绘画学科里完成了呈显独立姿态的蜕变，使笔墨表现摆脱客观对象的单纯束缚而显示某种自身的审美价值成为可能。

在书画关系上，历代论者不乏"书画同源"、"书画同体"、"书画用笔同法"之说。书画皆为内在灵性的呈现，是生命才情的写照。书为心画，画亦是心画，书与画本质都是写心。因此，书与画相异之处在这里自不必赘言，书画在用笔上的共同规律性也不是我们在此讨论的核心，仅就清代人物画出现的抒情写意式笔墨的创新和古人草书表现心性的特点的共同之处，便可以揭示书画审美特征相通相连的玄机。清代中期的文士们开始自觉地从绘画表现的形式和笔墨语言的运用上探求书法入画的蹊径。使绘画中的形象开始摆脱对真实物象某种程度上的"模拟"，虽然在作品中没有

图209

图208

出现对物象完全抽象的造型,但至少达到了"点"和"线"等语言形式与物象自然状态的松弛关系,画家把注意力更多的倾注于笔墨形态的特殊结构之上,在艺术的审美领域开拓出属于线点和色面的艺术形象来。最为可贵的是画家们并没有彻底摒弃物象的真实,而是在以神写形的基础上构筑某种独特感情的抒发。

中国传统的书法艺术其笔墨和于阴阳、因缘动静,笔到之处墨能随笔以显其神采,墨到之处笔能借墨以植其骨干,有笔则见精神,有墨则生意态,笔墨双至而气韵出。清代中期黄慎为首的画家以书入画,强调绘画借鉴书法的线条、结体、章法、浓淡、疏密、欹正,同时将书法的疏密、违和、连断的笔法、笔意在绘画中运用具有重要的借鉴意义。由于线条自身的抽象性和概括性,使以线造型、骨法用笔的中国画从一开始就具有与客观物象一定程度的背离。当把这种线条与另一种纯粹的线性艺术——书法融会于一炉的时候,笔墨自身美感的自律性就被凸现了出来。这里最具代表性的就是苏六朋、苏长春、吴东槐、闵贞和黄慎晚期的作品,如黄慎作的《捧花老人图》、《人物》、《陶渊明诗意》(1757年),苏六朋作的《停琴听阮图》(图208)、《三酸图》(1832年)(图209)、《苏武牧羊》(1847年)、《油灯夜读图轴》、《马上续殊梦图》,苏长春作的《苏武牧羊图》(图210),闵

图208
苏六朋《停琴听阮图》(局部)
40×73cm
纸、设色

图209
苏六朋《三酸图》
200×104.3cm 1832年
轴、纸、设色

图210
苏长春《苏武牧羊图》
123×59cm
纸、墨笔

贞作的《煮茶图》。郑燮把黄慎绘画中笔墨运用之纵横淋漓之态评为："爱看古庙破苔痕，惯写荒崖乱树根。画到神情飘没处，更无真相有真魂。"郑燮从乱根、荒崖、苔痕一般苍劲、历乱的笔墨形式之中，已超脱了客观事物之"真相"，而直接领悟画家自己之真情与"真魂"。黄慎，号瘿瓢子。善画人物，初师工笔画家上官周，论文前段已涉猎过其早期作品，工细而严谨，不乏富贵之气，后从唐代书法家怀素真迹中受到启迪，用狂草笔法入画，转入用笔挥洒一路，衣纹线条兔起鹘落，变化多端，往往寥寥数笔，以简驭繁，即能形神兼备。这些作品共同的特点就是笔法豪放、墨韵活脱，造型以神写形，极具抒写意味。如果我们一定要把这种趋向的特征明确化的话，可以说，画中的笔墨语言一方面表现的是客观存在的现实人物，另一方面传达的是主观存在的精神境界。从某种角度来说，书写式的笔墨本身是抽象精神的实像表现。除了这几个比较具有代表性的画家以外，我们还能看到许多这样的作品，如巫琎所作《人物十二开》、乾隆十二年(1748年) 上官周所作《山水人物八开》、乾隆十六年(1751年) 团时根[50]所作《采芝图》、乾隆三十二年(1767年)，张四教所作《新罗山人像》等等。画家在作画时，以画法的生动气韵为其境，以瑰奇多变的笔法；大气淋漓的墨韵；空间奇崛的章法，使画中见书意，得书写之趣。

尤其应该特别提到的就是清代中期活动于扬州地区的扬州画派，世称"扬州八怪"。他们多数出身于中下知识阶层，有的是被罢官去职的州县官吏，有的是没有考取功名的文士，还有家境贫寒，以画谋生的画师。他们或生长于扬州，或为外省来此侨居，各有一段坎坷经历，先后集结于扬州，在扬州繁华的书画市场上出卖自己的书画作品。扬州画派是一群富有正义感的知识分子，他们对官场的腐败，富商的巧取豪夺都有所了解，对遭受苦难的百姓，他们常寄予深切的同情。然而，面对现实生活中的贫富差别，结合自身的遭际，他们又不可能摆脱对地主官商的经济依附，所以常处在思想矛盾的极端痛苦之中，愤世嫉俗之外，在画风上却不得不妥协以求生存。在艺术观上，扬州画派中的画家最突出的是重视个性表现，他们提倡风格独创，主张"自立门户"，他们公然宣布，自己的作品是为了

图210

卖钱谋取生活的，撕破了过去文人画家把绘画创作视为"雅事"的面纱；在作品的笔墨语言上，主要继承了前人绘画中的水墨写意画技巧，并进一步发挥了水墨特长，以高度简括的手法塑造物象。在前述分析过的华嵒、金农、罗聘的许多作品中我们都能看到他们纵横驰骋，直抒胸臆的笔墨挥洒。如华嵒作的《嵩山游屐图》、《唐寅像》(1743年)、《竹林七贤图》(1752年)，金农作的《自画像》(1759年)，罗聘作的《冬心午睡图》(1760年)、《邓石如登岱图》(1795年)、潘大琨、冯桂芬、罗聘合作的《法式善四十四岁像》(1796年)(图211)等。

虽然扬州八怪的艺术当时只流行于扬州及其邻近的地区，但是它在继承发展中国传统水墨写意人物画上对清代后期产生了深远影响。书写式笔墨进入人物画作品的价值，就在于把生活中富有意味的瞬间艺术形象，与具有音乐的律动感抒写笔线进行完美的中和。传统中国画本不存在纯再现意义的笔墨，任何笔线和墨团均是再现与表现的统一。画家通过产生于笔法之线条的起伏流动、轻重缓急、坚柔润涩的踪迹，传达出与生命异质同构的审美体验和情感意绪，这或许可以解释为另一种层面上的以形写神吧！

在书写式笔墨的实践上，以高其佩为首的"指头画派"堪称新技法创派的典范。生活于清代康熙、雍正鼎盛时期的高其佩(1660–1734年)，字韦之，号且园，别号南村等，辽宁铁岭人。他曾任四川按察使、刑部右侍郎、

图212　图213

202

图211

图214

正红旗汉军都统等职。他的艺术才能是多方面的,擅画人物,能各具性格,姿神生动;亦画山水,随意点染,云烟生绡;兼写花鸟,画花能解语,画鸟亦含情,无不精妙。他间以毛笔作画,亦生动尽致,苍浑沉着,奇情逸趣,信手而成。高氏以擅指头画著称,即以指蘸墨代替毛笔作画。清代方薰《山静居论画》载:"指头画起于张璪,璪作画或用退笔,或以手摸绢素而成。"实则唐代张璪专以秃笔作画,偶以手指涂抹绢素而已。而高氏的指头画,运用了手的各部位,指甲、指肉、手掌、手背,能互使并用,根据不同对象,或一指单用,或两指、三指并用,较之毛笔,指甲的线条易得刚劲之势,指肉则浑圆厚重。在他的艺术创作生涯中,其风格变化经历了三个阶段。早年以机趣风神胜,多萧疏灵妙之作;中年以神韵力量胜,简淡古拙,淋漓痛快;晚年以理法胜,深厚浑穆。他的指画线条刚劲,墨色清奇、浑厚,风格简淡古拙而神韵尤在指墨之外,其艺术成就对后世影响很大,"扬州画派"中的李鱓、黄慎、高凤翰等都受到他画风的熏陶。其侄孙高秉少年时亲睹高其佩作画,后著成《指头画说》,记载了其指头画的画法、风格及趣闻轶事,以至后学者日众,成为一个新兴的画种和画派。高其佩的指头画在当时就有不少追随者,亲承弟子有甘怀园、赵成穆、李世倬等,之后,宗此法者另有朱伦翰、傅雯,工指头画有特殊成就的画家另有萨克达、

图211
潘大琨、冯桂芬、罗聘、马履泰、黄恩发、顾玉霖《法式善四十四岁像》(局部)
轴、纸、设色
155.5×60.5cm 1796年
故宫博物院藏

图212
朱伦翰《指画观泉图》
189×90.8cm
轴、纸、设色
首都博物馆藏

图213
朱伦翰《指画春山侍读图》
120.1×78.4cm
轴、绢、设色
辽宁省旅顺博物馆藏

图214
朱伦瀚《指画采芝图》(局部)
绢 墨笔

俞珽、瑛宝等，乾隆、嘉庆以后，兼工指画者益见增多。此时文士题材的指画作品有高其佩作《九老图》、《高岗独立图》、《指画人物》册（十页），傅雯作《指画观泉图》(图212)、阙岚、万上遴合作的《指画东坡笠履图》、李世倬作《指画高山仰止图》、朱伦瀚作《指画春山侍读图》(图 213)、《指画采芝图》(图 214) 等传世。

    这些水墨淋漓、笔走龙蛇的大写意人物画中蕴藏着文人画那无所不在的情感表现内核，而且笔墨形式绝对独立于形象而与之毫不相干的现象也是难见的。作品中的艺术形象通过奔放洒脱不拘法度而讲究笔情墨趣的艺术语言传达出来的是一种精神上的具象，我们同样可以把它理解为一种内质上的写实，淋漓尽致地表现着画家的个性情感和深刻的社会哲理。不似之求亦不等于与形隔绝，因此，清中后期文人书写式的文士题材人物画并没有抛弃形象而走向纯形式的道路。此外，画中蕴涵的比兴手法直接制约着文人画家对题材的选择、形象的处理，在诗画结合的帮助下，始终没有抛弃对物象的描绘而完全诉之于抽象的笔墨表现。

    这种对笔墨审美价值独立的欣赏和极端重视，是中国数千年人物画自然演进、发展的结果。笔线的表现和墨韵的挥洒使艺术家的情感表现性质在文士形象中得到了淋漓尽致的发挥。自明以来对笔墨理论探讨和标准的确定，促进了人物画科在艺术语言领域中的探索和创新，最终形成了一股强大的绘画思潮。这一时期对笔墨的强调，其本身就是时代的产物，它不仅是中国人物画长期演变和积累的自然结果，而且笔墨中蕴涵的情愫及其表现语言，也与文士画家身处清代由盛而衰的历史时期激烈复杂的社会矛盾息息相关。

小结

    笔与墨，以其点画、线条、浓淡、色彩等的变化运用同时构成了一种造型美和动态美，传达出画家的思想感情。古人尤为重视笔法正说明用笔事实上兼备造型(具象的模拟) 和表现(感情的抒发) 两种功能。笔线的宛转流动与心绪的徘徊使笔墨在具象造型的同时具有了抽象造型的规定性，艺术家的情思从而获得了朦胧深远的表现空间。笔法、墨法都是从具体的表现对象中产生的，笔墨意象可融万象之意，从意中悟出万象之征，使艺术形象从真实的自然形态中解放出来，并在情感的氤氲排挞中将心性与灵气抒写成代表中国绘画艺术时空观的四维空间。以焦秉贞等宫廷画师为首的"西学派"及发展"波臣派"思想的徐璋、丁皋；以发展山水花鸟笔墨结合白描入画的文士画家王礼、"改费"等人；以书法入画强调抒写性的扬州画派、城隍庙画派、指头画派，共同构成了清中后期文士题材人物画笔墨技法的三大主流。其主要特征表现为：一、多种风格同时期并行；二、笔墨风格的传脉不以全然的画派或师承关系进行划分；三、人物画在对西洋、山水、花鸟、书法等技法的吸纳上具有自律性和消解能力；四、表现文士各个阶层的题材为笔墨语言的多样化发展提供了契机；五、笔墨风格的形成与画家的身份和社会境遇密切相关。

总体而言，这一时期的创作主体以职业文人画家为最，宫廷画师出身者次之。在本节中多次提及的文人画家有华喦、黄慎、闵贞、周笠、改琦、费丹旭、吴东槐、苏六朋、苏长春等，画风无论娟秀与泼辣都十分真切感人，并在前人的基础上有所突破；相对来说，在朝为官或出身宫廷的画家如高其佩、焦秉贞、姚文瀚、孙祜、周鲲、丁观鹏、贾全等人由于创作受到一定的政治功能的影响，作品中对传统的继承较为明显，但也因西洋技法的介入和在野文人绘画的影响，渗透了时代的气息，具有一定的文人画特征。

职业画家及宫廷画师逐渐将艺术创作的注意力着眼于作品本身，尤其对绘画情境的关注，包括在笔墨上的实践探索都出现了巨大的转变。中国文化系统自明以后所出现的变化，如收藏家的大批出现、乾嘉考据学的兴起以及国家积极提倡的编撰大型图书等文化活动，虽然在系统整理、保存和研究古代文献典籍上作出了很大的贡献，然而由于占用了大批人力物力，使大批精英的创造力呈现惊人的浪费，脱离现实和精神创造的前沿，因而在清代嘉道之后文士创作中产生对纯粹的艺术样式和笔墨技法的关注也就是必然的趋势了。

注释

[1] 王文治，字禹卿，号梦楼，江苏省丹徒（今镇江市）人。能诗，工书法。早年习书从前辈笪重光入手，受其影响颇深。师从褚遂良，行草书则学自《兰亭序帖》和《圣教序》。12岁便吟诗作书，诗有唐人风范，书学米、董、后法二王，得力李北海。清乾隆二十一年(1756年)跟随全魁、周煌出使琉球。乾隆二十五年庚辰科(1760年)中进士及第，殿试一甲第三名(探花)。官翰林院编修、侍读，扬州郡太守。乾隆二十九年(1764年)外官出任云南省姚安府(今建水县)知府。中年以后笃信佛教，长年吃斋，尝自言：“吾诗字皆禅理也。”潜心禅理，对于有关佛经的书法尤其用心关注。收得张即之的写经墨迹，临摹学习，因此其书风与张即之、笪重光一样有用笔扁薄的特点。后罢归，遂绝意仕途，而与姚鼐等文人墨客交游。晚年受戒，法名达无。能诗，工书法，能得董其昌神髓，与梁同书齐名。平日喜用淡墨，以表现潇疏秀逸之神韵，善画墨梅，韵致卓绝。能诗，宗唐、宋，自成一家。姚鼐《惜抱轩集》说他努力习书，到达"遗得丧，忘寒暑，穷昼夜"的地步。与刘墉、翁方纲、梁同书齐名，合称四大家，当时有谚称：“天下三梁（梁同书、梁国治、梁诗正），不及江南一王"。书名绝大，名闻于海外，朝鲜人尝以饼金易其字。随手所作行书，实饶天趣，自用己法，殊觉无味。时世人必以其己法为真本，以行书为赝作。其行书作品《待月之作》《宿山寺五律诗轴》等，清妙妍美，俊朗疏秀，可见其晋唐功底深厚。在清代书坛上有一定的影响，传世书迹较多。并精音律之学、善曲、家蓄戏班，亲教家童度曲，行无远近，必以歌伶一部自随。海内求书者岁有馈赠，率费于声伎，每日流连于花丛中。

[2] 王氏家庭戏班（参见【王文治家班】条）为女乐，皆十二三岁少女，袁枚为之取名。清钱泳《履园丛话》卷二十三：“丹徒王梦楼太守，所蓄素云、宝云、轻云、绿云、鲜云，年俱十二三，善歌善舞，余年二十有五，犹及见之"。袁枚《随园诗话》：“王守楼梦楼，精于音律，家中歌姬轻云、宝云，皆余所取名。"

[3] 《清史稿》列传二百九十《艺术二》载：“王文治，字禹卿，江苏丹徒人。生有凤慧，十二岁能诗，即工书。长游京师，从翰林院侍读全魁使琉球，文字播于海外。乾隆三十五年，成一甲三名进士，授翰林院编修。逾三年，大考第一，擢侍读。出为云南临安知府，因事镌级，乞病归。后当复官，厌吏事，遂不出，往来吴、越间，主讲杭州、镇江书院。高宗南巡，至钱塘僧寺，见文治书碑，大赏爱之。内廷有以告，招之出者，亦不应。喜声伎，行辄以歌伶一部自随，辨论音律，穷极幽渺。客至张乐，穷朝暮不倦。海内求书者，多有馈遗，率费於声伎。然客散，默然禅定，夜坐，肋未尝至席。持佛戒，自言吾诗与书皆禅理也。卒，年七十三。所著诗集外有快雨堂题跋，略见论书之旨。文治书名并时与刘墉相埒，人称之曰‘浓墨宰相，淡墨探花’。与姚鼐交最深，论最契，当时书名，鼐不及文治之远播；后包世臣极推鼐书，与刘墉并列上品，名转出文治上。"

[4] 《纳书楹曲谱全集》二十二卷，现藏江苏省衢州博物馆，清乾隆五十七年(1792年)刊本，作者为叶堂（字广平，精音律）。书首有"长洲叶堂广明订谱丹徒王文治禹卿参订"字样，可见他与乾隆年间书画家王文治交情甚深，而王文治除工书法、善画梅外，也精音律，可谓惺惺相惜。该书收集了《牡丹亭》《紫钗记》《邯郸记》和《南柯记》四个全谱。对各种琴派风格，作者并不掩饰自己对虞山派的偏好，但对其他琴派亦有评价，如称"中州派高古端严，宽宏苍老，然用意过刚，殊失优柔乐易。浙派清和善俗，惜其填词合曲，好作靡曼新声"。这种既承认琴风流派之殊异，又承认各乐派的长短优劣的审美评价，体现了某种宽容的琴乐态度。

[5] 铁保，字冶亭，又字铁卿，号梅庵，满洲正黄旗人，

先祖姓爱新觉罗氏，后改东鄂氏，乾隆三十七年 (1772 年) 进士，授吏部主事，袭恩骑尉世职，曾任兵部尚书、漕运总督、广东巡抚等职。嘉庆时官两江总督，道光初年以三品卿衔改任，后遭流放至新疆、吉林。铁保著有《惟清斋全集》《淮上题襟集》，曾任《八旗通志》总裁，辑满人诗文集为《白山诗介》。铁保是旗人中第一书家，与成亲王、刘墉、翁方纲，称为清四大书家。王昶《湖海诗传》曰："冶亭尤工书法，北人论，以刘相国石庵、翁鸿胪覃溪及君为鼎足。"《铁公神道碑》记载："楷书摹平原，草法右军，旁及怀素、孙过庭，临池之工，天下莫及。"《清史稿》卷三百五十三有传。传世书迹有《平定州修石路记》《漫录书轴》《行书七言联》等。其师法尚不能断定，不过知道他谪居吉林时仍继续临摹古法帖，因勤于临摹才引起了眼病。铁保的楷书得益于颜真卿；草书师法王羲之、孙过庭和怀素，气骨沉雄，端庄流便，其中宗颜法的行草作品也不在少数。他的书法被认为是"天下莫及"，刻有《惟清斋帖》，续篇为则《惟清斋手临各家帖》。他曾说：名书如名士，如容貌、气骨、精神、脉络完备，始争眶流。这是他在书法上的审美观点。

[6] 王玉璋，清代画家，字鹤舟，河北沧州人，工山水，与戴熙齐名，有"北王南戴"之誉。

[7] 海楼，此人待考。从费丹旭多次为海楼先生作肖像的事实来看，海楼应为费氏的好友，且费丹旭对海楼十分敬重可从画作题跋印证。另外，从所绘内容来看，海楼当为一地位显赫的富有之士，热爱诗文艺术。

[8] 李文藻，字素伯，号南涧，山东益都人。李文藻是一代清官，先问民疾苦，一生清贫。乾隆二十六年 (1761 年) 庚辰进士，乾隆三十七年 (1772 年) 正月由恩平县调补潮阳，乾隆四十一年 (1776 年) 春擢桂林府同知。邑有东山书院，延进士郑安为师，购经史子集以教学者，勤于课试，士有一言之善，捐廉奖励之。

[9] 张桂岩《纪晓岚像》，1807 年作，自《南画大成七》。

[10] 吴荣光，字伯荣，又字殿垣，号荷屋，晚号石云山人。广东南海人。嘉庆戊午举人，己未进士。散馆，特授编修。京察一等，补御史。充浙江乡试副考官。未几，以巡漕失察落职。指复员外郎，选刑部。随成格往山西谳狱，覆命升郎中，补军机章京，授陕西西安道。道光元年辛巳，擢福建按察使，赶贵州布政使。寻丁外艰。期满入都召见，补授湖南巡抚。值江华遥徭赵金陇倡乱，偕总督卢坤、提督罗思举讨平之。署湖广总督。除办理善后外，在任五年。凡裁冗员，惩蠹役，缉奸民，政事莫不具举。丙申，坐湖南学政龚维琳被劾，未据实陈奏，降四品卿。未成行，适武岗匪警，得旨留湘会剿。事毕赴京，逾岁，授福建布政使。嗣以衰老乞假归。卒年 71。公恢廓大度，喜延纳，遇士抱才艺者咸罗而致之幕下，或为游扬声誉，有毕秋帆、阮芸台之风。工书画，尤酷嗜金石，精鉴赏，对碑帖考鉴造诣极深，他集编家藏真迹及拓本刻成《筠清馆法帖》六卷，有著作《帖镜》《辛丑销夏记》《石云山人诗稿》等。

[11] 刘喜海，嘉道时期的金石学家，字燕庭，山东诸城人。曾在陕西、四川等地做官。文正、文清公孙，文恭公之长子。服官二十余载，所至不名一钱，胸罗卷轴，家承赐书，独酷嗜金石碑刻款识，纵横满几。辑《苍玉洞题名》一卷，成《长安获古编》三卷，复撰《古泉苑》一百一卷，共得泉四千六百有奇，附泉范数十，取现代钱法冠首，次分正用品、伪用品、异品、外国品、厌胜品、杂品六类。今世所传《金石苑》六卷，仅全书之一部，本名《三巴子督古志》，起汉王稚子阙，总四百馀石，亦可见其大略矣。而搜求海外金石，成为专书，尤前此所未闻。则取朝鲜碑版，纂辑考释，撰《海东金石苑》八卷。近乌程刘氏始得原稿，加补遗六卷，授诸梓。

[12] 刘统勋 (1699-1773 年)，字延清，号尔钝，山东诸城

人。雍正进士。乾隆时累官至东阁大学士兼军机大臣，与刘纶同为高宗所倚重。曾多次察看黄河、运河河工，又充《四库全书》正总裁，四任会试正考官。有《刘文正公集》。

[13] 毕沅（1730-1797年），字纕蘅，号秋帆，因从沈德潜学于灵岩山，自号灵岩山人。镇洋（今江苏太仓）人。清代经史学家，文学家。乾隆十八年(1753年)，顺天乡试中举，被授内阁中书，撰拟、结写诏令。乾隆二十五年(1760年)进士，廷试第一，状元及第，授翰林院编修。乾隆三十年，升翰林院侍读学士。三十一年，迁太子左庶子，实授甘肃巩秦阶道员，即巩昌府(府治今甘肃陇西)、秦州(州治今甘肃天水)、阶州(州治今甘肃武都)一府二州的长官。曾随总督明山出关堪查屯田。后调安肃道员。三十五年，摆陕西按察使。三十六年，擢陕西布政使。三十八年，擢陕西巡抚。黄河、洛水、渭河泛滥成灾，开仓赈济，救了若干人的性命。乾隆五十年(1785年)累官至河南巡抚，第二年擢湖广总督。五十三年，长江在荆江决口，乾隆帝复命毕沅为湖广总督。五十九年，陕西安康、四川大宁发生叛乱，传言来自湖北，毕沅被贬为山东巡抚，摘去花翎，罚交湖广总督"养廉银"——正俸之外按官职高低另给的银两——五年，山东巡抚"养廉银"三年。六十年，再授湖广总督。湖南苗人石三保造反，奉命赴常德、荆州督饷，克尽职守，'赏戴花翎。嘉庆元年(1796年)赏轻车都尉世袭。嘉庆二年(1797年)六月，毕沅手足麻木，嘉庆帝赐"活络丸"药。七月，病死湖南辰州军营中，享年六十七岁，归葬于灵岩山的东北麓。病逝后，赠太子太保，赐祭葬。嘉庆四年(1799年)，太上皇乾隆去世，嘉庆帝查办太上皇的宠臣和珅，抄了他的家，把他赐死。毕沅曾巴结过和珅，嘉庆闻悉，下令夺世职，籍没家产。一说为朝廷追究其镇压白莲教不力，滥用军需，被抄家，革世职。毕沅做官从政之暇，毕沅辛勤笔耕，著作等身，著有《灵岩山人文集》等传世。毕沅博学多才，潜心研攻经史敬重文士，尤好扶植后进，"一时名儒，多招至幕府"，据其门下洪亮吉记载，毕沅生平最爱礼贤下士，"毕沅爱才尤笃，人有一技之长，必驰币聘请，唯恐其不来，来则厚资给之。"(《更生斋集文甲集》)，著名学者章学诚、孙星衍、洪亮吉、汪中、段玉裁等皆曾受知其门下。毕沅精通经史，旁及语文学、金石学、地理学，并善诗文，一生著作颇丰。他在其幕宾的襄助下，搜求善本古籍，校勘辑佚，编纂了许多有价值的著作，尤其在经学与史学方面作出了很大贡献。经学方面著有《传经表》《通经表》等，并撰《墨子集注》，直接指明诽墨始于孟子，提出《墨子》作为一种古代典籍，"不可忽也"。另注疏《道德经考异》、《晏子春秋注》、《吕氏春秋注》等。毕沅极注重历史和地理的关系，广征博采，完成了王隐《地道记》和《太康三年地志》的辑佚、《山海经新校注》等书。在金石学上，他广加收集铜铭碑刻，编辑成《关中金石记》、《中州金石记》、《山左金石志》、《三楚金石志》、《两浙金石志》等书。对先秦诸子，也素有研究，他还是一位杰出的诗人，有《灵岩山人诗集》传世。同时，在他主持下，整修了西安碑林、华岳庙，翻修了司马迁祠，修缮了苏东坡祠，重建了西安灞桥等。

[14] 筼筜，竹名，茎粗，杆长，节大。陕西洋州西北五里谷中产此竹，因名筼筜谷。熙宁八年(1075年)文与可任洋州知州，筑亭筼筜谷上，游乐谷中。曾画一幅水墨偃竹赠苏轼。文同病逝后，苏轼在湖州曝晒书画，见到这幅遗作，写了《文与可画筼筜谷偃竹记》。

[15] 沈宗骞《芥舟学画编》。

[16] 沈宗骞《论取神》。

[17] 松年《颐园论画》，见俞剑华《中国画论类编》下，北京人民美术出版社 1957年版。

[18] 袁宏道《袁宏道集笺校》，钱伯城笺校，上海古籍出版社 1981年版。袁宏道(1568-1610年)，晚明文学革新领袖人物。

[19] 《袁枚全集》中的第三册《随园诗话》，袁枚著，江苏

古籍出版社 1993 年版。

[20]《现代汉语词典（试用本）》，中国科学院语言研究所词典编辑室编，商务印书馆，第 1286 页。

[21]《辞源》修订本，商务印书馆，第 2627 页。

[22]《辞源》修订本，商务印书馆，第 1037 页。

[23]《辞源》，商务印书馆，第 264 页。

[24] 董邦达，主要活动于雍乾时期，字孚存，一字非闻，号东山，富阳人。雍正元年（1723 年）拔贡。七年（1729 年），乡试中试，经刑部尚书励廷仪保举，以七品京官在户部行走。乾隆二年（1737 年），散馆，授为编修。次年（1738 年）典试陕西。六年（1741 年），充顺天乡试同考官，时方修《石渠宝笈》《秘殿珠林》《西清古鉴》诸书，奉命入内廷襄事。旋授中允。充日讲起居注官，晋侍讲，再晋侍读学士，入直南书房。授内阁学士兼礼部侍郎衔，遭母丧回籍，服忧未阕，诏以素衣入直内廷。后充会试副总裁，实授礼部侍郎。十八年（1753 年）主持江西乡试。此后，多次扈从巡幸，充殿试读卷，经筵讲授，武会试总裁等官，补授都察院左都御史署翰林院掌院学士，迁工部尚书，转礼部，复转工部，赐紫禁城骑马。三十四年（1769 年），以老乞休。是年六月，以疾卒，赐祭葬如例，谥文恪。卒年 71 岁。

[25] 纪昀跋曰："树石萧森花竹深，披图彷佛想幽寻。怪来风景都清绝，原有高人坐此吟。渲染丹青众手成，画师——各题名。满堂宾客皆名士，知似江南顾阿瑛。"

[26] 唐景灿跋曰："秋意澹如此，林皋风洒然。幽人坐盘石，逸兴寄云天。跌宕琴书乐，流连山水缘。会心应不远，花外夕阳川。"

[27] 跋语如："大隐寓朝市，入林不在深。丹青逢妙手，松竹证初心。偶述还乡乐，兼陈誓墓箴。披图瞻昔范，感旧托长吟。嘉庆二年九月十日奉题。玫园先生遗照。石韫玉。""君本江南好邦族，生长京华众推毂。五十三年堂构新，长安道上交游熟。倏然归思秋风来，乡关回首空徘徊。片帆如驶催行客，吴江枫冷心胸开。开襟纳凉致潇洒，风光无主凭谁贾。画师渲染入丹青，妙笔传神作模楷。图成绨锦付袭藏，名篇络绎珍琳琅。我欲作诗苦肠涩，迁延岁月艰成章。芙蓉城去已五载，披挹宛然旧风采。古来舜跖同死生，今日胜有神交在。我昔于君图似幻，我今披图君转真。人生行乐不过尔，安用声气惊红尘。奉题玫园二兄大人遗照。愚弟徐怀拜稿"；"仲为邵自出，于我则已远。长安久相习，行事俱在眼。怡怡兄弟间，实为近所罕。有兄多旷怀，诗酒习宴衎。有弟早修文，孤琴痛婉变。仲也独经营，出入精握算。以其只手劳，昫为一家暖。居住两得安，田荆孰能弱。宜其寿而康，故乃数则短。经年搜遗图，笑貌一何宛。恍如握手时，雄谈飞骋盏。盛德不可湮，聊为一扬阐。流泽后孔长，彼此贻谋善。嘉庆元年丙辰秋八月。楚帆邵伯昌补题"；"八年前忆识容仪，画里分明旧紫芝。有竹有花堪坐对，一丘一壑自心期。举尊欲问青山价，索句应多黄绢词。点缀园林无限景，陶然直到月明时。玫园二叔遗照。陆泌"；"弟昆仲为余所器重，亦素相得。已酉秋，余随宦为汉南之游，别时两弟其在也，殷拳之意，回溯依然，曾几何时而音容不可复识矣。人生梦境耳，可慨也！今睹二弟遗照，不禁神怆，固咏之曰：笑言忆耿耿，一瞬一生时。照有超尘致，名留勒实诗。虽如心善养，那似境多怡。愧我躯体在，徒为酹一卮。兄邦琏"等等。

[28] 王素（1794-1877 年），主要活动于道光年间，字小梅，晚号逊之，甘泉（今江苏扬州）人。幼师鲍芥田，又多临华喦，凡人物、花鸟、走兽、虫鱼，无不入妙。道光初与魏小眠、王应祥并驾。

[29] 包世臣，字慎伯，号倦翁，又自署白门倦游阁外史、小倦游阁外史。安徽泾县人。自幼家贫，勤苦学习，工词章，有经济大略，喜谈兵。嘉庆十三年（1808 年）中举，多次考进士不中，曾试用为江西新喻县令，年余，又被弹劾免职。此后曾先后为清代名将忠臣陶澍（1779-1839 年）、裕谦（约 1793-1841 年）、杨芳（1770-1846 年）等人幕客。他毕生留心于经世之学，

并勤于实际考察,对于漕运、水利、盐务、农业、民俗、刑法、军事等,都能提出有价值的见解。包世臣思想、学术皆不同于乾嘉以来一般学人,他论文大都关切时务政事,贯穿经世之旨,反映了近代要求文章与经世相结合的潮流。他学书 30 年,为书家大宗,论书法尤精,所著《艺舟双楫》为中国书学理论重要著作。篆刻亦为当世推重,间亦作画。包世臣墨迹著作有《中衢一勺》《艺舟双楫》《管情三义》《齐民四术》,合刻为《安吴四种》36 卷,又有《小倦游阁文稿》2 卷。包世臣一生虽未能在仕途上实现其远大的抱负,却在文学和书学方面作出了突出的贡献,其人格学识为后辈所敬仰。

[30] 李锴,字铁君,自号焦明子、豸青山人,铁岭人。其为明李成梁后裔,其父李辉祖曾任湖广总督,其岳父索额图为清朝太傅。康熙三十九年(1700 年),他以监生补本旗银库笔贴式。后缘事去职。四十六年(1707年),江南兴工,其赴江南效力,工竣议赐七品顶带。后厌倦官场,"携妻隐盘山,买田豸青峰下,构草舍,杂山畦以耕"。过起"因庄无物不天地,或不将身砑水云"的庶民生活。李锴多才多艺,喜好游历山水,酷爱品尝香茗,常弹奏乐器,无事则闭门吟诗作赋,著述甚丰。晚年更少出门,很少与人来往。著有《睫剿集》《睫剿后集》《含中集》《原易》《春秋通义》《尚史》《南史稿》上百万言,辑入《四库全书》之中。

[31] 刘嘉琛,字幼樵,直隶天津县人。其书法有度,工稳清丽。光绪二十一年(1895 年)进士第十二名,翰林院编修、曾任山西和四川省学政,捐资培育学生。四川省图书馆记事有载"1911 年(清宣统三年),按清政府京师及各直省省治应先设图书馆一所诏令,四川提学使刘嘉琛奏请建立图书馆,拟借贡院公堂及清白堂为馆址"。

[32] 黄安涛(1777-1847 年),字凝与,号霁青,浙江嘉善人。嘉庆十四年(1809)进士,改翰林院庶吉士。散馆,授编修。历官潮州府知府多惠政。告归后,主上海讲席,以诗酒自娱。间与吴中名士联诗斗酒,不复出仕。年七十一岁。安涛殚见洽闻,文辞杰出,诗劲直幽峭着有《诗娱室诗》二十四卷,《息耕草堂诗》十八卷,《真有益文编》十卷,及《慰托集》十六卷,均《清史列传》并行于世。

[33] 殷树柏,字曼卿,号云楼,晚号嫩云,又号西畴桑者,所居名一多庐,秀水(今浙江嘉兴)贡生。书法远师柳公权,近参汪士铉。工花卉,兼学陈道复、恽寿平法,而稍参己意,下笔恬静,无烟火气。尤擅小幅,其写山房清供图,作菖蒲、文石、瓶兰、茗壶诸品,天真闲澹,萧然有风人之致。晚喜作蔬果,尤觉天趣横生。好刻竹,尝作小楷数百言,书之扇边,刻甚精妙。有《一多庐诗钞》。

[34] 苏舜钦(1008-1048 年),字子美,北宋诗人。祖籍梓州铜山(今四川中江),自曾祖时移居开封。景祐元年(1034 年)进士,曾任大理评事,范仲淹荐为集贤殿校理、监进奏院。苏舜钦积极参与范仲淹、杜衍(舜钦之岳父)的庆历新政,遭反对派之忌,故以细故被贬,于苏州修建沧浪亭,隐居不仕。苏舜钦是北京诗文革新运动中的重要作家,与欧阳修、梅尧臣友善并齐名,时称"欧苏"或"苏梅"。苏诗的总体风格是雄健豪放,慷慨激昂。欧阳修评其诗"笔力豪隽""超迈横绝"(《六一诗话》)。《宋史·苏舜钦传》称他"时发愤懑于歌诗,其体豪放,往往惊人"。诗文集有《苏舜钦集》16 卷,《四部丛刊》本。

[35] 长沮、桀溺:春秋时二隐士。

[36] 《现代汉语词典》,商务印书馆,第 113 页。

[37] 袁枚《袁枚文选》,作家出版社 1997 年版。

[38] 沈宗骞《芥舟学画编·用笔》,史怡公标点注释,人民美术出版社 1959 年版。

[39] 沈宗骞《芥舟学画编·传神》,史怡公标点注释,人民美术出版社 1959 年版。

[40] 杨伯达《清代康、雍、乾院画艺术》一文里宫廷画院所作的分析研究。

[41] 该书为中国书画著录，总计44卷。依贮藏所在，各分书册、画册、书画合册、书卷、画卷、书画合卷、书轴、画轴、书画合轴九类，每类又分上等、次等，详细记载纸绢、尺寸、款识、印记和题咏、跋尾等。乾隆五十六年(1791年)，又编成《石渠宝笈重编》。

[42] 蒋廷锡，字南沙、西君、杨孙，号西谷，又号青桐居士，江苏常熟人。御史伊之。康熙四十二年(1703年)进士，雍正(1723-1735年)年间历任礼部侍郎、户部尚书、文华殿大学士、太子太傅等职，官至大学士，谥文肃。工书，善画。未入仕之前，与马元驭(1669-1722年)、顾雪坡游，间作水墨折枝窠石，以及兰竹小品，得恽寿平韵味。通籍后，矜重不苟作。尝画《塞外花卉》70种，为宫禁所宝。流传真迹绝少，间有之，多为马元驭、马逸父子代笔。

[43] 周积寅《曾鲸的肖像画》，人民美术出版社1987年版。曾鲸，字波臣。福建莆田人。活动于浙江杭州、乌镇、宁波、余姚一带，侨居江苏南京，结识了当时一批社会名流，如董其昌、陈继儒、黄道周、葛一龙、陈洪绶、黄宗羲等。他专门从事肖像画创作，并开创了"波臣派"，其成就在于对传统的肖像画法的继承和发展。曾鲸所开创的画法在于它先用淡墨线勾出轮廓和五官位置，然后注意墨骨，以淡墨和淡赭石按面部结构层层渲染出阴影凹凸，较之前代更具立体感。通过层层烘染使得画面上不着痕迹而浑然一体。据史记载，继承他的画法并留下姓名的就有四十余人，如：谢彬、金谷生、徐易、廖君可、刘祥生、沈尔调、张玉珂、陆永、顾宗汉、沈韶、张子游、徐璋、沈纪等。因曾鲸字"波臣"，遂把这支声势浩大的肖像画派称为"波臣派"。参见《中国书画名家精品大典》。

[44] 沈韶(1605-？年)为曾鲸的弟子，属"波臣派"。

[45] 指墨加赭石和胭脂。

[46] 沈宗骞《芥舟学画编·用墨》，史怡公标点注释，人民美术出版社1959年版。

[47]《内务府档案》载徐璋(瑶圃)年五十六时(1749年)曾到宫里参加过考试："乾隆十四年五月二十六日，司库白世秀达子将奴才图拉跪进画喜容徐璋，系松江府娄县之民，年56岁。缮写折片一件持进，交太监胡世杰转奏。奉旨：着伊画一张，钦此。"同年同月的第二天，另一则档案对此事又有记述："于本月二十七日，司库白世秀达子来说，太监胡世杰传旨：要徐璋试手画呈览，钦此。"这则档案说明乾隆皇帝对此事的答复。当天的又一则档案记载说："于本日，随将徐璋未画完水墨山水小绢画一张，持进交太监胡世杰呈览。奉旨：徐璋着交春雨舒和行走，钦此。"

[48] 张庚《国朝画征录》言："写真有二派，一重墨骨，墨骨既成，然后敷彩，以取气色之老少，其精神早传于墨骨之中矣。此闽中曾波臣之学也；一略用淡墨，钩出五官部位之大意，全用粉彩渲染，此江南画家之传法，而曾氏善矣。"

[49] 刘熙载《艺概》中《书概》，上海古籍出版社1978年版。

[50] 团时根，江苏泰州人。工写意人物，曾随某将军赴西藏，尝画一册，纯有干笔写旁塞光景山城夜角，羽檄飞骑，各肖其态。《春草堂笔记》。

第四章 结语——个性情愫的社会性回归

清代中后期人物画正好处于明末肖像艺术和清末海派崛起这两个高峰之间，在当今的理论界多对清代中期人物画以复古主义[1]和"扬州八怪"的个性派[2]进行概括，而对于后期的作品或是断为低迷毫无内蕴或是仅仅以"改费"之仕女画一笔带过[3]。通过本书对雍乾、嘉道时期仅就文士题材角度人物画的梳理和分析，为数众多的作品从表面到实质都呈现着丰富而颇具特色的艺术内容和历史价值。从美术历史的角度看，任何两个艺术创作的巅峰都不会产生绝然的断代，在一个艺术高潮开始降温的时候，一定酝酿着许多生动而崭新的契机，对于丰富而多元的艺术技法、理念的消化和磨合是摸索艺术新途径的孕育。我们不能忽视中间这段美术历史的价值，因为它不仅能够揭开一段艺术高潮陨落的真实原因，更能够提供形成新发展的根本元素。文人作为社会中最具意识形态敏感度的成员，在古代农业社会的中国一直扮演着不可或缺的中坚，在满清王朝建立之始就受到一定程度的压制，统治阶层经过清初的政权稳固阶段势必会对文化以及文化的承载者进行干预，这就无疑触及到了文士阶层从上到下的各个层面，完全的"复古"和彻底的"反抗"都是过于极端的总结，相对的个性会在共同的命运中产生社会性的回归。

第一节 绘画功能上的怡情性

人物画在中国画各个画科中发展最早，是由于早期绘画具有很强的"资政"性，它所表现的多以"礼制""教化""纪功""颂德""表行""奉祀"等为主要内容。正如南北朝齐谢赫《古画品录·序》中所言："图绘者，莫不明劝戒，著升沉，千载寂寥，披图可鉴。"文士题材在古代以表现鉴戒性和表彰功臣的上层文士居多，如《汉书·苏武传》载有西汉"宣帝甘露三年，单于始入朝，上思股肱之美"，所以在麒麟阁画了霍光等11位功臣像;《后汉书·马武传》也记有明帝时"追感前世功臣，乃图画二十八将于南宫云台";《蔡邕传》载东汉"光和元年,遂置鸿都门学,画孔子及七十二弟子像"……这些画像,都是"法其形貌,署其官爵姓名"[4]的。被描绘的历史人物,有的或许还有形象资料作为参考依据,更多的则只能凭借画家的想象,或者仅以一般人物形象来套用,旨在能"述其事",这便衍化为之后描绘历史故实的人物画;那些偏重"肖其人"的,则衍为严格的肖像画——"写真",而配有环境背景的,就是表现生活的"行乐图"了。至两晋南朝,名士的画像及其他个人的画像逐渐增多,见于著录的便有:包括嵇康、阮籍在内的"七贤"以及阮修、阮贤、刘牢之、桓温、桓玄、孙绰、谢安等。此时还出现了名士的自画像方面的记载,如王羲之的《临镜自写真图》[5]。到了唐代,人物画依然具有着"成教化,助人伦"的主要功能,留容存像以颂赞教化[6];而另一方面,张彦远《历代名画记》又在南朝宋山水画家宗炳、王微的传后论曰:"图画者所以鉴戒贤愚,怡悦情性……"这便成为了较早的绘画怡情说的发端。于是,这种理念发展到清代有了本质的转变,在清人的画论之中我们随处可见认为绘画是养身乐志的论调,比如王昱《东庄论画》:

  学画所以养性情,且可涤烦襟,破孤闷,释躁心,迎静气。昔人谓山水家多寿,盖烟云供养,眼前无非生机,古来各家享大耋者居多,良有以也。

董棨《养素居画学钩深》载:

  或人谓仆嗜画,乐此不疲。仆曰:"不然。我家贫而境苦,唯此腕底风情,陶然自得。内可以乐志,外可以养身,非外境之所可夺也。"

这种以注重绘画的欣赏功能和给作画者带来的怡情功能的思想在清代以前就有所出现,但更多的是通过山水和花鸟画来实现的,至明代在人物画中才逐渐增多。而清代中后期人物画中文士题材的描绘虽有对于前朝和清初的延续，同时也具有一定的时代个性特征。在表现内容上最为突出的就是社会中下层文士形象、生活和表现归隐文士形象的泛滥。相对应的是，表现古代先贤的人物选取上由文臣圣哲转变为名士高贤，传统的雅集图也成为画家文士自娱生活的影射，历史故事的表现也多选取历代文人骚客的风雅典故为主，形成了一股文士平民化、个人化、理想化的艺术思潮。

当然，在这一主要的绘画趋势中，不同社会身份画家的作品依然带有其特定的社会功能含义，但这一点并没有影响当时整个文士题材人物画发展的主流。

宫廷士人画家艺术创作的总体风貌毋庸置疑的是以歌功颂德为主调，因而只能成为太平盛世的点缀或是文德武功的称颂。因此，供奉宫廷的士大夫阶层必然没有明确的社会团体宗旨，当然也不存在一致的艺术风格追求，只因清统治阶层的吸引而聚合在了一起，他们缺少内在的凝聚力，呈现出一种自由松散的状态。正所谓良士择人而依，文中涉猎的许多画家、作者都一度供职于朝廷或供奉于画院，如指头画家傅雯为额外骁骑尉（正六品），张宗苍授户部主事（正六品），陈枚官内务府员外郎（从五品）；民间画家如果想要进入宫廷则需有权势者推荐才能有机会参加考试，如徐璋就是由内务府的官员推荐到北京的[7]；另一些画家也曾以献画的方式希望得到皇帝的认可从而走上仕途，如金廷标在乾隆二十二年（1757年）弘历第二次南巡时，进画《白描罗汉图》册获好评而入宫，授七品官；还有些画家名手虽是布衣却也有入宫作画的经历，如乾隆四十四年（1779年），弘历特召肖像画家陆灿入宫，图绘御容和功臣像；更有相当一部分是通过父子相承、师徒相继的关系入宫，如画家焦秉贞和冷枚是师徒，他们先后于康熙年间进入宫廷服务。诸如此类，足以说明，当时的文人画家，尤其在皇家大力扶持宫廷绘画的清代中期，有着一定的从政热情和入世思想。但是需要指出的是，供职宫廷的人物画作者，为宫廷所作的创作和业余时间自娱所绘的创作是不同的，那些非奉命创作同样显示了作品当中的个性化、抒情性因素。可见，画风的不同不能以画家的身份一概而论，这一特征也正是我们了解当时文士境遇并发现历史真相的关键。

而在另一方面，江南经济的发达也促进了文化活动和书画市场的繁荣，以扬州画派为代表的在野画家通过绘画形式的创新表现出了艺术氛围的空前高涨。但是到了国家经济政治由盛转衰的嘉道时期，随着宫廷如意馆等绘画机制的低迷，士人们开始普遍承载起时代的压抑和命运的沉滞，在哀怨感叹之余，文人的隐逸意识油然而生，于是清代中后期的人物画中浸透着哀时命、愤俗世、悲不遇的消极色调。当然也有不愿屈身侍从王权的文士，他们以狂狷的任性自为表达出对统治者的不满。清代中期所呈现的那种向往叛逆的主观意愿被有着足不敢履的矛盾心态所代替，成为清代后期文士既依附于权势阶层而又力图以自处于权势阶层相标榜的典型。我们是否可以将整个清代中后期文士题材的人物画作品反映出来的面貌总结为，这是一个在现象上由多元走向单纯，在本质上延续了隐性的艺术家个性情愫的时代。

由于描绘对象、功用目的、创作手法、表现形式、材料工具的不同以及画家认识水平和笔墨技巧的高低差异等主客观因素的影响，这一时期人物画在体现个性情愫方面，实际上显现出很复杂的情况。比如有的重在形似，有的专取神韵；有的忠于客观，有的强调主体；有的情溢言表，有的殊乏个性。这种共性中的个性，遂形成清代人物画的多种类型。

首先是以上层士人达官贵族为对象的人物画。

文士中属于统治阶级部分阶层的人物包括上至皇亲国戚、显官名臣，下至地方官吏、豪门显贵，他们的地位虽有高下之别，但力图表现职位和权势这一点基本是一致的，因此表现这一人群的作品多为肖像画和行乐图。

图215-1

图215-2

此类作品具有着一定的规定性,因属于封建统治阶级的各层官吏对等级制重视使得等级观念渗入社会生活各个领域,尊卑有序、上下有别已成为普遍的行为准则,反映在绘画艺术中也就相应的着意描绘的是显示官阶、门第的衣冠服饰,诸如头冠、官服、图案、佩饰等,即使是那些带有文人归隐意向的衬景人物肖像,或是描绘官员聚会、情态比较自由的"雅集图",也在形貌之上与当时体现等级的服饰礼制毫爽不差。正如宋代郭若虚《图画见闻志》中所言:"画人物者,必分贵贱气貌,朝代衣冠。"不过,我们从清代中后期以官宦之士为被描绘对象的图像中,总是可以在尊贵外貌之下感受到些许具有个性的相貌和气质,这一点小小的差别竟是在本质上体现着当时上至达官下至普通文士画家心境上的巨大变化。例如余颖作《陈月溪观潮图》(1733年)(图215)和前述莽鹄立、蒋廷锡作《允礼小像轴》、姚元之作《汤金钊行乐图》(1826年)等作品较之唐宋时期较少类型化的功臣图、忠臣像具有了客体的鲜明个性和主题的艺术情愫,同时也比明代和清初的肖像作品在人物与环境的构思上处理得更为自然而多元。

接下来是以当时文人名士和古代高贤为对象的人物画。

描绘对象主要指以学识、名操、艺文著称于当世的人物,其间既有绝意功名的隐逸高士,也有涉身仕途甚至地位煊赫的文人名儒。其创作要求和绘像主旨在于褒扬人品、修养、风度、雅趣,绘画的功用目的往往是酬赠知己,或聊以自赏,故亦自成一种面貌,并发展为当时最为流行的高士图。作品样式包括单身肖像、群像、故事图、雅集图等。画家的创作在表现形神方面,虽然并不脱离形似的轨道,但更注重神似,强调抒情言志,并衬以特定的环境来传达真情实感,尤其是那些以高士隐者为内容的人物画中还出现了挥洒自由的大写意作品。画家多喜借助环境烘托人物,情景交融,有时还会在画中以题跋的形式书赞辞于上,表达溢美之情或言述异己之见、直抒胸臆。苏东坡所说的"诗中有画,画中有诗",在这一时期人物画的文士题材中表现得尤为突出,可以说,个性化和抒情性是这类文士人物画的主要特色。

最后是以当时画家自己和普通文人为对象的人物画。

图215-1 余颖《陈月溪观潮图》 39.9×148.1cm 1733年 卷、纸、设色 河北省博物馆藏

图215-2 余颖《陈月溪观潮图》(局部)

论文涉猎的作者中，身份地位最高的往往是那些一度为官的中上层文士、或兼职于翰林院内的编修。在清代中后期，真正的职业画家的社会地位普遍不高，那些供奉内廷的画家都属工匠之列，只有极少数受恩宠的能够得授一官半职；而为数更多的布衣画家虽有些曾有过为官的经历最终还是以辞官卖画以渡余生。所以他们的自写之像带有抒发胸中意气、言志明理的隐喻倾向，正所谓"醉翁之意不在酒"，画中的人物形象以形写神、以神达意，成为个人情愫最为直白的宣言。由于这类作品的作者大多是职业画家，其社会地位和生活环境的因素，使画家关注普通文士生活作品的出现成为一种必然的趋势，画中的文士大夫形象带有更多可亲可近的仪态气质，引发了作品人性化、生活化的艺术理趣。这一点几乎反过来渗透到了文士题材中的许多相关领域，比如雅集图中的人物安排更具野逸自然的情趣，文士肖像画中增添了生活场景和与侍者小童的情感交流，历史典故中借用了现实生活里的道具和情节……

各类作品因描绘对象的不同以及在功用、要求、手法等方面的差异，在体现基本属性方面，各有侧重，各具特色。同时，同类人物画也会因个别因素的不同，而在共性中又呈现个性。这种多层次的共性和个性的交叉，遂形成了清代文士题材人物画丰富多样的面貌。

第二节 绘画表现上的隐逸性

清代人物画十分推崇作品背后体现出来的文化修养，尤其是作为绘画主体的文士阶层的主观自律性，几乎将雅逸的标准推到了极致，更有自五代之下形成的绘画品第观念，使人物画中诗意性的追求成为一种必然的因素。而清代中后期画家对个人主观精神世界与绘画技巧熔于一炉的实践与大胆创新，使艺术对于诗意性的要求几乎遍及于文人士夫的各个阶层的日常审美当中。

古人作画一般是"必先立意,而后章法",构图章法力求鲜明地表现画家的审美趣味,艺术上注重象外之趣、画外之意,画家为了达到某一种艺术境界而去选择与之相应的构图方式。从审美意象性出发,中国画强调主体的意气统领笔墨,在抽象的神韵中追求写形的真实。中国画家将构图章法与笔法、墨法同等看待,既有一定的法则规矩,又有创造的充分自由,使之表达那不可言传的画中诗意。人物画中的艺术形象和构图形式,正是作者对生活中现实人物的直接感知,再补充以相类似的体验和以往的认识而形成的。因此,对于古代先贤的描绘和对隐者高贤的再创造都是靠经验认识成果的"反刍",于是,情感便成为了构思活动全过程的重要心理因素。可见,作者的情满意溢正是使作品能够感动观者的先决条件。而这种作为审美感受特点之一的情感,是寄"形"于画来传达给观者的,这里的"形"就包括人物画中的布局形式、人物造型和笔墨形态三大要素,从而形成了清代文士题材人物画的诗意性。

在本文从题材到画面形式和人物造型的分析中,我们不难感受到在清代中后期的文士题材的绘画作品中,都或隐或显的蕴涵着对于隐逸生活的崇尚。其中涵盖了不论宫廷画师、在朝官员还是职业画家的作品,也不论是文士肖像、日常生活还是历史典故,就更不用说最具代表性的高士图了。

画家喜欢把人物置于山川自然之中是文士题材中的一大特色,有些作品甚至是肖像和山水田园画的直接嫁接,屠倬作《补阮元像图景》(图216)、万承纪作《吴荣光松盤揽胜图像》(1807年)、茅麟作《泉石清流图》(1773年)(图217)、余集绘、陆槐补景《雪渔像》(图218)都是最有代表性的实例。将主人公安置于丘壑之中,倘佯于林泉之间,在拥抱山川的吟哦之间形成寄情于景、借景抒情的人物画作品。皇族达官富贾私家园林的营造、文士间频繁的私人雅集文会、古代文人故事的传奇性演绎,时人对茶文化和"四君子"的推崇都是当时隐逸风尚的表现。魏晋的"隐逸文化"对后世文化的影响延续到了清代表现为画家们对高士题材的热衷和文士题材普遍的归隐趋向。清代中后期人物画"隐逸思潮"的表现是多方面的,最为直接的表现就是描绘遁迹山林的高士,尽管文人得意时仕、失意时隐,自古而然。不过早期的隐士大都有自己的追求和志趣,有的因厌恶官场生活而隐居后,留下了不朽的艺术杰作;有的虽是隐居却仍然关心国家大事,正所谓孔子言:"隐居以求志"。但在清代真正的隐士恐怕远不及魏晋六朝了,有的是真隐、全隐,有的是先官后隐、半官半隐,有的是隐于朝,还有的是名隐实官的假隐或以隐求高官,许多"隐士"隐于山林、隐于市、隐于朝却皆有所追求。况且清代艺术的广泛商业化倾向已是大家公认的事实,绘画作品的商品性流通必然造成与原本封闭式自然经济之间的矛盾,在日趋商业化艺术市场漩涡中的文士画家大多穷愁潦倒,结交商贾朋友和卖画成为维持生计的唯一方式,他们当然不会真正地隐而不出了。虽然许

图217

图216

图218

多画家以"居士"、"道人"自称,如华嵒、王树穀、蒋廷锡、高凤翰、方士庶、边寿民、李鱓、余省、李世倬、汤贻汾、蒋莲、汤贻汾、王宸、苏六朋、黎简、戴熙、奚冈、王礼、苏仁山、黄钺、计芬等,但他们隐居是无可奈何的隐逸。不错,清代人物画中的归隐元素实则是心灵的归隐和逃避,所以清代山水画的繁盛、人物画的骤减正是当时文士阶层普遍心态的真实写照。

人本的色彩是清代中期文士题材作品画家中遗留下值得思考的现象。

社会黑暗腐朽与时代剧烈变化的双重外力,使文人士大夫在外困与内扰之间,在创新与传统之间经历着前所未有的痛苦与矛盾,他们一方面追求着西方思想的革新理念,一方面维护着封建文化中保守的传统势力。他们虽然不留情面地抨击科举制度,却又不懈地坚持赶考,梦想着有朝一日学有所用;他们虽以布衣、居士自称,却又不时流露出士大夫阶层的清高与优越。文士们由于自身的潦倒落魄,使得他们中的大部分被迫生活在接近下层人民生活的特殊环境里,而这个时期兴起的人文思潮、民主平等新观念,又促使他们并未居下层而自命清高,如自号"布衣"的黄慎、华嵒、王树穀,被削职为民的高凤翰、李方膺、李鱓,一生未仕的上官周、黄鼎、金农、蔡嘉、赵之琛、方熏、奚冈、任熊、汪圻、蒋宝龄,还有许多早年为官或供奉画院之后还乡隐居的文士,如徐璋、张问陶、汤贻汾、戴熙、屠倬、张赐宁、黄钺等。就连一生不仕的金农不是还曾在自己画竹的作品中落款为"荐举博学宏词杭郡金农记"吗?

文人作画自古喜好诗书画一体的表达方式,以诗文抒写情怀,以画传神媚道,以书达情写意,使艺术与人格追求紧密相连,这一点在人物画中以文士题材体现得最为突出。画家对古代诗人词客的景仰,也是他们喜画文士、高士的一个重要内因,因此在创作时十分讲究画面的诗意表达,常在画上题前人诗句或自撰诗文,使题诗契合画境以映发画意,表达出萧散清逸的情愫,即使未题诗句的画面,也传导出一股隽永的诗意。书法的点线、墨韵结合绘画的线条、色彩、构图凝定人物画那具有"诗意美"的形式,表现出艺术美的本质,在画家个体情感的体验中传达出与社会整体情调相

图216 屠倬《补阮元像图景》 131×43cm 轴、纸、设色 南通博物院藏

图217 茅麟《泉石清流图》 132×50cm 1773年 轴、绢、设色 浙江省德清县博物馆藏

图218 余集绘、陆槐补景《雪渔像》 126.3×47cm 乾隆年间 轴、纸、设色 故宫博物院藏

联系的审美特征。

第三节 绘画审美上的趋同性

　　清代的社会现状和思想现实，给文艺界带来的不仅以阴柔退避为根本特征，当然也存在批判现实的"反抗性"，但应该强调的是，在文士题材的范围里，作品中的情感意蕴并不像艺术语言的拓展那样有着突出的表现。仅以绘画自身的方式从题材的选择、形象的处理、诗画的结合与笔墨的创新等多个角度的展开分析也不能替代作品内蕴上的时代思潮。

　　清朝统治者对士人是以亦软亦硬的政策，使文士们既失去了刚性，又失去了韧性，同时也就失去了士人阶层在社会历史中一贯的领导作用。士风日下的局面正如洪亮吉所言：

　　　　士大夫渐不顾廉耻。有尚书侍郎甘为宰相屈膝者；有大学士七卿之长且年以倍而求拜门生为私人者；有交宰相之僮隶并乐于抗礼者……有人前长跪以求讲官者……士大夫之行为如此，何以责小民之夸大夤缘？辇毂之下如此，何以责四海九州之营私舞弊？

　　文人如是，时代因之如是，国家也就逐渐软弱了。虽然文士们笔下的作品风格各异，但在大的方面却有一个总的风格，即柔弱温润、简淡清雅、旷远幽静。这是一个值得注意的问题，尽管人物形象也有超拔奇崛的造型，但笔墨形态间总是传达着一种温婉迂回的"柔"劲，鲜有刚猛雄浑的气势；尽管画面附色不乏妍丽石色的作品，但笔墨间总是传达出的清淡寂寥的气息，鲜有热烈富贵的氛围；尽管画面布局也有密密丛丛的山林或人物繁多的场面，但所有的内容都抛弃了市井的喧嚣而蕴涵着远离尘世的静谧，鲜有亲切世俗的表现。一以概之就是"柔"。"柔"本是老、庄的境界，《老子》

云:"柔弱者胜刚强""天下之至柔,驰骋天下之至坚""柔之胜刚""守柔曰强""天下莫柔弱于水,而攻坚强者莫之能胜"……可见,老、庄的"柔"是外柔而内刚。而我们在清人的画作中却只见柔媚而不见刚强了,文士们似乎早已失去了老、庄"柔"的内在本质,几乎成了柔软无骨的萎靡,或许正是时代精神使然。《庄子》云:"纯粹而不杂,静一而不变,淡而无为,动而以天行。"所以老、庄的"淡"本是指自然无饰、纯静明白之意,而在本文涉猎的全部作品中,画面里文士形象的布局更多的是中景和远景,鲜画近景,画家在淡而远、平而和中把人的情绪思维也引向"远"和"淡"的境界。心远,其画也自有"远"的感觉,当时文士的精神状态正是人物画在艺术上更远离尘世境界的根源。

在清代的中期个体意识观念在文士与劳动阶层的关系上出现了新的变化。在当时个性解放、自我确立、经世致用的实学风气下,文士们无论在朝在野,作人物画的题材类型逐步增多,文人画与民间艺术、宫廷艺术的界限越发模糊,技术全面的全才型画家比比皆是,使画家在表达上有了更多的个性情愫的自由发挥。此外,大量诗词题跋入画,使诗、书、画一体的综合性艺术特色得到全面的释放,使得文士们能够以丰富多样的手段去鲜明地表达自己的感情,于是,时代的绘画观获得某种程度的趋同性才能成为可能。

一幅有意味的人物画作品,除了人物的容貌特征和体现的气质以外,还有画面的布局和笔墨的美感,更重要的是体现出作者某种审美理想和对美的追求。艺术境界的超越性,会使文士们从真实生活的琐屑卑微状态中逃离出来,直面自身的灵肉处境去摆脱现实的羁绊,达到本真存在的澄明之境。然而,艺术作品的创造,还是为了使人从自然人向审美人最终向社会人迈进而不断发展的媒介。艺境即心境,它是解悟生命本体的审美生成。文人画家中忍受尘世纷扰、怀才不遇或弃官为民者比比皆是。他们在封建末世的矛盾和灾难的作用下,其绘画必然带有较为鲜明的人本色彩。可是中国封建社会对人的个体意识总是以整体的统一去看待的,从而使"个性"成为带有一定抽象意味的存在,从而否定了个体的独立价值。在一种压抑、低迷和有着高度皇权的社会里，政治和文化被附加上了无形的枷锁，一切的审美都归结于带有鲜明清王朝属性的社会文化思潮，这势必决定了审美的相对趋同性。从清代中后期媚姿柔韧的主流造型、遒劲爽健的笔法线条和圆融冲和的墨色气韵中，可以窥见整个时代画家艺术个性的社会性审美的回归。清代文士作为一个社会中最具敏锐感知的知识分子阶层，势必最深刻地感悟到社会思想的深层内容，他们的所作所为、所知所感、所思所想代表了时代的政治、经济、哲学、文化等社会意识形态的真实面貌。对于文士各个阶层的相关描绘，生动而鲜明地还原了一段真实的历史。与此同时，表现此类题材的也是文士阶层的部分成员，画家对文士的描绘实际上就是对自身的写照，对作品意境的书写实际上就是对个人心境的昭示。

如果说，绘画的本体是由"言"（笔墨语言）、"象"（人物形象）、"意"（作品意蕴）构成的话，那么，本书在关于艺术表现的"言"与"象"的分析讨论之后得出了与之相应的"意"。而实际上，清代人物画在文士题材的表现上所传达出来的"意味"是那样的朦胧而丰富、宽广而不确定，使我们很难简单而精准地概括其中的审美内核。文士题材人物画的个人情愫主要由表现语言和画家诗意化、隐逸化的心性所完成，这使人物画在清代中后期处于由功能性向艺术性转化的节点。画面背后的意境和给观者的感受正是通过笔墨的运载和造型的意趣，并在创作主体主观情愫的激发中，升华出人的精神气质和意向风神，使作品作为艺术家灵魂的延伸迸发出整个时代的气息。清代文士作品所呈现出来的那种表面上的超脱和反映在意识形态上的超脱，实则表现的是内心无穷的痛苦。

注释

[1] 清代中期学术思潮的一大变化是强调复古的乾嘉学派的兴起。乾嘉学派重视训诂、考据,反对空想臆说,对古代文献的整理有卓越的贡献;但它又是适应当时文化专制的产物,逐渐丧失了经世致用的儒学传统与独立思考的批判精神,有脱离社会、逃避现实的倾向。乾嘉学风多方面地影响到当时的绘画创作。

[2] 单国强《中国美术·明清至近代》,中国人民大学出版社2004年版,第5-9页。

[3] 《中国美术简史》,中央美术学院美术史系中国美术史教研室编著,中国青年出版社2002年版,第281-287页。

[4] 《汉书·苏武传》记载:"汉宣帝甘露三年,单于始入朝,上思股肱之美,乃图其人于麒麟阁,法其形貌,署其官爵姓名。"是说汉代甘露三年(公元前51年)汉宣帝为了表彰功臣,让人把霍光、苏武等十一人的肖像画在麒麟阁内,按功臣的形状容貌来画,为了使观览者一目了然,分辨画中人物,并且在每个人的像旁,"署其官爵姓名",点明人物身份。

[5] 张彦远《历代名画记·卷五·王羲之条》。仁显《广画录》亦载,王羲之绘有《临镜自写真图》。

[6] 张彦远《历代名画记·叙画之源流》:"夫画者,成教化,助人伦,穷神变,测幽微,与六籍同功,四时并运,发于天然,非繇述作。以忠以孝,尽在于云台;有烈有勋,皆登于麟阁。见善足以戒恶,见恶足以思贤。留乎形容,式昭盛德之事;其其成败,以传既往之踪。记传所以叙其事,不能载其容;赞颂有以咏其美,不能备其像。图画之制,所以兼之也。"

[7] 乾隆年间的档案记录:"乾隆十四年五月二十六日,司库白世秀达子将奴才图拉跪进画喜容徐璋,系松江府娄县之民,年五十六岁,缮写折片一件持进,交太监胡世杰转奏。奉旨:着伊画一张。钦此。""乾隆十四年五月,于本月二十七日,司库白世秀达子来说,太监胡世杰传旨:要徐璋试手画呈览。钦此。"当天又一则档案记:"于本日,随将徐璋未画完水墨山水小绢画一张,持进交太监胡世杰呈览。奉旨:徐璋着交春雨舒和行走。钦此。"

附录

清代中后期文士题材人物画存世、著录作品年表

1723 年 雍正元年 癸卯

　　　　　　王树榖（鹿公）作《弄胡琴图》，一作（1722 年）。轴、绢、设色。90.5×49.7cm。

1724 年 雍正二年 甲辰

　　元月　　华嵒（秋岳）作《宋儒诗意图》。轴、纸、设色。86.9×117.7cm。苏州博物馆藏。
　　重阳后二日　鲁宗镐（有玉）作《人物图扇》。江西省博物馆藏。
　　　　　　黄慎（瘿瓢）作《爱梅图》。轴、纸、设色。159.5×80.5cm。广州市美术馆藏。

1725 年 雍正三年 乙巳

　　　　　　黄慎（瘿瓢）作《相琴图》。扇页、纸、设色。浙江省宁波市天一阁文物保管所藏。
　　　　　　华嵒（秋岳）作《苏米对书图》。轴、绢、设色。151.6×70cm。南京市博物院藏。
　　　　　　冷枚（吉臣）作《九思图》。轴。

1726 年 雍正四年 丙午

　　春月　　黄慎（瘿瓢）作《教子图》于广陵书屋。扬州市文物商店藏。
　　清和月　王云（汉藻）作《老子骑牛图》。中国历史博物馆藏。
　　冬十月　鲁宗镐（有玉）作《进爵图》。上海文物馆藏。
　　十月三十日　陈枚（殿抡）作《万福来朝图》。故宫博物院藏。
　　　　　　焦秉贞（尔正）、蒋廷锡（南沙）为张得天作《张照像轴》。轴、绢、设色。80.8×73cm。焦画舟船水阁人物，蒋补景。北京市文物组藏。一作首都博物馆藏。
　　　　　　王树榖（原丰）作《高隐著书图》。轴、绢、设色。181.2×101.4cm。无锡市博物馆藏。
　　　　　　华嵒（秋岳）作《桃花园图》。轴、纸、设色。119.2×127cm。上海博物馆藏。
　　　　　　黄慎（瘿瓢）作《教子图》。轴、纸、设色。71×75.5cm。扬州市文物商店藏。
　　　　　　黄慎（瘿瓢）作《东坡得砚图》。

1727 年 雍正五年 丁未

　　春日　　周镇州（不祥）、张宗苍（篁村）合作《盛青嵝遗像卷》。苏州博物馆藏。
　　三月初一日　高凤翰（南阜）作《自画像图》。轴、绢、设色。106.8×53.4cm。故宫博物院藏。
　　长夏　　华嵒（秋岳）自写小像。轴。130×51cm。故宫博物院藏。
　　长至日　华嵒（秋岳）为国符作《桐荫问道图》。轴、绢、设色。175.2×89.5cm。广州市美术馆藏。
　　　　　　华嵒（秋岳）作《列子御风图》。故宫博物院藏。
　　　　　　王树榖（鹿公）作《人物图》。故宫博物院藏。

黄慎(瘿瓢)作《寿老图》。轴、绢、设色。27.5×64.3cm。[日]东京国立博物馆藏。
蔡嘉(松原)作《林泉卧游图》。上海市工艺品进出口公司藏。

1728年 雍正六年 戊申

春正月　王树穀(鹿公)作《五男图》,时年八十。中国历史博物馆藏。
花朝后一日　蔡嘉(松原)指画《松根静坐图》。轴、纸、墨笔。120.4×59cm。广东省博物馆藏。
夏四月　黄慎(瘿瓢)作《正冠图》。轴、纸、设色。191.5×95.5cm。扬州市博物馆藏。
　　　　王树穀(鹿公)作《校书图》。

1729年 雍正七年 己酉

春三月　张士英(建卿)作《山水人物图册》。故宫博物院藏。
夏四月　黄慎(瘿瓢)作《白太传吟诗图》。南京博物院藏。
小满后二日　王树穀(鹿公)作《煮茶图》,年八十一。中央美术学院藏。
午日　陈撰(楞山)作《屈原》。轴、纸、设色。61.2×29.8cm。天津市艺术博物馆藏。
　　　王树穀(鹿公)作《二老清吟图》。轴、绢、设色。90×52cm。浙江省博物馆藏。
　　　黄慎(瘿瓢)作《香山吟诗图》。页、绢、设色。35.6×53cm。南京市博物院藏。
　　　陈枚(简甫)作《看云图》。轴、绢、设色。145×72.5cm。天津市艺术博物馆藏。
　　　蔡嘉(松原)作《洛神图》。沈阳故宫博物院藏。

1730年 雍正八年 庚戌

秋八月　黄慎(瘿瓢)作《人物图》于广陵美成草堂。山西省博物馆藏。
冬十一月　王树穀(鹿公)作《人物故事图册八开》。故宫博物院藏。
　　　　　华嵒(秋岳)作《赵必涟兄弟吟梅图》。宁波天一阁文保所藏。
　　　　　黄慎(瘿瓢)作《簪花图》。扇页、纸、设色。天津市文物公司藏。
仲冬　陈枚(殿抡)作《寒林觅句图扇》。辽宁省博物院藏。

1731年 雍正九年 辛亥

夏日　王云(汉藻)作《访贤图》,时年八十一。故宫博物院藏。
夏五月　华嵒(秋岳)作《沈瑜笃学图》。轴、纸、设色。160×83.6cm。上海博物馆藏。
秋七月五日　王树穀(鹿公)作《人物故事图册》,署八十四叟。故宫博物院藏。
秋八月　张宗苍(篁村)作《山店游人图》。山东省博物馆藏。
九月先立冬十日　王树穀(鹿公)作《福寿多男图》,署八十三叟。故宫博物院藏。
　　　　　　　　萧晨(灵曦)作《东坡博古图》。扇页、纸、设色。17.8×51.5cm。故宫博物院藏。
　　　　　　　　王树穀(鹿公)作《汾阳检玩图》,时年八十三。

1732 年 雍正十年 壬子

　　　　春二月　华嵒(秋岳)作《西园雅集图》。上海博物馆藏。

　　　　　　　华嵒(秋岳)作《松下观泉图》。轴、纸、设色。196×116cm。

　　　　　　　华嵒(秋岳)作《金谷园图》。轴、纸、设色。178.9×94.1cm。上海博物馆藏。

　　　　六月　华嵒(秋岳)于小东园作《竹溪六逸图》。轴、纸、水墨设色。台湾国泰美术馆藏。

　　　　　　　王树穀(鹿公)作《三教图》,时年八十四。吉林省博物馆藏。

　　　　　　　王树穀(鹿公)作《捡玩图》。轴、绢、设色。170×102cm。

　　　　　　　方士庶(环山)客吴门拙政园,作《拙政园图》。

　　　　　　　方士庶(环山)等作《杂画八开》。册、绢、设色。24.1×24cm。上海博物馆藏。

　　　　　　　黄慎(瘿瓢)作《人物》。轴、纸、设色。124.7×64.7cm。无锡市博物馆藏。

　　　　　　　黄慎(瘿瓢)作《二老行春图》。轴、绢、设色。144.5×67cm。天津市历史博物馆藏。

　　　　　　　蒋峰作《翰墨和鸣图》。轴、绢、设色。55.2×42cm。天津市艺术博物馆藏。

1733 年 雍正十一年 癸丑

　　　　夏六月　唐千里(不祥)作《董邦达像》。轴、绢、设色。94.2×68.7cm。故宫博物院藏。

　　　　　　　华嵒(秋岳)作《西园雅集图》。轴、绢、设色。184.7×100.8cm。上海博物馆藏。

　　　　　　　华嵒(秋岳)作《西堂思诗图》。轴、纸、设色。137.5×60cm。安徽省博物馆藏。

　　　　　　　王树穀(鹿公)作《人物故事十开》。册、绢、墨笔。20.6×15.6cm。故宫博物院藏。

　　　　　　　李世倬(天章)为赵俊飞画像。卷、绫、设色。32.8×162cm。天津市艺术博物馆藏。

　　　　　　　黄慎(瘿瓢)作《张果骑驴图》。轴、纸、设色。94×53.5cm。北京市工艺品进出口公司藏。

　　　　　　　余颖(在川)作《陈月溪观潮图》。卷、纸、设色。39.9×148.1cm。河北省博物馆藏。

1734 年 雍正十二年 甲寅

　　　　　　　黄慎(瘿瓢)作《骑驴采梅图》。轴、纸、设色。156×81cm。沈阳故宫博物院藏。

　　　　　　　黄慎(瘿瓢)作《赏花图》。扇页、纸、设色。浙江省宁波市天一阁文物保管所藏。

　　　　　　　方士庶(环山)作《补林泉高逸图》。轴、绢、设色。73.4×50.3cm。故宫博物院藏。

1735 年 雍正十三年 乙卯

　　　　秋九月　黄慎(瘿瓢)作《山水人物图册十二开》。故宫博物院藏。

　　　　　　　上官周(竹庄)作《人物故事十开》。册、纸、设色。湖北省武汉市文物商店藏。

　　　　　　　黄慎(瘿瓢)作《公孙大娘舞剑器图》。卷、纸、设色。37.5×333cm。天津市文物公司藏。

　　　　　　　康涛作《大造化图》。轴、绢、设色。106.5×45.5cm。天津市艺术博物馆藏。

1736 年 乾隆元年 丙辰

　　　　嘉平月　萧晨(灵曦)作《东阁观梅图》。首都博物馆藏。

唐岱（静严）作《秋林读易图》。

1737 年 乾隆二年 丁巳

春月　上官周（竹庄）作《闭户著书图》。旅顺博物馆藏。

秋八月　蒋璋（铁琴）作《携琴观泉图》。镇江市博物馆藏。

华嵒（秋岳）作《秋浦并辔图》。轴、纸、设色。124.9×59.8cm。上海博物馆藏。

华嵒（秋岳）作《人物故事图》。轴、纸、设色。135.8×66.8cm。浙江省博物馆藏。

张翎（不祥）作《西园雅集图》。轴、绢、设色。170×705cm。天津市艺术博物馆藏。

黄慎（瘿瓢）作《书画十二开》。册、纸、设色。33.5×24cm。广东省博物馆藏。

高凤翰（南阜）作《文选楼草赋图》，作《幽人之贞图》。故宫博物院藏。

萧晨（中素）作《东阁观梅图》。轴、绢、设色。160.3×50cm。原藏首都博物馆。

1738 年 乾隆三年 戊午

陈枚（殿抡）作《人物图册十二开》，梁诗正（养仲）对题。故宫博物院藏。

张翎（不祥）作《放鹤图》。轴、绢、设色。173.5×79.6cm。天津市艺术博物馆藏。

陆音（不祥）作《高凤翰云烟过眼图》。轴、纸、设色。79×57cm。山东省博物馆藏。

1739 年 乾隆四年 己未

夏日　上官周（竹庄）作《人物故事图册》。中国美术馆藏。

黄慎（瘿瓢）作《书画》。画十开、书九开。册、纸、设色。每开 30.3×31.7cm。福建省博物馆藏。

华嵒（秋岳）作《骑鹿图》。轴、绢、设色。167.1×101.6cm。上海博物馆藏。

高凤翰（南阜）作《文选楼草斌图》。轴、纸、设色。149×69.2cm。首都博物馆藏。

1740 年 乾隆五年 庚申

早春下浣　张庚（浦山）为宝斋作《品炉图像》，时年五十有六。故宫博物院藏。

三月　黄慎（瘿瓢）作《问道图》。轴、纸、设色。67×80cm。南京博物院藏。

夏四月　叶芳林（震初）作《高凤翰像》。故宫博物院藏。

夏五　高凤翰（南阜）作《湾上送别图》。上海市博物馆藏。

秋　叶芳林（震初）作《两峰草堂图像》，高凤翰（南阜）补景。烟台市博物馆藏。

黄慎（瘿瓢）作《王乐圃松荫读书图》。卷、纸、设色。42.6×95cm。故宫博物院藏。

华嵒（秋岳）作《柏下仙鹿图》。轴、绢、设色。171×124.8cm。辽宁省旅顺博物馆藏。

叶芳林（震初）作《玉山特立图》。轴、绢、设色。112×50cm。山东省烟台市博物馆藏。

蒋峰（不祥）作《宋贤捡玩图》。轴、绢、设色。103×196cm。浙江省博物馆藏。

汪士慎（巢林）作《乞水图》。

倪国琏(穗畴)作《城东访友图》。

1741年 乾隆六年 辛酉

12月　孙祜(不详)、周鲲(天池)、丁观鹏(不详)合作《十八学士图》。卷、绢、设色。38.1×1141cm。台北故宫博物院藏。

华嵒(秋岳)作《游山图》。轴、绢、设色。197.5×116cm。上海博物馆藏。

华嵒(秋岳)作《梅花图十二开》。册、纸、墨笔。25.2×32.7cm。上海博物馆藏。

高凤翰(南阜)作《自画像》。轴、绢、设色。47×31.5cm。山东省博物馆藏。

1742年 乾隆七年 壬戌

春日　华嵒(秋岳)作《观梅图》。故宫博物院藏。

华嵒(秋岳)作《山水人物图》。故宫博物院藏。

1743年 乾隆八年 癸亥

五月　黄慎(瘿瓢)作《踏雪寻梅图》。轴、绢、设色。167×95.4cm。北京市文物商店藏。

仲夏　陈湘(石渠)作《丹成冲举图》。青岛市博物馆藏。

叶芳林(震初)作《九日行庵文燕图》。卷、绢、设色。31.7×20.1cm。[美]克里夫兰美术馆藏。

黄慎(瘿瓢)作《书画》，字八开，画六开。册、绢、设色。36.9×28.4cm。南京市博物院藏。

徐璋(瑶圃)作《晦翁垂钓图》。

徐璋(谣圃)作《云间圣哲像》，又名《松江邦彦图》册。

方士庶(环山)作《竹堂夜坐图》。

华嵒(秋岳)作《唐寅像》。轴、纸、设色。90.5×36cm。

1744年 乾隆九年 甲子

五月　孙祜作《春社图》。故宫博物院藏。

华嵒(秋岳)作《瞽人说书图》。轴、纸、设色。133.5×60cm。上海博物馆藏。

黄慎(瘿瓢)作《群盲聚讼图》。轴、纸、设色、87.2×67.3cm。苏州博物馆藏。

张宗苍(篁村)等作《黄鼎像》。轴、纸、设色。62.2×101.6cm。天津市艺术博物馆藏。

黄慎(瘿瓢)作《溪桥诗思图》。

1745年 乾隆十年 乙丑

上官周(竹庄)作《杂画十二开》。册、纸、设色。26×46cm。天津市艺术博物馆藏。

上官周(竹庄)作《人物山水册》。

周鲲(天池)作《进升平万国图卷》。

华嵒(秋岳)作《人物山水》。册页、纸、设色。27×29.9cm。

1746年 乾隆十一年 丙寅

三月　华嵒（秋岳）作《西园雅集图》于解弢馆。轴、纸、设色。180.7×94.8cm。上海博物馆藏。

上官周（竹庄）作《探梅图》。轴、纸、设色。329.7×116.8cm。天津市艺术博物馆藏。

李世倬（天章）作《逍遥胜迹图十二开》。册、纸、墨笔。26.8×20.6cm。天津市艺术博物馆藏。

华嵒（秋岳）作《雪夜读书图》。轴、纸、设色。138.7×73.6cm。上海博物馆藏。

华嵒（秋岳）作《刘评游山图》。轴、纸、设色。165.7×82.9cm。上海博物馆藏。

华嵒（秋岳）作《春宴图》。轴、页。

华嵒（秋岳）作《柳岸松风图》。轴、纸、设色。132.5×62.3cm。浙江省博物馆藏。

黄慎（瘿瓢）作《探珠图》。轴、纸、设色。229×111cm。天津市艺术博物馆藏。

李方膺（晴江）作《濠上鱼乐图》。

1747年 乾隆十二年 丁卯

夏五　方士庶（环山）仿李咸熙作《寒林雅集图》。广东省博物馆藏。

重九　鱼俊（云津）为虞岩作《逸兴轩雅集图卷》。常州市文物管理委员会藏。

上官周（竹庄）作《山水人物图册二十四开》。《秋山归牧》页署年八十二，《踏雪寻梅》页署年八十三。朵云轩藏。

徐璋（瑶圃）作《高凤翰披褐图卷》。卷、纸、墨笔。29.5×61.2cm。山东省博物馆藏。

徐璋（瑶圃）作《倚马图》。

傅雯（香璘）指画《西园雅集图》。故宫博物院藏。

顾炽昌摹《睢阳五老图五开》。册、绢、设色。41.2×26.6cm。上海博物馆藏。

范润作《八子拾玩图》。轴、绢、设色。153×107cm。天津市文化局文物处藏。

上官周（竹庄）作《山水人物六开》。册、纸、设色。湖北省武汉市文物商店藏。

李世倬（天章）作《杂画十二开》。册、纸、墨笔。17.1×22.7cm。湖北省武汉市文物商店藏。

1748年 乾隆十三年 戊辰

春三月三日　余颖（在川）作《尹继善到任图像卷》。故宫博物院藏。

秋　上官周（竹庄）作《山水人物八开》，时年八十五。册、绢、设色。26×20cm。广州市美术馆藏。

华嵒（秋岳）作《竹林七贤图》。首都博物馆藏。

华嵒（秋岳）作《春宴图》。轴、纸、设色。144×60.5cm。广东省博物馆藏。

华嵒（秋岳）作《春夜宴桃李园图》。轴、纸、设色。180.2×95.5cm。天津市艺术博物馆藏。

裘尊生（不详）作《将进酒图》。轴、绢、墨笔。58×41cm。天津市艺术博物馆藏。

王肇基（镜香）为苔生作《归舟酒醒图》。苏州博物院藏。

方士庶（环山）作《秋林诗思图》。

丁观鹏（不详）仿仇英作《西园雅集图》。

1749 年　乾隆十四年　己巳
　　　　秋杪　　袁曜（昭道）作《浔阳饯别图》。绢、设色。64.5×79cm。中国美术馆藏
　　　　　　　　华嵒（秋岳）作《杂画十二开》。册、纸、设色。25.5×16.5。故宫博物院藏。
　　　　　　　　吴祺（以拒）作《溪山对晤图》。
　　　　　　　　袁曜（昭道）作《浔阳饯别图》。轴、绢、设色。64.5×79cm。故宫博物院藏。

1750 年　乾隆十五年　庚午
　　　春正月廿　徐璋（瑶圃）作《李锴六十五岁独树图小像卷》。卷、纸、设色。33.7×57cm。故宫博物院藏。
　　　　春月　　吴朝英（不详）作《荷荫静寄图像卷》。故宫博物院藏。
　　　　夏明　　徐璋（瑶圃）作《潘是稷卷纶图像卷》。故宫博物院藏。
　　　　十二月　方士庶（环山）作《平冈谭道图》。广东省博物馆藏。
　　　　冬日　　华嵒（秋岳）作《松柏三老图》。中央美术学院藏。
　　　　　　　　李世倬（榖斋）作《溪山访友图》。

1751 年　乾隆十六年　辛未
　　　七月上浣　袁曜（昭道）作《汉苑春晓图》。重庆市博物馆藏。
　　　　秋八月　黄慎（瘿瓢）作《苏武牧羊图》。轴、纸、设色。98×109.5cm。山西省博物馆藏。
　　　　　　　　黄慎（瘿瓢）作《探梅图通景》四条。屏、绢、设色。12.6×40.5cm。广西壮族自治区博物馆藏。
　　　　　　　　华嵒（秋岳）作《林泉清眺图》。轴、绢、设色。224×113.5cm。故宫博物院藏。
　　　　　　　　团时根（不详）作《采芝图》。轴、卷、设色。151×102cm。南通博物馆藏。

1752 年　乾隆十七年　壬申
　　　　春仲　　丁皋（鹤洲）作《程兆熊像》，黄溱（正川）补图、华嵒（秋岳）添鹤。故宫博物院藏。
　　　　如月　　袁曜（昭道）作《汉苑春晓图》。扬州市博物馆藏。
　　　　初夏　　蔡嘉（松原）为考思作《虚阁秋弈图》。广州市美术馆藏。
　　　　十月　　华嵒（秋岳）作《竹林七贤图》。轴、纸、设色。134.7×92.8cm。故宫博物院藏。
　　　　　　　　华嵒（秋岳）作《崇儒馆图》。轴、纸、设色。171.8×92.3cm。广东省博物馆藏。
　　　　　　　　黄慎（瘿瓢）作《簪花图》。轴、绢、设色。181.6×100.6cm。中国历史博物馆藏。
　　　　　　　　黄慎（瘿瓢）作《人物》。绢本、设色。133×174cm。

1753 年　乾隆十八年　癸酉
　　　　立夏　　黄慎（瘿瓢）作《李泌赏海棠图》。轴、纸、设色。238×132cm。南通博物馆藏。
　　　　夏五　　李方膺（晴江）作《三清图册十二开》。上海博物馆藏。
　　　　五月　　杨良（砚斋）作《关羽像图》。南京市博物院藏。
　　　　良月　　黄慎（瘿瓢）作《人物故事十二条屏》于邗江双松堂。纸、设色。201×55cm。南通博物馆藏。

邹一桂（小山）作《三友图》。

1754 年　乾隆十九年　甲戌

春正月　黄慎（瘿瓢）作《韩魏公簪金带围图》。轴、绢、设色。139.3×92.1cm。扬州市博物馆藏。
秋日　金廷标（士揆）作《莲塘纳凉图》。56.9×65.1cm。上海博物馆藏。
华嵒（秋岳）作《松下抚琴图》。轴、纸、设色。129.8×46.6cm。上海博物馆藏。

1755 年　乾隆二十年　乙亥

夏四月　徐璋（瑶圃）作《石星源像》。卷、纸、设色。42×58.5cm。故宫博物院藏。
冬　黄慎（瘿瓢）作《丁有煜小照图卷》，郑燮（板桥）、袁枚（子才）题。卷、纸、墨笔。41.5×185cm。南通博物苑藏。
黄慎（瘿瓢）作《蹴鞠图》。轴、绢、设色。116.5×125.3cm。天津市历史博物馆藏。
朱伦瀚（涵斋）作《观瀑图》。

1756 年　乾隆二十一年　丙子

三月上浣　周颢（芷岩）作《携琴访友图》。上海博物馆藏。
长至　丁皋（鹤洲）作《汪舸僧装像册》，时年八十，陈撰（玉几）题。故宫博物院藏。
冬日　许谦（在亭）作《澹园三多余庆图像》。故宫博物院藏。
赵成穆（鹿坪）作指画《柳荫骑驴图》。轴、纸、设色。165.4×32.3cm。河北省博物馆藏。
丁皋（鹤洲）作《汪客吟像》、康焘（石舟）补《长领僧服图册》。康焘款署康涛，陈撰（玉几）题，时年八十。故宫博物院藏。
华嵒（秋岳）作《山水花鸟八开》。册、绢、设色。30.2×127cm。中国美术馆藏。
华嵒（秋岳）作《松荫道士图》。轴、绢、设色。104.5×42.5cm。镇江市博物馆藏。

1757 年　乾隆二十二年　丁丑

新秋　傅雯（香璘）作指画《人物图扇》。故宫博物院藏。
黄慎（瘿瓢）作《停琴独坐图》。轴、纸、设色。196×108cm。山西省博物馆藏。
黄慎（瘿瓢）作《陶渊明诗意图》。轴、纸、设色。113.5×54cm。

1758 年　乾隆二十三年　戊寅

春正月　张洽（月川）作《浣华吏隐图卷》。旅顺博物馆藏。
正月　沈宗骞（芥舟）为张看云作《源头活水图小像卷》。丁敬（敬身）、郑燮（板桥）等题。苏州博物馆藏。
春暮　康焘（石舟）作《人物故事图册十六开》。上海博物馆藏。
清和月　闵贞（正斋）作《钱陈群六十小像》。轴、纸、设色。133.5×68cm。辽宁省旅顺博物馆藏。

　　　　　清和月　　金廷标（士揆）作《花卉山水人物图册十二开》。上海博物馆藏。
　　　　　　　　　　黄慎（瘿瓢）作《碎琴图》。轴、纸、设色。189×103.3cm。辽宁省博物馆藏。

1759 年　乾隆二十四年　己卯
　　　　八月十一日　金农（冬心）作《人物山水十二开》。册、纸、设色。24.3×31cm。故宫博物院藏。
　　　　　秋抄　　　郑岱（在东）作《松下弈棋图》。北京市文物商店藏。
　　　　　　　　　　沈朗（仲韬）作《戈纪二老比肩图》。轴、纸、设色。51.5×98cm。河北省博物馆藏。
　　　　　　　　　　金农（冬心）作《自画像》。轴。131.4×59cm。故宫博物院藏。
　　　　　　　　　　金农（冬心）作《观瀑图》。
　　　　　　　　　　黄慎（瘿瓢）作《进爵图》。轴、纸、设色。148×88cm。

1760 年　乾隆二十五年　庚辰
　　　　　孟夏月　　王肇基（镜香）作《王文治抚琴图》。轴、绢、设色。54×26.4cm。故宫博物院藏。
　　　　　　夏　　　罗聘（两峰）为金农（冬心）作《蕉阴午睡小像》，冬心年七十四，两峰年二十八。轴、纸、设色。92.8×38.6cm。上海博物馆藏。
　　　　　　　　　　黄洲（不详）作《骑驴图》。轴、纸、设色。121×60.5cm。天津市历史博物馆藏。
　　　　　　　　　　黄慎（瘿瓢）于楚溪草堂作《水墨人物屏》。
　　　　　　　　　　金廷标（士揆）作《春元瑞兆图》。轴、纸本、淡设色。145.8×84.3cm。[日]大坂市立美术馆藏。
　　　　　　　　　　黄慎（瘿瓢）作《人物》。轴、纸、设色。195.5×113cm。

1761 年　乾隆二十六年　辛巳
　　　　　　　　　　黄慎（瘿瓢）作《商山四皓图》。轴、纸、设色。120.2×68.3cm。故宫博物院藏。
　　　　　　　　　　金农（冬心）作《牵马图》,冬心时年七十五岁。轴、纸、设色。49×80.2cm。南京市博物院藏。
　　　　　　　　　　周笠（牧山）作《读书秋树根图》。

1762 年　乾隆二十七年　壬午
　　　　　皋月中浣　袁耀（昭道）作《立马看秋山诗意图》。中央工艺美术学院藏。
　　　　　　　　　　金农（冬心）作《洗象图》。上海博物馆藏。
　　　　　　　　　　康涛（逸斋）作《福寿全图》。轴、绢、设色。177.8×97.5cm。广东省博物馆藏。

1763 年　乾隆二十八年　癸未
　　　　　　　　　　华冠（庆吉）作《春郊习射图》。卷、纸、设色。39×119cm。天津市艺术博物馆藏。
　　　　　　　　　　罗聘（两峰）作《丁敬像》。轴、纸、设色。108.1×60.7cm。浙江省博物馆藏。

1764 年 乾隆二十九年 甲申
   二月七日 罗聘（两峰）为守堂作《观瀑图》。[美]纳尔逊—艾金斯艺术博物馆藏。
       张四教（石民）作《补张瓠谷像》。轴、纸、设色。故宫博物院藏。

1765 年 乾隆三十年 乙酉
   孟春上浣 袁曜（昭道）作《江上共老图》。山东省博物馆藏。
   清和月 陆英（兰堂）作《仿古人物图册八开》。北京市文物商店藏。
       黄慎（瘿瓢）作《对弈图》。扇页、纸、设色。扬州市博物馆藏。
       傅雯作《老子像》。轴、纸、设色。96.5×50cm。天津市艺术博物馆藏。

1766 年 乾隆三十一年 丙戌
   秋九月 徐维（鹿逸）作《东村消夏图像卷》。故宫博物院藏。
       黄慎（瘿瓢）作《杂画十二开》。册、纸、设色。27.4×22.3cm。浙江省杭州市文物考古所藏。

1767 年 乾隆三十二年 丁亥
   七月 张四教（石民）追写《华新罗（华嵒）小像》。轴、纸、设色。63.6×53cm。天津市艺术博物馆藏。
       陆英（兰堂）作《桐荫献寿图》。轴、绢、墨笔。115×124.5cm。
       华冠（吉崖）作《西园重到图》。卷、纸、墨笔。31×166.8cm。辽宁省博物馆藏。
       袁曜（昭道）作《汉宫春晓图》。

1768 年 乾隆三十三年 戊子
   夏月 杨良（砚斋）作《秋林问道图》，时年七十三。扬州市博物馆藏。
   秋七月 许观（澜伯）作《人物图》。故宫博物院藏。
   冬日 华冠（吉崖）为青雷作《西园重到图卷》。辽宁省博物馆藏。
       姚仔（笠子）作《博古图》。轴、绢、设色。96.2×64cm。天津市艺术博物馆藏。
       张四教（宣传）临《钱选七贤渡关图》。卷、纸、墨笔。31×231cm。天津市艺术博物馆藏。

1769 年 乾隆三十四年 己丑
   冬十月 沈宗骞（芥舟）作《石门观瀑图》。卷、纸、墨笔。37×137.6cm。中国历史博物馆藏。
       吴泛（水云）作《方观承等小像》。册、纸、设色。十二开。30×25cm。天津市历史博物馆藏。

1770 年 乾隆三十五年 庚寅
       沈宗骞（芥舟）作《洛神图》。故宫博物院藏。
       沈宗骞（芥舟）作《中庭步月图》。南京市博物院藏。
       余集（秋室）作《松阴课子图》。

1771 年 乾隆三十六年 辛卯
　　　　　三月　张洽（月川）、钱维城（宗磬）为维乔合作《梅花书屋图卷》。
　　　　　九月　黄易（小松）作《携琴访友图卷》，时年二十八。故宫博物院藏。
　　　　　　　袁曜（昭道）作《汉宫春晓图》。
　　　　　　　方薰（兰士）为柘田作《蜀道归装图册》二开。上海市博物院藏。
　　　　　　　艾启蒙（醒奄）作《香山九老图》。

1772 年 乾隆三十七年 壬辰
　　　　　辰夏　董椿（耕云，初名乾）作《彭金度剑门细雨图像卷》。故宫博物院藏。
　　　　　秋冲　张洽（月川）作《樽酒城南图》。朵云轩。
　　　　　　　贾全（不详）作《二十七老卷》。
　　　　　　　永容（质亲王）与钱维乔、张洽、毛上炱、方琮、王宸、董诰、朱文震、董椿合作《无声联唱卷》。

1773 年 乾隆三十八年 癸巳
　　　　　　　罗聘（两峰）作《三元图》。轴、纸、设色。112.5×54.2cm。天津市艺术博物馆藏。
　　　　　　　茅麟（不详）作《泉石清流图》。轴、绢、设色。132×50cm。浙江省德清县博物馆藏。

1774 年 乾隆三十九年 甲午
　　　　　　　罗聘（两峰）作《姜白石（姜夔）诗意图·濠梁冒雪》。册页、纸、水墨。24.1×30.5cm。[美]弗利尔美术馆藏。

1775 年 乾隆四十年 乙未
　　　　　春月　李灿（珠园）作《山水人物图册二十开》。册、纸、设色。32.8×50cm。上海博物馆藏。
　　　　　新秋　黄震（竹庐）作《金德舆兄弟怡园图像卷》。故宫博物院藏。
　　　　　秋日　徐镐（奇峰）作《张昀僧装半身像》。轴、绢、设色。61.2×43.2cm。故宫博物院藏。
　　至嘉庆二年之间　王润（裕庭）作《校礼图》。卷、纸、设色。127×40cm。安徽省博物馆藏。
　　　　　　　袁曜（昭道）作《负暄图》、《海峤春华图》。故宫博物院藏。

1776 年 乾隆四十一年 丙申
　　　　四月上浣　黄震（竹庐）为竹屿主人临范雪仪《澹仙（熊琏）三友图》。轴、绢、设色。故宫博物院藏。

1777 年 乾隆四十二年 丁酉
　　　　　仲夏　姚仔（笠子）作《九老图》。山西省博物馆藏。
　　　　夏四月　华喦（秋岳）作《江千游赏图》。轴、绢、墨笔。103.8×109.8cm。
　　　　　　　吴俊（蠡涛）写《黄易像扇》。故宫博物院藏。

1778 年　乾隆四十三年　戊戌

夏五月　方薰（兰士）作《说研图》。上海文物商店藏。

中秋　闵贞（正斋）为曹慕堂《家庆图像》。故宫博物院藏。

华冠（吉崖）作《永忠图像卷》，永忠（蕖仙）自题识。卷、绢、设色。38.1×58.2cm。南京博物院藏。

张洽（月川）作《看花图》。轴、纸、设色。145×32.2cm。吉林省博物馆藏。

钱澧（东注）作《秋风归牧图》。轴、纸、墨笔。140.7×73cm。上海博物馆藏。

沈宗骞（芥舟）作《桐荫理琴图》。

黎简（二樵）作《霜林独步图》。

1779 年　乾隆四十四年　己亥

宋荷淳（芝山）为云谷作《琢砚图》。

1780 年　乾隆四十五年　庚子

春三月　张四教（石民）摹仇英画《倪云林像》。四川大学藏。

秋日　罗聘（两峰）自画《蓑笠图像》。轴、纸、墨笔。63.8×24.6cm。故宫博物院藏。

罗聘（两峰）摹《金粟道人像》。

1781 年　乾隆四十六年　辛丑

徐峄（不详）作《簪花揽胜图》。轴、绢、设色。134.5×48.7cm。广东省博物馆藏。

宋旭（不详）作《东山仙墅图》。扇页、纸、设色。19.1×51.3cm。故宫博物院藏。

1782 年　乾隆四十七年　壬寅

沈宗骞（熙远）作《山居读书图》。

蔡嘉（松原）作《听泉图》。

1783 年　乾隆四十八年　癸卯

仲秋　陶源（西畴）为吴骞作《齐云采药图像卷》。故宫博物院藏。

黄慎（瘿瓢）作《隽不疑试剑图》。轴、纸、设色。174×93cm。广东省博物馆藏。

顾大昌（子长）作《李德裕见客图》。

1784 年　乾隆四十九年　甲辰

元月　郑岱（在东）作《松荫三老图》于柿叶书屋之宦室。浙江省博物馆藏。

夏五月　沈宗骞（芥舟）作《归去来辞图册》。十六开。故宫博物院藏。

陆英（兰堂）作《星台乞巧图卷》，时年六十九。首都博物馆藏。

1785 年　乾隆五十年　乙巳
　　　　　　六月　　　华冠（吉崖）作《铁保兄弟联床对雨图像卷》。故宫博物院藏。
　　　　　　　　　　华冠（吉崖）作《永瑢水竹风荷图像》。轴、纸、设色。故宫博物院藏。
　　　　　　　　　　奚冈（铁生）作《五柳先生像》。

1786 年　乾隆五十一年　丙午

1787 年　乾隆五十二年　丁未
　　　　　　小春　　　奚冈（铁生）补《二雅秋泉清听图像》。故宫博物院藏。
　　　　　　　　　　万上遴（辋冈）摹《宋荦五十四岁像》。轴、纸、设色。148×54.2cm。故宫博物院藏。

1788 年　乾隆五十三年　戊申
　　　　　　春二月　　沈宗骞（芥舟）作《泉声岚景图》。浙江省博物馆藏。
　　　　　　小春前三日　张洽（月川）作《观瀑吟诗图》。南京博物院藏。
　　　　　　　　　　沈宗骞（熙远）作《扪虱图》。轴、纸、墨笔。195×92cm。广东省博物馆藏。

1789 年　乾隆五十四年　己酉
　　　　　　夏四月上浣　余集（秋室）、陆槐合作《雪渔像》。轴、纸、设色。故宫博物院藏。
　　　　　　　　　　徐球（不详）作《蒯聘堂像》，铁戟（箨石）补《修竹图卷》。苏州博物馆藏。

1790 年　乾隆五十五年　庚戌
　　　　　　秋日　　　华冠（吉崖）作《明阿得春图像卷》。故宫博物院藏。
　　　　　　　　　　潘恭寿（莲巢）仿《戴逵破琴图》。故宫博物院藏。

1791 年　乾隆五十六年　辛亥
　　　　　　五月廿九日　张敔（雪鸿）作《陈震像》。轴、纸、墨笔。故宫博物院藏。
　　　　　　仲夏　　　周鲲（天池）作《蕉荫鹤梦图扇》。辽宁省博物馆藏。
　　　　　　冬日　　　方薰（兰士）作《为西汀像补灌兰图》。荣宝斋藏。
　　　　　　　　　　华冠（吉崖）为听泉作《听其所止图卷》。无锡市博物馆藏。
　　　　　　　　　　华冠（吉崖）作《闲过竹院图》。卷、纸、设色。46.4×164.2cm。辽宁省博物馆藏。
　　　　　　　　　　华烜（不详）作《杨笂谷像》。轴、纸、设色。故宫博物院藏。
　　　　　　　　　　张釜（宝匡）、王州元（不详）、尤诏（伯宣）、屠曦（彝珍）、何恬（不详）、石廷辉（云根）、吴九思（柏隐）、朱文景（不详）、伊大麓（寿先）、奚冈（铁生）合作《玫园行乐图》。轴、绢、设色。58.1×92.6cm。辽宁省博物馆藏。

1792 年 乾隆五十七年 壬子

　　　　　　　　方薰（兰士）作《补李珂亭像》。轴、纸、设色。

1793 年 乾隆五十八年 癸丑

　　　　　　　　潘恭寿（莲巢）临陈洪绶《人物图》。北京市文物商店藏。

1794 年 乾隆五十九年 甲寅

　　春日　　　华冠（古崖）作《熊枚（谦山）江春晓镜图像卷》。故宫博物院藏。
　　三月中浣　周璔（翠岩）摹《仲长统像卷》。故宫博物院藏。
　　夏仲　　　张浴（月川）作《六逸图卷》。时年七十七。重庆市博物馆藏。
　　夏六月　　王宸（蓬心）为鲁思作《观海图卷》。上海博物馆藏。
　　七月十二日　黎简（二樵）为啸泉作《戴笠策杖图》。朵云轩藏。
　　　　　　　　黄慎（瘿瓢）作《观梅图》。纸本、设色。94.3×110.1cm。

1795 年 乾隆六十年 乙卯

　　四月　　　罗聘（两峰）作《邓石如登岱图》。轴、纸、墨笔。83.5×51.5cm。故宫博物院藏。
　　岁除　　　桂馥（未谷）自写《行看子像》，时年六十。王昶（德甫）、纪昀（晓岚）、翁方纲（覃谿）、张问陶（船山）跋。故宫博物院藏。

1796 年 嘉庆元年 丙辰

　　九月　　　钱东（袖海）自画《拟从军图像卷》。故宫博物院藏。
　　十月二十三日　张问陶（船山）作《雪中狂饮图》。故宫博物院藏。
　　一阳月下浣　改琦（七芗）为竹虚作《西溪观梅图》于玉壶山房。轴、绢、设色。76.5×27cm。南京博物院藏。
　　　　　　　　改琦（七芗）作《观梅图》小幅。时年二十四。
　　腊月　　　丁以诚（义门）写照，张皋（鸣九）补景，作《王溥泉拥书图像卷》。故宫博物院藏。
　　　　　　　　华钟英作《耕亭独立像》。故宫博物院藏。
　　　　　　　　王霖（春波）作《东归赠别图卷》，纪昀（晓岚）等题。中国历史博物馆藏。
　　　　　　　　罗聘（两峰）为桂馥作《戴花骑象图》，翁方钢（正三）有题。
　　　　　　　　潘大琨（梧庄）、冯桂芬（林一）、罗聘（两峰）、马履泰（叔安）、黄恩发（不详）、顾玉霖（稚圭）作《法式善四十四岁像》。轴、纸、设色。155.5×60.5cm。故宫博物院藏。

1797 年 嘉庆二年 丁巳

　　三月八日清明　罗聘（两峰）、洪亮吉（君直）、赵怀玉（亿孙）、查兰圃（不详）等十三人集于陶然亭，欢送吴锡麒南归，作《江亭饯别图》。洪亮吉有诗。
　　秋九日　　罗聘（两峰）作《自画像》。自题诗。天津市艺术博物馆藏。

	三月九日	罗聘（两峰）作《双籐毵五叟图》稿本，与翁方纲商诗意，翁有诗。
	七月二十五日	王霖（春波）补写《毕秋帆小照卷》。故宫博物院藏。
		无款作《罗聘像》。轴、纸、设色。90.5×45.7cm。天津艺术博物馆藏。
		奚冈（铁生）作《补柳泉像图》。卷、纸、墨笔。故宫博物院藏。
		钱东（袖海）与陈嵩合写《随园湖楼请业图卷》。
		顾鹤庆（弢菴）作《王右丞诗意册十二页》。

1798年 嘉庆三年 戊午

	六月	法式善（开文）题、罗聘（两峰）与黄约领（不详）合画《城东访友图》。
	七月	华冠（吉崖）作《费公甘雨应祈图像卷》。故宫博物院藏。
		方薰（兰士）作《东坡夜游图》。轴、绢、设色。浙江省博物馆藏。
		方薰（兰士）作《张士启肖像》。卷、纸、设色。上海博物馆藏。
		罗聘（两峰）作《易安像》。轴、纸、设色。119.5×44cm。[美]高居翰藏。
		顾鹤庆作《王由丞诗意册十二页》。
	初冬	罗聘（两峰）作《孟浩然像》。
		方薰（兰士）作《百二十龄图》。

1799年 嘉庆四年 己未

	春三月	罗聘（两峰）作《陶渊明像》。轴、纸、设色。81×31.3cm。吉林省博物馆藏。
	初冬	黄钺（左田）作《晒柯轩图》。故宫博物院藏。
		王泽（子卿）、朱本（素人）、陈森、钱维桥、奚冈等作《诗龛图合璧卷》。镇江博物馆藏。

1800年 嘉庆五年 庚申

| | | 潘渭（不详）、朱本（素人）临《戈纪二老比肩图》。卷、绢、设色。河北省博物馆藏。 |
| | | 王以庄（不详）、王又栩（不详）作《王又栩像》。轴、纸、设色。天津市艺术博物馆藏。 |

1801年 嘉庆六年 辛酉

	初秋	张崟（夕庵）为国赓作《赠别图扇》。扇页、纸、设色。朵云轩藏。
	秋日	张问陶（船山）为舫西作《国门秋饯图卷》。卷、纸、设色。苏州博物馆藏。
		姚元之（伯昂）作《苏东坡像》。轴、纸、墨笔。92.4×37.4cm。安徽省博物馆藏。

1802年 嘉庆七年 壬戌

	冬日	张问陶（船山）为英和作《获鹿图像》。故宫博物院藏。
		贾崧（不详）作《摹李东阳像》。轴、纸、设色。130.2×60.8cm。上海博物馆藏。
		华冠（古崖）作《岂堂像》。轴、纸、设色。安徽省博物馆藏。

1803 年 嘉庆八年 癸亥

仲冬 　顾鹤庆（子馀）临仇英《竹溪六逸图》。广州市美术馆藏。

张崟（夕庵）作《送别图》。卷、纸、设色。上海古籍书店藏。

朱文新（澥斋）、朱鹤年（野云）、朱昂之（青立）、朱本（素人）、马履泰（秋药）、黄均（縠原）、方薰（兰士）、严钰（宝庭）、吴应年（不详）等为法悟门合作《诗龛图合璧卷》。镇江市博物馆藏。

1804 年 嘉庆九年 甲子

人日 　陆楷（梅圃）作《欧馀山人像》。故宫博物院藏。

冬日 　余集（秋室）为卜臣作《枣香书塾授读图》。页、纸、墨笔。山西省博物院藏。

周笠（元赞）作《皆大欢喜》。轴、绢、淡设色。155×62.7cm。［日］桥本未吉藏。

改琦（七芗）为《钦善三十九岁小像》补图。

朱鹤年（野云）作《人物》。轴、纸、设色。北京文物商店藏。

朱鹤年（野云）作《毛奇龄、朱彝尊像》。轴、纸、设色。故宫博物院藏。

1805 年 嘉庆十年 乙丑

张问陶（船山）作《人物》。扇页、金笺、设色，广州市美术馆藏。

1806 年 嘉庆十一年 丙寅

天中节 　严钰（香府）为晴崖作《春明话旧图》。轴、纸、墨笔。山东省博物馆藏。

黄均（縠原）、方薰（兰士）、朱鹤年（野云）、朱昂之（青立）、朱本（素人）、张崟（夕庵）、朱文新（澥斋）、严钰（香府）、吴应年作《诗龛图合璧卷》。卷、纸、设色。镇江市博物馆藏。

秋日 　改琦（七芗）、周谟（不详）合作《横云秋兴图》。改琦、王芑孙、沈屺云等一行十三人借游松郡横云山，并与南汇画家周谟合作《横云秋兴图》，王芑孙作《横云秋兴图记》。周谟画人物肖像，改琦补图。

严钰（宝庭）作《诗龛图》。卷、纸、设色。

金启（东屏）绘《吴中硕耆像》。

1807 年 嘉庆十二年 丁卯

秋 　万承纪（廉山）作《吴荣光松盤揽胜图像》。轴、纸、设色。167.7×43.8cm。故宫博物院藏。

朱鹤年（野云）作《王士祯石帆诗意图》。轴、纸、设色。67.5×54.8cm。故宫博物院藏。

舒位嘱改琦作《妾面郎面图》。

翟继昌（琴峰）仿仇英为沈石田、文衡山、唐伯虎写《三贤像》。

王学浩（椒畦）为屠倬作《琴坞旧卢说诗图》。

张赐宁（桂岩）作《纪晓岚像》。

顾应泰(云壑)作《白描人物册》。

1808年 嘉庆十三年 戊辰
三月　顾应泰(云壑)作《白描人物故事图册》。册、纸、白描。中国文物商店总店藏。
仲冬　黄鉴(不详)摹南薰殿本《李商隐像》。故宫博物院藏。
冬日　王学浩(椒畦)作《为雷塘庵主(阮元)补像》。轴、纸、设色。南京博物院藏。
　　　毕简(仲白)等合作《月夜修禊图》。卷、纸、设色。中国文物商店总店藏。
　　　冯洽(秋鹤)作《青豀高士图》。卷、纸、墨笔。天津市艺术博物馆藏。
　　　尤英(文庵)作《福地洞天图》。扬州市博物馆藏。

1809年 嘉庆十四年 己巳
　　　严钰(香府)作《补聘堂先生像》。卷、纸、设色。天津市艺术博物馆藏。
　　　朱文新(涤斋)为法悟门作《诗龛图》。

1810年 嘉庆十五年 庚午
上巳节　顾应泰(云壑)作《白描人物图》。轴、纸、墨笔。无锡市博物馆藏。
四月　改琦(七芗)为沈绮云及其妻曹兰秀写像，题为《㴩东双载图》。王芑孙题《沈绮云㴩东双载图》。
秋日　常道性(芝仙)作《林木纳凉图卷》。故宫博物院藏。
冬十月　陈鸿寿(曼生)作《拟古杂画图册》十二开。上海博物馆藏。
嘉平　改琦(七芗)仿李柏《时古名人图册》十开。中国美术馆藏。
　　　黄钺(左田)作《西泠惜别图卷》。卷、绢、设色。常州市文物管理委员会藏。
　　　顾洛(西梅)为屠倬(琴坞)作《松壑听泉图补图》。轴、纸、设色。128.7×31.7cm。故宫博物院藏。

1811年 嘉庆十六年 辛未
年初　改琦(七芗)作《早子图轴》。
闰春　黄钺(左田)作《鹫岭敷春图卷》。卷、纸、设色。辽宁省文物商店藏。
三月　钱杜(叔美)、改琦(七芗)、汪小迂合作《桑连理馆主客图》。
　　　丁以诚(义门)为黄钺(左田)作《莲溪垂钓小像》。
六月　改琦(七芗)临孙雪居本《五清图卷》。故宫博物院藏。
秋　　朱本(素人)作《课子图》。泰州市博物馆藏。
秋末　翁方纲(覃谿)临《醴泉铭卷》。故宫博物院藏。
　　　汤贻汾(雨生)、汤圭年为桂龄作《听雨楼图，第二卷》。卷、纸。镇江市博物馆藏。
　　　顾应泰(云壑)作《宋九贤像册》。

1812 年 嘉庆十七年 壬申
　　　　初冬　董棨（石农）为清人画像《拳雅集图像卷》补景。故宫博物院藏。
　　　　冬日　徐式（鹿崖）为曼生作《种榆仙馆图卷》。卷、纸、设色。苏州博物馆藏。
　　　　冬　　改琦与王埙合作《溯东莲社图》。
　　　　　　　王润作《桐荫点易图》。手卷、纸、设色。48.5×131cm。

1813 年 嘉庆十八年 癸酉
　　　立春前一日　华冠（吉崖）为伯生作《香婴室图卷》。卷、纸、设色。南京博物院藏。
　　　　上己日　汪恭（竹坪）作《韵秋像》。轴、纸、设色。故宫博物院藏。
　　　　秋日　屠倬（琴坞）作《松溪采芝图》。轴、纸、设色。南通博物馆藏。
　　　　　　　钱杜（叔美）作《虞山草堂步月图》。
　　　　　　　张崟（宝厓）作《郊坰散步图》。轴、绢、设色。117×56cm。

1814 年 嘉庆十九年 甲戌
　　　　正月人日　钱杜（叔美）在白下作《桐霞馆图卷》。故宫博物院藏。
　　　　春二月上元　王霖（春波）作《人物图扇》。故宫博物院藏。
　　　　三月　钱杜（叔美）为云伯作《萝游天壹图卷》。［美］纳尔逊—艾金斯艺术博物馆藏。
　　　　七月既望　钱杜（叔美）作《秋林步月图》。故宫博物院藏。
　　　　八月七日　宋葆淳（芝山）为官巢补《叠石图像景》。故宫博物院藏。
　　　　　　　张崟（夕庵）作《嵩华仙踪图》。轴、纸、设色。130×43.3cm。荣宝斋藏。
　　　　　　　顾应泰（云壑）作《览镜图》。
　　　　　　　钱东（袖海）作《关壮缪像》。

1815 年 嘉庆二十年 乙亥
　　　　　　　钱杜（叔美）作《鹤湖归櫂图》。自《晋唐五代宋元明清书画集》。
　　　　　　　顾鹤庆（子余）作《瓜州徐园十六景》。卷、绢、设色。40×1253cm。镇江市博物馆藏。

1816 年 嘉庆二十一年 丙子
　　　　春日　汪圻（甸卿）作《射雁图扇》。故宫博物院藏。
　　　　夏五月既望　改琦（七芗）作《松荫并坐图》。故宫博物院藏。
　　　　九月　改琦（七芗）作《白描人物图册》。八开。故宫博物院藏。
　　　　　　　樊世俊作《人物》。轴、绫、白描。中国文物商店总店藏。
　　　　　　　钱杜（叔美）作《仙龛螺舟图》。
　　　　　　　张赐宁（桂岩）作《秋厓闲话图》。

1817 年 嘉庆二十二年 丁丑

  人日(正月初七) 改琦(七芗)作《簪缨图》。

  冬十月二十八日 陆灿(星三)写照，周松泉补景，合作《郭麟陶然图像》。故宫博物院藏。

       郏志潮临《陈其年像》。横幅、绢、设色。93.3×30cm。上海文物商店藏。

       改琦(七芗)为陈文述写白描小像。

       改琦(七芗)为陈文述重摹其祖先画像。

       改琦(七芗)作《金鼎和羹图》。轴、绢、设色。北京市工艺品进出口公司藏。

       杜衡(芳洲)作《苏东坡笠履像》。

1818 年 嘉庆二十三年 戊寅

  春日 张崟(夕庵)作《罗浮醉梦图》。故宫博物院藏。

  七月四日 钱杜(叔美)作《阳关意外图卷》。故宫博物院藏。

  九月五日 改琦(七芗)作《人物图册》八开。故宫博物院藏。

      改琦(七芗)为钦善画五十三岁白描像，镌印于《吉堂文稿》卷首，款识："吉堂先生五十三岁小像。改琦。"

      改琦(七芗)作《种树图》。轴、绢、设色。北京市文物商店藏。

1819 年 嘉庆二十四年 己卯

  七月 改琦(七芗)作《文章四友图》。

  孟秋 劳镛摹《陆陇其像册》。故宫博物院藏。

  仲伙 张崟(夕庵)作《树荫纳凉图》于安蔬草堂。轴、纸、设色。111×54cm。广州市美术馆藏。

  秋仲 朱鹤年(野云)为梦溪作《卢沟送别图》。轴、绢、设色。中国文物商店总店藏。

      改琦(七芗)为冯承辉(少眉)作《逗秋小阁学书图》，并题《买波塘》词一阕。上海博物馆藏。

      庞锦峰(不详)、马铨(明龙)合作《钦履像》。轴、纸、设色。朵云轩藏。

      张培敦(研樵)临唐寅《草书蒲團图》，时年四十八。故宫博物院藏。

      改琦(七芗)作《商山四皓》。卷、纸、设色。27.7×187cm。

      改琦(七芗)作《吉金乐石》。纸、设色。105×50.5cm。

1820 年 嘉庆二十五年 庚辰

  夏日 张培敦(研樵)摹仇英《汉宫写真图》。故宫博物院藏。

  仲伙 法坤厚(黄棠)补林则徐《看剑引杯图像卷》。故宫博物院藏。

  秋日 陈克明(南叔)作《朱为弼五十像》。轴、纸、墨笔。浙江省平湖县博物馆藏。

  十月十日 杨昌绪(补凡)为罗山作《悬剑钓渚图卷》。卷、纸、墨笔。朵云轩藏。

      改琦(七芗)作《伏生授经图》。轴、绢、设色。朵云轩藏。

      郁春木(不详)、钱昌言(岱雨)作《钱岱雨像》。轴、纸、设色。浙江省嘉兴市博物馆藏。

改琦(七芗)为陈文述写真,王学浩补景,合成《青崖放鹿图》。
改琦(七芗)为映渊补《鸣机课子图》。
王邕青(不详)作《小华六十一岁像》。轴、纸、设色。山东省博物馆藏。
汤贻汾(岩仪)作《姑射停云图卷》。故宫博物院藏。
屠倬(琴坞)作《西园雅集卷》。卷、设色。

1821年 道光元年 辛巳

秋七月　改琦(七芗)临沈周《蕉亭诗思图》。轴、纸、墨笔。西泠印社藏。
七月　楚白庵(不详)作《凤桥像》。王学浩(椒畦)补景,合作图卷。故宫博物院藏。
　　　顾隽(栖梅)作《白居易像》。轴、纸、设色。110.5×50cm。天津市艺术博物馆藏。
　　　钱杜(叔美)作《犀亭送别图卷》。故宫博物院藏。
　　　顾洛(西梅)作《犀亭送别图卷》。

1822年 道光二年 壬午

二月十三日　钱杜(叔美)作《山水人物图册》十二开。册、纸、设色。22.8×33.5cm。上海博物馆藏。
　　　王素(小梅)作《拨阮图》。轴、纸、设色。215×107cm。湖北省博物馆藏。
　　　周镒(不详)作《人物》。六条屏、纸、墨笔。河北省石家庄文物管理所藏。

1823年 道光三年 癸未

中和节　华子宥作《人物图》于静娱室。卷、绢、墨笔。广州市美术馆藏。
九月　改琦(七芗)为钱东作《禅定小像》(又名《玉鱼生像》)。轴、纸、设色。112.5×70.1cm。故宫博物院藏。
　　　顾洛(西梅)作《山水十二开》之四、五、七、八、十。册、纸、设色。浙江省博物馆藏。

1824年 道光四年 甲申

仲冬　王学浩(椒畦)为恭甫作《宣南诗会图卷》。卷、纸、墨笔。中国历史博物馆藏。
　　　改琦(七芗)作《人物》。轴。

1825年 道光五年 乙酉

秋九月　钱杜(叔美)为晋香仿文伯仁《秋林月话图》。轴、纸、设色。95.2×29.8cm。辽宁省博物馆藏。
　　　顾鹤庆(子余)作《富阳春柳图》。

1826年 道光六年 丙戌

初夏　张崟(夕庵)作《乐志论图》。陕西省博物馆藏。
夏六月　钱恕(心斋)作《烂柯对弈图》。轴、纸、设色。南京博物馆藏。

姚元之（伯昂）作《汤金钊行乐图》。轴、纸、设色。142.2×73.2cm。故宫博物院藏。
顾洛（西梅）作《文天祥像》。

1827年 道光七年 丁亥
仲春　汪镛（笠甫）作《人物图页》。故宫博物院藏。
　　　改琦（七芗）作《洗马图》。轴、纸、设色。62×37.5cm。广州市美术馆藏。
　　　改琦（七芗）作《仿陈洪绶赏梅图》。轴、绢、设色。91.4×40.4cm。上海博物馆藏。

1828年 道光八年 戊子
正月　张崟（夕庵）作《松溪卖鱼图》于夕庵南轩。轴、绢、设色。扬州市文物商店藏。
　　　费丹旭（晓楼）作《太鹤山人（端木国瑚）小像》。轴、绢、设色。40×72.8cm。浙江省温州博物馆藏。
　　　改琦（七芗）作《调羹图》。天津市艺术博物馆藏。
　　　赵之琛（次闲）作《肖像》。轴、纸、设色。上海文物商店藏。

1829年 道光九年 己丑
夏至后四月　蒋莲（香湖）作《人物图册》十开。册、绢、设色。19.6×18cm。广东省博物馆藏。
秋九月　袁沛（少迂）为功甫作《区田观获园图卷》。卷、纸、设色。苏州博物馆藏。
　　　黄钺（古田）《补黄钺八十像》。轴（圆光）、绢、设色。径26.2cm。故宫博物院藏。
　　　钱杜（叔美）作《桐荫竹籁图》。轴、纸、设色。50×32cm。辽宁省博物馆藏。
　　　顾洛（西梅）作《抚琴图》。

1830年 道光十年 庚寅
夏六月中浣　翁雒（小海）作《王昶、慧照上人、钱大昕像》。轴、绢、设色。69.1×52.5cm。南京博物院藏。
　　　钱杜（叔美）作《闭户著书图》。自序《松壶画忆》成书。
　　　朱鹤年（野云）作《晋爵图》。

1831年 道光十一年 辛卯
二月上浣　朱鹤年（野云）为恕斋作《书堂观鹤图》。轴、纸、设色。扬州市博物馆藏。
首夏　汪圻（甸卿）作《人物图扇》。故宫博物院藏。
长夏　费丹旭（晓楼）为海楼作《倚阑图卷》。卷、纸、设色。43×156.4cm。重庆市博物馆藏。
　　　朱龄（菊坨）作《山水人物》。扇页、绢、设色。南京市博物馆藏。
　　　朱其昌《山水人物》。轴、绢、设色。北京市工艺品进出口公司藏。
　　　钱杜（叔美）仿唐子华《秋林月话图》。

1832 年　道光十二年　壬辰
　　　　　冬十月　　费丹旭（晓楼）摹《武林厉鹗、杭世骏、金农、丁敬像册》。册、纸、墨笔。22.8×30.05cm。浙江省博物馆藏。
　　　　　　　　　钱杜（叔美）作《辋川图卷》。
　　　　　　　　　苏六朋（枕琴）作《三酸图》。立轴、纸、设色。200×104.3cm。
　　　　　　　　　费丹旭（晓楼）作《东轩吟社图》。浙江省博物馆藏。

1833 年　道光十三年　癸巳
　　　　　夏日　　　费丹旭（晓楼）、汤贻汾（雨生）为海楼合作《楼观沧海日图卷》。卷、绢、设色。42.4×150.5cm。重庆市博物院藏。
　　　　　夏　　　　徐梁（不详）作《朱为弼、何道生西园雅集图像卷》。故宫博物院藏。
　　　　　中秋后五日　毕简（仲白）为子涵作《修禊图》。
　　　　　　　　　汪鸿（延年）作《人物图合卷》。中国文物商店总店藏。
　　　　　十月望后一日　费丹旭（晓楼）为春水作《鸿案联吟图》。南京博物院藏。
　　　　　仲冬望后　钱杜（叔美）为见亭作《澹园图扇》。页、纸、设色。17.5×52.2cm。南京博物院藏。
　　　　　冬十月　　费丹旭（晓楼）作《陈云柯像》。轴、纸、墨笔。85×59.5cm。故宫博物院藏。
　　　　　　　　　吴镕（不详）作《毕浣小隐图卷》。故宫博物院藏。
　　　　　　　　　蒋莲（香湖）作《摹韩熙载夜宴图》。卷、绢、设色。29.7×125.6cm。广东省博物馆藏。
　　　　　　　　　苏六朋（枕琴）作《清平调图》。轴、纸、设色。236×101.5cm。广东省博物馆藏。

1834 年　道光十四年　甲午
　　　　　夏日　　　费丹旭（晓楼）作《携孙索笑图卷》。横幅、纸、设色。116×79cm。朵云轩藏。
　　　　　夏五月　　苏六朋（枕琴）作《西山采薇图》。纸、设色。
　　　　　初冬　　　秦炳文（谊亭）为椒坡作《邓尉读书图卷》。无锡市博物馆藏。
　　　　　　　　　钱杜（叔美）作《太乙舟课孙图》。
　　　　　　　　　汤贻汾（雨生）为兰言作《石城送别图卷》。南京博物馆藏。

1835 年　道光十五年　乙未
　　　　　仲春　　　王玉璋（鹤舟）为瑶侯作《松荫清话图》。轴、绢、设色。山东省博物馆藏。
　　　　　八月廿日　苏六朋（枕琴）为冀生作指画《七贤策蹇图卷》。卷、绢、设色。广西壮族自治区博物馆藏。

1836 年　道光十六年　丙申
　　　　　四月既望　张培敦（研樵）临文徵明《赠别图卷》。卷、纸、设色。苏州博物馆藏。
　　　　　　　　　黄均（穀原）作《墨妙亭册》。
　　　　　　　　　顾惠（畹芸）作《耄耋图》。

1837 年 道光十七年 丁酉

长夏　　费丹旭（晓楼）作《殷树柏一乐图像》。轴、纸、设色。132.5×50.9cm。故宫博物院藏。

秋七月　蒋莲（香湖）作《东坡啖荔图》。轴、绢、设色。广州市美术馆藏。

重九后　苏六朋（枕琴）为雨辰作《东山报捷图》。轴、纸、设色。238.5×117cm。广州市美术馆藏。

嘉平月　周镐（子京）为月樵作《携琴访友图扇》。故宫博物院藏。

　　　　蒋莲（香湖）作《献寿图》。轴、纸、设色。178×95cm。广州市美术馆藏。

　　　　苏六朋（枕琴）作《含饴弄孙图》。轴、纸、设色。137×72cm。广东省佛山市博物馆藏。

1838 年 道光十八年 戊戌

暮春　　苏六朋（枕琴）为翼元作《桐荫听颂图》。轴、绢、设色。137.5×50.2cm。广州美术学院藏。

四月　　钱杜（叔美）补《湘山坐看云起像》。故宫博物院藏。

　　　　蒋宝龄（子延）、费丹旭（晓楼）、计芬（小隅）作《看梅图并像》六开。册、绢、设色。27×21cm。朵云轩藏。

　　　　翁雒（小海）、沈雒（竹宾）、张熊（子祥）、钱杜（叔美）、蒋宝龄（子延）为蒋光煦（晡）作《篝镫教读图》。

1839 年 道光十九年 乙亥

秋日　　费丹旭（晓楼）为姚梅伯（姚燮）作《忏绮图卷》。卷、纸、设色。31×128.9cm。故宫博物院藏。

十月　　胡芑香画像，钱杜（叔美）补景，作《见亭海岳云日图卷》。故宫博物院藏。

　　　　张琪（晓村）重摹《朱彝尊像》。故宫博物院藏。

　　　　费丹旭（晓楼）作《湖亭雅集图》。卷、纸、设色。浙江省宁波市天一阁文物保管所藏。

1840 年 道光二十年 庚子

夏　　　宋果（不详）作《阮元万柳堂像卷》。故宫博物院藏。

季秋　　万岚（袖石）作《平山五老图卷》。卷、纸、设色。南京市博物馆藏。

冬十一月　费丹旭（晓楼）为蔡松如作《芦渚盟鸥图像卷》。故宫博物院藏。

　　　　冯箕（子扬）作《山水人物图册》。册、纸、设色。首都博物馆藏。

　　　　蒋敬（敬之）作《屠倬像》。轴、纸、设色。83.8×44.2cm。故宫博物院藏。

　　　　蔡阶（不详）、陈泉（麋叔）作《吴焕像集》五开。册、纸、设色。南京博物院藏。

　　　　刘彦冲（咏之）作《双文像》。轴、纸、设色。故宫博物院藏。

1841 年 道光二十一年 辛丑

暮春　　潘思牧（樵侣）作《北固远眺图》，时年八十六。轴、纸、设色。镇江市博物馆藏。

初冬　　万岚（袖石）写照，诸炘（春岩）补图，作《张椒云抱膝长吟图》。轴、纸、设色。故宫博物院藏。

　　　　费丹旭（晓楼）作《周谦谷负米图》。卷、纸、设色。浙江省博物馆藏。

钱杜(叔美)作《冷泉禅话卷》。
文鼎(后山)作《携琴访道图》。

1842年 道光二十二年 壬寅

秋日　刘彦冲(泳之)作《鹤听琴图卷》。卷、纸、设色。79×25.8cm。上海文物商店藏。
冬十二月　费丹旭(晓楼)为子乔作《花前课读图》。横幅、纸、设色。95×200cm。中国历史博物馆藏。
嘉平　费丹旭(晓楼)为子乔作《听泉图》横幅。纸、设色。95×200cm。中国历史博物馆藏。
　　　费丹旭(晓楼)作《琴斋(陈其泰)像》。卷、纸、设色。西泠印社藏。
　　　费丹旭(晓楼)作《刘喜海像》。卷、纸、设色。56.7×152.7cm。上海博物馆藏。

1843年 道光二十三年 癸卯

春日　蔡升初(可阶,原名升)、李修易(乾斋)合作《自怡图》。轴、纸、设色。浙江省平湖县博物馆藏。
嘉平初吉　费丹旭(晓楼)为海楼作《好消息图卷》。卷、纸、设色。44.7×169.5cm。重庆市博物馆藏。
　　　黄均(穀原)作《耆友论文图》。横幅、纸、墨笔。浙江省嘉兴市博物馆藏。
　　　刘彦冲(泳之)作《人物》。轴、纸、设色。上海工艺品进出口公司藏。
　　　刘彦冲(泳之)作《陶渊明像》。横幅、纸、设色。朵云轩藏。
　　　费丹旭(晓楼)作《蒋寅昉像》。横幅、纸、设色。天津市文物公司藏。
　　　储震昌(晓岚)作《香山九老图》。时年七十。
　　　李璇(白楼)作《李竹懒诗意图》。

1844年 道光二十四年 甲辰

正月八日　费丹旭(晓楼)作《孤山探梅图二段卷》。故宫博物院藏。
华月　苏六朋(枕琴)作《太白醉酒图》。轴、纸、设色。204.8×93.9cm。上海博物馆藏。
长夏　费丹旭(晓楼)为芗卿作《传画楼读画图卷,第二》。卷、纸、设色。沈阳故宫博物馆藏。
秋日　刘彦冲(泳之)为次柳作《须曼罗室图卷》。卷、纸、设色。苏州博物馆藏。
　　　刘彦冲(泳之)仿《陆治山水人物图》,时年三十六。册、纸、设色。32×44.6cm。苏州博物馆藏。
秋八月　费丹旭(晓楼)作《徐廉墅独坐像》。页、纸、设色。浙江省海宁市博物馆藏。
　　　费丹旭(晓楼)、朱钧(不详)、张熊(子祥)合作《芝仙祝寿图》。轴、纸、设色。浙江省博物馆藏。
　　　汤贻汾(雨生)作《六朝遗老通景屏》。

1845年 道光二十五年 乙巳

三月　苏六朋(枕琴)作《渔乐图》。轴、纸、设色。
夏四月　费丹旭(晓楼)作《摹罗聘加官进爵图》。轴、绢、设色。朵云轩藏。
夏四月　费丹旭(晓楼)《人物》。绢本,设色。177×65cm。朵云轩藏。

蔡升(可阶)、王礼(象贤)作《幼樵(刘嘉琛)像》。轴、纸、设色。12.5×49cm。故宫博物院藏。
刘彦冲(泳之)作《仿古山水》。六开。册、纸、设色。
刘彦冲(泳之)作《听阮图》。卷、纸、设色。20.7×78.7cm。故宫博物院藏。
王素(小梅)作《红楼梦人物》。扇页、纸、设色。南京博物院藏。

1846年 道光二十六年 丙午

四月下浣　佘文植(树人)为梦芗摹《毛奇龄、朱彝尊、陈其年像》。横幅。卷、纸、设色。中国文物商店总店藏。

六月三日　黄均(穀原)为芝生作《草堂论道图》。故宫博物院藏。

长夏　费丹旭(晓楼)为宝芗作《传画楼读书图卷，第三》。卷、纸、设色。朵云轩藏。

费丹旭(晓楼)作《书森小传》(钱聚朝补景)。轴、绢、设色。107.3×32.5cm。故宫博物院藏。

吴冠英(不详)为亦志作《西园主人载竹图卷》。南京博物院藏。

吴冠英(不详)作《张穆(诵风)四十小像》。轴、纸、设色。115.5×44cm。山西省晋祠文物管理处藏。

1847年 道光二十七年 丁未

秋八月　费丹旭(晓楼)作《伯牙鼓琴图》。故宫博物院藏。

秋　苏六朋(枕琴)作《苏武牧羊》。轴、纸、设色。

冬十一月　费丹旭(晓楼)作《臧卿秋隐盦填词像》。轴、纸、设色。131.5×41.2cm。故宫博物院藏。

冬日　费丹旭(晓楼)为小云写《柳荫读书图扇》。故宫博物院藏。

嘉平　吴冠英(不详)作《苗夔寒灯订韵图像卷》。故宫博物院藏。

吴冠英(不详)重摹张穆祖父《泗州府君立像》。轴、纸、设色。99×45cm。山西省博物馆藏。

费丹旭(晓楼)作《竹笑兰言图》。卷、纸、设色。32×110cm。西泠印社藏。

费丹旭(晓楼)作《松下沽酒图》。轴、绢、设色。152×34cm。天津市文物公司藏。

苏六朋(枕琴)作《人物》。轴、纸、设色。中国文物商店总店藏。

姜壎(晓泉)作《红拂小像》。轴、纸、设色。天津市艺术博物馆藏。

任熊(渭长)作《采药图》。轴、纸、设色。浙江省博物馆藏。

刘彦冲(泳之)为陈小鲁作《寄庐主客图》。

1848年 道光二十八年 戊申

四月　费丹旭(晓楼)为楚江画像。轴、纸、设色。174.5×97cm。广东省博物馆藏。

夏日　费丹旭(晓楼)为仲笙作《夏仲笙像》。故宫博物院藏。

秋日　费丹旭(晓楼)作《秋芦泛月图像卷》。卷、绢、设色。43.9×101.6cm。故宫博物院藏。

汤贻汾(雨生)作《秋坪闲话图》。故宫博物院藏。

1849 年 道光二十九年 己酉

  冬十月 费丹旭（晓楼）摹徐易、陈洪绶《授经图卷》。卷、纸、设色。45.7×50cm。浙江省温州博物馆藏。

  冬十月 费丹旭（晓楼）为秋叔作《溪山双隐图》。故宫博物院藏。

  嘉平月 沈焯（竹宝）仿唐寅《博古图》。轴、纸、设色。南京博物院藏。

      费丹旭（晓楼）作《果园感旧图》。纸、设色。29×105.4cm。浙江省博物馆藏。

1850 年 道光三十年 庚戌

  秋九月中旬 李修易（乾斋）为韵珊作《倚晴楼图》。卷、纸、设色。浙江省海盐县博物馆藏。

年代不详

  华冠（庆吉）、张赐宁（坤一）作《西溪渔隐图》。轴、纸、设色。194×94.5cm。故宫博物院藏。

  萧晨（灵曦）作《携琴访友图》。轴、绢、设色。143.1×49.3cm。上海文物商店藏。

  萧晨（灵曦）作《柳下听鹂图》。轴、绢、设色。141×56.1cm。中央美术学院藏。

  雍正年间王云（汉藻）作《西园雅集图》。轴、绢、设色。181×52cm。山西省博物馆藏。

  贾全作《春夜宴桃图》。轴、纸、设色。102×44cm。清宫旧藏。

  乾隆年间丁观鹏作《夜宴桃李园》。卷、纸、设色。31.1×134cm。故宫博物院藏。

  乾隆年间徐扬（云亭）作《山斋对弈图》。轴、纸、设色。139.8×51.6cm。故宫博物院藏。

  乾隆年间程琳（云来）作《观泉图》。卷、纸、设色。14.6×48.3cm。故宫博物院藏。

  乾隆年间罗福旼（不详）作《饮马图》。轴、纸、设色。180×72.9cm。故宫博物院藏。

  乾隆年间佚名作《王宸像》。卷、纸、设色。33.5×107.6cm。故宫博物院藏。

  乾嘉年间沈宗骞（芥舟）作《和靖先生观梅图》。轴、纸、水墨。126.5×66.6cm。

  乾隆年间黄慎（瘿瓢）作《八百冬春图》。轴、纸、设色。193×101.5cm。

  乾隆年间黄慎（瘿瓢）作《爱菊图》。轴、绢、浅设色。39.5×83cm。

  乾隆年间黄慎（瘿瓢）作《人物》。轴、纸、设色。173×92cm。

  乾隆年间黄慎（瘿瓢）作《人物》。轴、纸、设色。157×95.7cm。

  乾隆年间黄慎（瘿瓢）作《赏砚图》。轴、纸、设色。122×64.5cm。

  乾隆年间闵贞（正斋）作《炼丹图》。轴、纸、设色。163.5×90cm。

  画院画师作《月令图》十二轴。绢本，设色。175×97cm。

  蔡嘉（松原）作《秋夜读书图》。轴、纸本、设色。63.7×37cm。故宫博物院藏。

  高其佩（韦之）作《九老图》。轴、绢、设色。193.7×101.5cm。[日]桥本未吉藏。

  高岭（不祥）作《蕉荫清兴图》。轴、纸、设色。214.2×90.3cm。南京市博物馆藏。

  闵贞（正斋）作《放鹤图》。轴、纸、墨笔。130×59cm。山东省博物馆藏。

  闵贞（正斋）作《巴慰祖像》。轴、纸、设色。103×315cm。故宫博物院藏。

  虚谷（怀仁）作《葑山钓徒图》。轴、纸、设色。115.7×55.5cm。故宫博物院藏。

虚谷(怀仁)作《秦赞尧像》。轴。142.7×48.6cm。故宫博物院藏。

华嵒(秋岳)作《闲林清眺》。扇面、纸、设色。17.5×52cm。

华嵒(秋岳)作《吴石仓(允嘉)像》。轴、绢、设色。107.1×50.3cm。故宫博物院藏。

华嵒(秋岳)作《秋林远眺图》。轴、绢、设色。188.5×97.4cm。故宫博物院藏。

华嵒(秋岳)作《秋林读书图》。轴、纸、设色。166×77.8cm。故宫博物院藏。

华嵒(秋岳)作《林和靖梅鹤图》。轴、绢、设色。170×100cm。安徽省博物馆藏。

华嵒(秋岳)作《林下谈道图》。轴、绢、设色。181×96cm。广东省博物馆藏。

华嵒(秋岳)作《望霞图》。扇页、纸、设色。17×50.7cm。故宫博物院藏。

华嵒(秋岳)作《归庄图》。轴、纸、设色。199.7×93cm。浙江省博物馆藏。

华嵒(秋岳)作《停琴坐话图》。轴、绢、设色。95.5×128.5cm。北京市文物商店藏。

华嵒(秋岳)作《人物》。扇页、纸、设色。17.3×49.6cm。故宫博物院藏。

华嵒(秋岳)作《人物山水十开》。册、纸、设色。26.9×32.6cm。上海博物馆藏。

华嵒(秋岳)作《二老谈道图》。轴、绢、墨笔。83.8×33.2cm。天津市艺术博物馆藏。

华嵒(秋岳)作《松荫观鹤图》。扇页、纸、设色。17×50.7cm。故宫博物院藏。

华嵒(秋岳)作《松石人物图》。轴、绢、设色。58×124cm。浙江省平湖县博物馆藏。

华嵒(秋岳)作《松下三老图》。轴、绢、设色。171×98cm。广东省博物馆藏。

华嵒(秋岳)作《三高士图》。轴、绢、设色。159×88.5cm。广西壮族自治区博物馆藏。

华嵒(秋岳)、黄溱(不详)、丁皋(不详)作《桐华盦主像》。轴。93.1×37.5cm。故宫博物院藏。

华嵒(秋岳)作《逍遥公像》。轴、绢、设色。144×84cm。四川大学藏。

华嵒(秋岳)作《听松图》。轴、绢、设色。104.5×42.5cm。镇江博物馆藏。

华嵒(秋岳)作《天山积雪图》。轴,纸本,设色。159.1×52.8cm。

华冠(吉崖)、张赐宁作《西溪渔隐图》。轴、纸、设色。194×94.5cm。故宫博物院藏。

华冠(吉崖)作《绿筠请书图》。卷、纸、设色。38.2×87.6cm。辽宁省博物馆藏。

华冠(吉崖)作《永瑢像》。轴、纸、设色。115.8×47.6cm。故宫博物院藏。

华冠(吉崖)作《为介亭画像》。轴、纸、设色。辽宁省博物馆藏。

华冠(吉崖)作《法式善像》。页、纸、墨笔。故宫博物院藏。。

黄慎(瘿瓢)作《醉卧图》。轴、绢、设色。50.6×75.4cm。中国美术馆藏。

黄慎(瘿瓢)作《携琴访友图》。轴、纸、设色。168×88.5cm。上海博物馆藏。

黄慎(瘿瓢)作《山月弹琴图》。扇页、纸、设色。湖北省博物馆藏。

黄慎(瘿瓢)作《伏生授课图》。轴、绢、着色。234.8×139cm。

黄慎(瘿瓢)作《苏武牧羊》。轴、纸、设色。94.2×101.2cm。上海博物馆藏。

黄慎(瘿瓢)作《苏武牧羊图》。轴、纸、设色。178.4×91.1cm。苏州博物馆藏。

黄慎(瘿瓢)作《人物》。轴、纸、设色。157×95.7cm。无锡市博物馆藏。

黄慎(瘿瓢)作《八月梅花图》。轴、纸、设色。143.5×74cm。中国美术馆藏。

黄慎(瘿瓢)作《赏梅图》。轴、纸、设色。157×77.5cm。扬州市博物馆藏。

黄慎(瘿瓢)作《林和靖爱梅图》。轴、纸、设色。94.3×110.1cm。南京市博物院藏。

黄慎(瘿瓢)作《捧梅图》。轴、纸、设色。124×65cm。辽宁省博物馆藏。

黄慎(瘿瓢)作《春夜宴桃李园图》。轴、纸、设色。121×163cm。泰州市博物院藏。

黄慎(瘿瓢)作《宁王相马图》。横幅、绢、设色。179×195.5cm。河北省博物馆藏。

黄慎(瘿瓢)作《接福图》。轴、纸、设色。190×100cm。山西省博物馆藏。

黄慎(瘿瓢)作《广陵花瑞图》。轴、纸、设色。185×114cm。广州市美术馆藏。

黄慎(瘿瓢)作《风尘三侠图》。轴、纸、设色。154.5×86cm。福建省博物馆藏。

黄慎(瘿瓢)作《采茶图》。轴、纸、设色。91×60cm。山东省烟台市博物馆藏。

黄慎(瘿瓢)作《采茶图轴》。轴、纸、设色。91×36cm。首都博物馆藏。

黄慎(瘿瓢)作《品砚图》。轴、纸、设色。122.7×63.8cm。南京市博物院藏。

黄慎(瘿瓢)作《铭砚图》。轴，纸，设色。159×65.5cm。江西省博物馆藏。

黄慎(瘿瓢)作《漱石捧砚图》。轴、纸、设色。85.2×35.8cm。故宫博物院藏。

黄鼎(尊古)作《醉儒图》。轴、绢、设色。115.5×57cm。广东省博物馆藏。

黄自修(不详)作《加官进爵图》。轴、绢、设色。63×24。山西省博物馆藏。

罗聘(两峰)作《金农像》。轴、纸、设色。113.7×59.3cm。浙江省博物馆藏。

罗聘(两峰)作《斗笠先生像》。轴、纸、墨笔。100.5×46.5cm。上海博物馆藏。

罗聘(两峰)作《得子图》。轴、绢、设色。107.5×47.5cm。山西省博物馆藏。

罗聘(两峰)作《筠圃独立图》。轴、纸、墨笔。85×39cm。山东省烟台市博物馆藏。

罗聘(两峰)作《独步图》。页、纸、墨笔。故宫博物院藏。

罗聘(两峰)作《寒山拾得图》页。

罗聘(两峰)作《锁谏图》。卷、纸、墨笔。32×208.8cm。

罗聘(两峰)作《人物》。轴、纸、设色。78.5×33cm。天津市文物公司藏。

罗聘(两峰)作《人物山水十二开》。册、纸、设色。24.3×30.7cm。故宫博物院藏。

王岗(不祥)作《厉鹗像》。轴、绢、设色。108.2×49cm。故宫博物院藏。

金农(冬心)作《书画》。画八开、书四开。册、纸、墨笔。28×21cm。南通博物馆藏。

金农(冬心)作《蕃马图》。轴、绢、设色。70×55cm。[美]王已千藏。

金农(冬心)作《山水人物图》。册页、纸本、设色。24.3×31cm。故宫博物院藏。

金廷标(士揆)作《松下听泉图》。轴、纸、设色。112.5×174.5cm。北京市文物商店藏。

金廷标(士揆)作《莲塘纳凉图》。轴、绢、设色。56.9×65.1cm。上海博物馆藏。

金廷标(士揆)作《闻喜图》。轴、纸、设色。177.5×64.5cm。广东省博物馆藏。

金廷标(士揆)作《仙踪钦伏图》。轴、纸、设色。190×109cm。河北省避暑山庄博物馆藏。

上官周(文佐)作《庐山观莲图》。轴、纸、设色。37.4×25cm。中国美术馆藏。

陈森(奉璋)作《潘泾像》。轴、绢、设色。故宫博物院藏。

陈俞(古虞)作《何琴山像》。卷、绢、设色。31.5×55.1cm。广东省博物馆藏。

陈熙(右昭)作《采花老人图》。轴、纸、设色。132×62cm。广西壮族自治区博物馆藏。

韩咸（无我）作《和靖赏梅图》。轴、绢、设色。170×96cm。南京市博物院藏。
陆道淮（不详）作《凤阿先生像》。页、纸、墨笔。故宫博物院藏。
陆恢（廉夫）作《松下眠琴图》。扇页、纸、设色。19.3×54.2cm。故宫博物院藏。
徐时显（子扬）作《春夜宴桃李园图》。轴、绢、设色。96×86cm。镇江市博物馆藏。
徐杨（不详）作《补香雪读书图》。卷、绢、设色。163×51.5cm。故宫博物院藏。
潘恭寿（莲巢）临仇英《东坡像》。轴、绢、设色。104×30.5cm。湖北省博物馆藏。
潘恭寿（莲巢）作《写兰图》。轴、纸、设色。故宫博物院藏。
潘恭寿（莲巢）、华钟英（不详）作《耕庭独立像》。轴、绢、设色。故宫博物院藏。
冷枚（吉臣）作《挟弓图》。
冷枚（吉臣）作《醉月图》。轴、绢、设色。97×49cm。广州市美术馆藏。
冷枚（吉臣）作《平原猎骑图》。轴、纸、设色。43.5×49.5cm。天津市艺术博物馆藏。
余集绘、陆槐补景，合作《雪渔图》。轴、纸、设色。126.3×47cm。故宫博物院藏。
丁皋（鹤洲）作《客吟僧衣相册》。册、纸、设色。25.7×20cm。故宫博物院藏。
丁皋（鹤洲）作《靳荣藩像卷》。卷、绢、设色。36×131.8cm。故宫博物院藏。
王润（裕庭）作《校礼图》。卷、纸、设色。127×40cm。广东省博物馆藏。
任熊（渭长）作《大梅诗意图》一百二十开之一。册、绢、设色。
任熊（渭长）作《自画像》。轴、纸、设色。177.5×78.8cm。故宫博物院藏。
丁观鹏（不祥）作《弘历洗象图》。轴、设色。132.3×62.5cm。故宫博物院藏。
丁皋（鹤洲）作《汪客吟像》。页。故宫博物院藏。
丁以诚（义门）作《黄介园像》。轴、纸、设色。故宫博物院藏。
丁以诚（义门）作《铁保像》。轴、纸、设色。故宫博物院藏。
李世倬（天章）作《马碌翁画像》。卷、纸、墨笔。故宫博物院藏。
李世倬（天章）作指画《高山仰止图》。轴、纸、墨笔。94×41.2cm。广东省博物馆藏。
李世倬（天章）作《杂画八开》。册、纸、设色。31×30cm。天津市历史博物馆藏。
李宗（不详）作《耿格庵像》。四开。册、纸、设色。
张崟（宝匡）作《桂荫凉适图》。轴、纸、设色。111×57cm。
顾洛（禹门）、奚冈（铁生）作《柳阴人物图》。轴、纸、设色。101.6×42cm。无锡市博物馆藏。
周笠（元赞）作《西园雅集图》。扇页、纸、设色。画17.4×81.8cm，诗17.2×52.1cm。南京市博物馆藏。
周典（不详）作《袁枚像》。轴、纸、墨笔。故宫博物院藏。
朱鹤年（野云）作《摹高克恭像》。轴、纸、设色。
朱伦瀚（涵斋）作指画《春山侍读图》。轴、绢、设色。120.1×78.4cm。辽宁省旅顺博物馆藏。
朱兰圃（不详）作《李唐观瀑图》。轴、纸、设色。108.6×54.3cm。故宫博物院藏。
朱壬（谓卿）、弘旿（诚亲王）、钱楷（宗范）、汪梅鼎（映雪）、张宝（仙槎）合作《诗龛图》五段。卷、纸、墨笔。

郎世宁作《允礼像》。页、绢、设色。31.4×36.6cm。故宫博物院藏。

方士庶(循远)作《补郑燮像》。轴、纸、设色。96.6×46.3cm。故宫博物院藏。

冯宁(不详)作《待漏图》。扇页、纸、设色。19.1×55.7cm。故宫博物院藏。

彭进(不详)作《周鼎臣行乐图》。页、纸、设色。

范荣(不详)作《湖曲老人像》。轴、绢、设色。119×50.5cm。浙江省博物馆藏。

曹树德作《陈祈年小像》。卷、纸、设色。28×73.3cm。北京市文物商店藏。

尤绍(不详)、汪恭(恭寿)作《随园女弟子图》。卷、绢、设色。41×308.4cm。上海博物馆藏。

郑岱(在东)作《桃园夜宴图》。轴、绢、设色。54×200cm。河北省石家庄文物管理所藏。

长荫(不详)作《行乐图》。卷、绢、设色。138×50cm。天津市历史博物馆藏。

符曾(幼鲁)作《竹里勘书图》。卷、绢、墨笔。33.7×98cm。浙江省杭州市文物考古所藏。

余集(不详)、吴坚(不详)作《秋帆像》。轴、绢、设色。68×79cm。浙江省杭州市文物考古所藏。

管希宁(不详)作《白居易诗意》。轴、绢、设色。88×52.4cm。天津市艺术博物馆藏。

孔守训(不详)作《人物》。轴、绢、设色。93×51cm。四川大学藏。

傅雯(紫来)作指画《观泉图轴》。轴、纸、设色。189×90.8cm。首都博物馆藏。

巫琎(不详)作《人物十二开》。册、纸、设色。23.8×17.1cm。湖北省博物馆藏。

无款作《诗龛响往图》。轴、纸、笔墨。136×59cm。湖南省图书馆藏。

姚文瀚(濯亭)作《勘书图》。轴。50.2×42.8cm。故宫博物院藏。

杨良(不详)作《补莘夫教子图》。卷、纸、设色。故宫博物院藏。

张璇华(不详)、方董(不详)合作《朱鸿犹传像》。轴、纸、设色。故宫博物院藏。

楚白庵(不详)、王学洗(不详)作《凤桥像》。横幅、纸、墨笔。

钱允湘作《宜园雅集图》。卷、绢、设色。

吴冠英(子重)作《孔继山三十八岁像》。轴、纸、设色。

沈景(伯英)作《袁知像》。轴、纸、设色。89.5×51.8cm。故宫博物院藏。

金廷标(士揆)作《高贤遇隐图》。轴、纸、设色。故宫博物院藏。

茅麟(不详)作《藤荫读书图》。卷、纸、设色。成都博物馆藏。

王树穀(鹿公)作《四友图》。轴、纸、设色。66.3×66.5cm。故宫博物院藏。

冷枚(吉臣)作《松荫读书图》。

冷枚(吉臣)作《赏月图》。

玉堂(不详)写照、改琦(七芗)自补《医俗图像轴》。纸本、设色。30.5×27.2cm。故宫博物院藏。

改琦(七芗)作《渔洋山人像》。轴、纸、设色。49×22cm。

改琦(七芗)作《簪胜图》。轴、绢、设色。134.3×46.4cm。广东省博物馆藏。

改琦(七芗)作《人物故事图》四段。卷、纸、设色。30.3×29.5cm。上海博物馆藏。

改琦(七芗)作《采莲图卷》。横幅、绢、设色。27.4×201.2cm。故宫博物院藏。

改琦(七芗)作《顾亭林像》。轴、绢、设色。浙江省博物馆藏。

改琦(七芗)作《太白醉酒图》。册页、纸本、设色。30×22.8cm。

改琦(七芗)、钱杜(叔美)作《江听香像》。卷、纸、墨笔。故宫博物院藏。

赵之琛(次闲)作《补张春生像》。轴、纸、设色。故宫博物院藏。

费丹旭(晓楼)作《摹武林四征君像》。卷、纸、墨笔。30.1×119.3cm。故宫博物院藏。

费丹旭(晓楼)作《夏鼎像》。轴、纸、设色。106.7×50.8cm。故宫博物院藏。

费丹旭(晓楼)作《朱萝泉小像》。轴、纸、设色。浙江省博物馆藏。

费丹旭(晓楼)作《崴山书扇图》。轴、纸、设色。156.3×44.5cm。天津市艺术博物馆藏。

费丹旭(晓楼)作《人马图》。轴、纸、设色。中国美术馆藏。

蒋莲(君先)作《人物图》。绢本。32×29cm。

筱峰(不详)、王素(小梅)作《补吴廷飓像》。轴、纸、设色。故宫博物院藏。

李坚(子固)作《太白醉归图》。卷、纸、设色。29×105.9cm。南京市博物院藏。

张崟(夕庵)作《梅林觞咏图》。轴、绢、设色。97.2×54.5cm。南京市博物院藏。

屠倬(琴坞)作《补阮元像图景》。轴、纸、设色。131×43cm。南通博物院藏。

张赐宁(桂岩)作《李文藻听泉图像》。卷、纸、设色。55.5×126.8cm。山东省博物馆藏。

马咸(不详)作《立屐图》。轴、绢、设色。63.7×41.6cm。天津市艺术博物馆藏。

徐梁(不详)作《爱莲图》。轴、绢、设色。天津市艺术博物馆藏。

方薰(兰士)作《摹杜董崆洞子藩邸宴归图》。卷、纸、墨笔。15×123.5cm。天津市艺术博物馆藏。

吴骞(不祥)作《摹陈乾初(陈确)先生竹节冠像》。轴、纸、设色。浙江省博物馆藏。

刘彦冲(泳之)《松荫鸣琴图》。扇页、纸、设色。17.5×53.5cm。故宫博物院藏。

刘彦冲(泳之)作《听阮图》。卷、纸、设色。78.7×137cm。故宫博物院藏。

苏六朋(枕琴)作《策马图》。轴、纸、设色。38×43cm。首都博物馆藏。

苏六朋(枕琴)作《寒林七贤图》。绢。142×48cm。

苏六朋(枕琴)作《渔乐图》。绢。102×45cm。

苏六朋(枕琴)作《夏山行旅图》。纸。207×100cm。

苏六朋(枕琴)作《停琴听阮图》。纸。40×73cm。

苏六朋(枕琴)作《唐十八学士图》。绢、设色。128.8×54cm。广东省博物馆藏。

苏六朋(枕琴)作《人物》团扇面、绢、设色。26.5×26.5cm。

苏六朋(枕琴)作《山水》。轴、绢、设色。110×58cm。

苏六朋(枕琴)作《听泉图》。轴、绢、设色。

苏长春(仁山)作《香积图》。轴、纸、墨笔。166×58.3cm。广州市美术馆藏。

苏长春(仁山)作《苏武牧羊图》。纸。123×59cm。

顾洛(西梅)、奚冈(铁生)作《柳阴人物图》。轴、纸、设色。101.6×42cm。无锡市博物馆藏。

顾洛(西梅)作《盟沤图》。轴、纸、设色。94×40cm。故宫博物院藏。

顾洛（西梅）作《补松壑听泉图》。轴、纸、设色。128.7×31.7cm。故宫博物院藏。

顾洛（西梅）作《西园雅集图》。卷、绢、设色。62.5×165.5cm。上海博物馆藏。

刘彦冲（泳之）作《杂画》八开。册、纸、设色。24.2×17.5cm。南京博物院藏。

顾蕙（畹芸）作《眉寿千龄图》。轴、绢、设色。南京博物院藏。

顾鹤庆（子馀）、朱鹤年（野云）、孙铨（少迁）、朱本（素人）、马履泰（秋药）、张问陶（仲冶）作《诗龛图合璧卷》。卷、纸、设色。镇江市博物馆藏。

王素（小梅）作《包世臣像》。横幅、纸、设色。26.9×51.1cm。上海博物馆藏。

万岚（袖石）作《包世臣像》。

尤英（文庵）作《严子陵（严光）像》。轴、纸、设色。上海文物商店藏。

阙岚（文山）、万上遴（辋冈）作指画《东坡笠履图》。轴、绢、设色。161.4×85cm。四川省博物馆藏。

嵇枢（不详）、汪鋆（不详）《星楼小像》。轴、纸、设色。南京博物院藏。

黄壁（不详）《山水人物》。轴、纸、设色。中国文物商店总店藏。

参考文献

《清史纪事本末》，黄鸿寿编，北京图书馆出版社 2003 年版。

《清内务府档案文献汇编》，国家图书馆分馆编，全国图书馆文献缩微中心，2004 年。

《中国通史全编》，清代历史编，冯克诚，田晓娜主编，青海人民出版社 2002 年版。

《嘉庆朝上谕档》，嘉庆十一年，赵雄主编，中国第一历史档案馆编，影印本，广西师范大学出版社 2000 年版。

《嘉庆道光魏塘人物记》，六卷，[清] 汪能肃撰，1821 年。

《道光朝上谕档》，道光三十年，李守郡主编，中国第一历史档案馆编，影印本，广西师范大学出版社 2000 年版。

《清稗类钞》，徐珂编撰，中华书局 1986 年版。

《清史稿》，赵尔巽撰，中华书局 1976 年版。

《历代编年大事表》，一卷，[清] 施彦士撰，1796 年。

《丹徒县志》，嘉庆：四十七卷卷首四卷，[清] 贵中孚，[清] 万承纪修，[清] 蒋宗海等纂，刻本，清嘉庆十年 (1805 年)。

《画友录》，[清] 黄钺撰。

《画品》，[清] 黄钺撰，[清] 陆润庠书，刻本，清光绪五年 (1879 年)。

《南齐谢赫古画品录》，方薰等撰，抄本。

《爱日吟庐书画录》，葛金烺，宣统二年刻本。

《文人画粹编》，昭和六十一年出版。

《国朝画征录》，[清] 张庚，收录清初至乾隆中叶画家 450 余人。

《国朝画识》和《墨香居画识》，[清] 冯金伯，收录清初至嘉庆时期画家 1800 余人。

《墨林今话》，[清] 蒋宝龄，黄山书社，1992 年。

《国朝院画录》，[清] 胡敬。

《桐阴论画》，[清] 秦祖永。

《山静居画论》，[清] 方薰著，郑拙庐标点注译，人民美术出版社 1959 年版。

《芥舟学画编》，四卷，[清] 沈宗骞述，齐振林著，史怡公标点注译，人民美术出版社 1959 年版。

《写真秘诀》，[清] 丁皋。

《指头画说》，[清] 高秉。

《玉壶山房词选》，[清] 改琦。

《海上墨林》，杨逸。四卷。1919 年。

《吉堂文稿》，[清] 钦善，清嘉庆二十五年 (1820 年)，线装古籍。

《续扬州竹枝词》，[清] 林苏门。

《壮陶阁书画录》，[民国] 裴景福，学苑出版社。

《扬州画舫录》，[清] 李斗，中华书局，1997 年。

《石渠宝笈二编》，共有三编，由乾隆皇帝命令大臣编纂，初编成书于乾隆十年(1745年)，共四十四卷；二编成书于乾隆五十八年(1793年)，共四十册；三编成书于嘉庆二十一年(1816年)，共二十八函。书中收录的均为清朝宫廷所藏之书画作品。

《式古堂书画汇考》，六十卷(两淮马裕家藏本)国朝下永誉。

《穰梨馆过眼录》，[清]陆心源。

《高宗实录》，三十卷，刘知几等撰，初，令孤德桑、许敬宗等撰录。

《随园诗话》，[清]袁枚。

《袁枚文选》，[清]袁枚，作家出版社1997年版。

《书概》，[清]刘熙载。

《中国历代美学文库·清代卷》，叶朗总主编，杨扬卷主编，高等教育出版社2003年版。

《明清文学与性别研究》，张宏生编，江苏古籍出版社2002年版。

《阳刚与阴柔的变奏——两性关系与社会模式》，闵家胤著，中国社会出版社1995年版。

《中国人审美心理研究》，梁一儒、户晓辉、宫承波著，山东人民出版社2002年版。

《改琦评传》，何延哲著，天津人民美术出版社1998年版。

《清代康、雍、乾院画艺术》，杨伯达。

《士与中国文化》，余英时，上海人民出版社2003年版。

《鉴画研真》，薛永年主编，江西美术出版社2004年版。

《中国隐士与中国文化》，蒋星煜著，中华书局(上海)，1947年版。

《曾鲸的肖像画》，[清]周积寅编著，人民美术出版社1981年版。

《王小梅人物册》，[清]王素绘，影印本，上海有正书局。

《东轩吟社画像》，[清]费丹旭绘，[清]黄士珣记，[清]诸可宝传，刻本，钱塘汪氏振绮堂，清光绪二年(1876年)。

《明清肖像画》，庄天明主编，天津人民美术出版社2003年版。

《明清人物肖像画选》，上海人民美术出版社1982年版。

《清代宫廷绘画》，故宫博物院编藏，文物出版社1995年版。

《清代人物画风》，施达夫等编，重庆出版社1995年版。

《海外藏中国历代名画》，第七卷·清(上)、第八卷·清(下)，海外藏中国历代名画编辑委员会编，阮荣春主编，湖南美术出版社1998年版。

《中国人物画·清代卷》，陈履生、张蔚星主编，广西美术出版社2000年版。

《中国历代绘画图录》，林树中、周积寅编，天津人民美术出版社1981年版。

《中国书画鉴赏辞典》，郎绍君等主编，中国青年出版社1994年版。

《中国历代艺术》，绘画篇(下)，中国历代艺术编辑委员会编，上海人民美术出版社1994年版。

《中国历代绘画精品》(人物卷)，启功主编，山东美术出版社2003年版。

《中国历代名家技法集萃》(人物卷，水墨人物法)，吴宪生选编，山东美术出版社1999年版。

《中国古代肖像画精选》，何平华编，江西美术出版社2003年版。

《中国古代书画精品录》，中国古代书画鉴定组鉴选编，文物出版社1984年版。

《中国古代书画图目》，中国古代书画鉴定组编，文物出版社1988年版。

《中国古代绘画价值汇考》(下卷)，中国艺术教育促进会编，施大光主编，辽海出版社2002年版。

《中国绘画全集》，中国古代书画鉴定组编，文物出版社及浙江人民美术出版社2001年版。

《中国美术图典·肖像画》，曹利祥主编，单国强编撰，岭南美术出版社2000年版。

《中国美术全集》，中国美术全集编辑委员会编，杨涵卷主编，上海人民美术出版社1989年版。

《中国美术家人名辞典》，俞剑华编，上海人民美术出版社1987年版。

《中国美术·明清至近代》，单国强主编，中国人民大学出版社2004年版。

《中国美术简史》，中央美术学院美术史系中国美术史教研室编著，中国青年出版社2002年版。

《美术百科大辞典》，周之骐主编，农村读物出版社1993年版。

《中国绘画综合图录》，铃木敬。

《日本现在支那名画目录》，原田尾山。

《支那名画集》，明治四十年。

《历代流传书画作品编年表》，徐邦达，上海人民美术出版社1963年版。

《宋元明清书画家年表》，郭味蕖，人民美术出版社1958年版。

《宋元明清书画家传世作品年表》，刘九庵编著，茅子良校订，上海书画出版社1997年版。

《扬州八怪年谱》(下)之陈金陵撰《罗聘年谱》，江苏美术出版社1993年版。

《广东名画家选集》，广东名画家选集编辑委员会编，中国美术家协会广东分会，1961年版。

《广东画人录》，谢文勇编，岭南美术出版社1985年版。

《苏六朋中国画选集》，岭南美术出版社1983年版。

《海上绘画全集》一，卢辅圣主编，上海书画出版社2001年版。

《北京文物精粹大系》(绘画卷)，北京文物精粹大系编委会，北京市文物局编，北京出版社2002年版。

《故宫藏画大系》(十六卷)，台湾故宫博物院出版，1998年版。

《中央美术学院中国画精品收藏》，范迪安主编，河北教育出版社2001年版。

《南京博物院藏画》，南京博物院编，上海人民美术出版社1981年版。

《辞源》修订本，商务印书馆。

《辞海》缩印本，上海辞书出版社1979年版。

《汉字源流》，谷衍奎编，华夏出版社。

《王力古汉语字典》，王力主编，中华书局。

《古今汉语词典》(大字本)，商务印书馆辞书研究中心编，商务印书馆。

《现代汉语词典(试用本)》，中国科学院语言研究所词典编辑室编，商务印书馆。

《中国古代书画图目》，中国古代书画鉴定组编，文物出版社1997年版。

《明清肖像画》，杨新主编，商务印书馆(香港)，上海科学技术出版社。

后记

在获得博士学位的三年后,以博士论文《清代中后期文士题材人物画初探》为蓝本的《并非衰落的末世百年——清代中后期的"文士"人物画》能够出版真是一件让人十分高兴的事情。回想撰写论文的四个春秋和毕业答辩时的情景还是历历在目,在美好的回忆中怀揣着许多感悟。首先要感谢引领我进入专业写作和研究领域的导师薛永年先生,先生的博学睿智令我万分敬仰,更为严谨的治学态度和诲人不倦的儒雅风范令我感动。先生的治学精神会鞭策我的一生,成为我不断努力的原动力和为人的准则。回首四载学业的点滴,正是通过对论文素材的收集、整理、归纳和不断的思考、推证以及多位老师的帮助点拨,我才获得了许多专业研究的体悟,也积攒了些许独立思考的方法,这不能不说是与我有幸获得博士学位研读的机会有关。在探究艺术真谛的过程中,我要感谢潘公凯院长、邵大箴老师、罗世平老师、王宏建老师、郑岩老师、邱振中老师、李福顺老师、杜哲森老师、刘曦林老师、陈平老师、郭怡孮老师、张立辰老师、何延喆老师、陈卫和老师、邵亮老师、高建平老师、易英老师、殷双喜老师等诸位先生的无私指教和帮助。当然,无可否认的是有幸在中央美术学院这所我热爱的艺术殿堂里学习了整整15个年头,为我走上艺术道路打下了稳固的基石,感谢所有教过我的老师们给予我今天能够驾驭自己艺术方向的力量。特别是恩师李少文先生在艺术创作与理论上的教诲和启发,使我具备了可以开始自主地进行学术研究的能力和思索问题的视角。

此外,要特别感谢收藏家孔焕祥先生对本书出版的支持和对青年艺术理论学术研究工作的扶持,督促和推进了我对于传统精神的反思和探索。感谢金燕老师、郑子杰老师在编辑、装帧工作中付出的辛勤劳动。最后不能忘记父亲、母亲多年来的教导和对我探索艺术的大力支持。没有所有的老师和朋友们的帮助,就没有这篇书稿的完成和今天的付梓。

遗憾的是,由于篇幅所限,原论文研究中包括有20余万字的《清代中后期历史文化背景及论文涉猎画家、人物生平年表》不能随书一同出版,其中详细记述了本书涉及的主要画家和所绘文人的生平,为读者研究该时期背景提供了基本的参考信息,因此,书中注释所包含的内容相对于全篇的整体脉络来说不免显得不够完整。另外，由于个人学识所限，本书所研究的内容虽有着填补该时期学术研究空白的愿望，但毕竟存在着许多需要探讨和进一步深入研究的部分，仅算能够抛砖引玉，激起更多同仁对于清代人物画乃至中国传统人物画的再研究。

我想，在艺术之路上的跋涉到今天仅仅是个开始，快乐来自于内心的执著，成果来自于上天的青睐和他人的恩惠。

黄欢

2009 年于北京

图书在版编目（CIP）数据

并非衰落的末世百年：清代中后期的"文士"人物画 / 黄欢著. —北京：文化艺术出版社，2010.6
ISBN 978-7-5039-3765-1

Ⅰ. 并… Ⅱ. 黄… Ⅲ. 清代（1897~1971）—山水画—艺术评论 Ⅳ. J212.05

中国版本图书馆CIP数据核字（2009）第118652号

并非衰落的末世百年
——清代中后期的"文士"人物画

著　　者	黄　欢
责任编辑	金　燕
装帧设计	郑子杰
出版发行	文化藝術出版社
地　　址	北京市东城区东四八条52号　　100700
网　　址	www.whyscbs.com
电子邮箱	whysbooks@263.net
电　　话	（010）64813345　64813346（总编室）
	（010）64813384　64813385（发行部）
经　　销	新华书店
印　　刷	国英印务有限公司
版　　次	2010年6月第1版
印　　次	2010年6月第1次印刷
开　　本	813×720 mm　1/12
印　　张	23.5　彩插6页
字　　数	200千字
书　　号	ISBN 978-7-5039-3765-1
定　　价	45.00元

版权所有，侵权必究。印装错误，随时调换。